DOCUMENTS
LITTÉRAIRES

EUGÈNE FASQUELLE, ÉDITEUR, 11, RUE DE GRENELLE, PARIS

OUVRAGES D'ÉMILE ZOLA
DANS LA **BIBLIOTHÈQUE-CHARPENTIER**

LES ROUGON-MACQUART
HISTOIRE NATURELLE ET SOCIALE D'UNE FAMILLE SOUS LE SECOND EMPIRE

La Fortune des Rougon	61e mille.	1 vol.
La Curée	78e mille.	1 vol.
Le Ventre de Paris	75e mille.	1 vol.
La Conquête de Plassans	50e mille.	1 vol.
La Faute de l'abbé Mouret	103e mille.	1 vol.
Son Excellence Eugène Rougon	50e mille.	2 vol.
L'Assommoir	212e mille.	2 vol.
Une Page d'amour	151e mille.	1 vol.
Nana	267e mille.	2 vol.
Pot-Bouille	120e mille.	2 vol.
Au Bonheur des Dames	108e mille.	2 vol.
La Joie de vivre	80e mille.	2 vol.
Germinal	182e mille.	2 vol.
L'Œuvre	83e mille.	2 vol.
La Terre	246e mille.	2 vol.
Le Rêve	176e mille.	1 vol.
La Bête humaine	139e mille.	1 vol.
L'Argent	113e mille.	2 vol.
La Débâcle	265e mille.	2 vol.
Le Docteur Pascal	121e mille.	1 vol.
Les Personnages des Rougon-Macquart	8e mille.	1 vol.

LES TROIS VILLES

Lourdes	202e mille.	2 vol.
Rome	143e mille.	2 vol.
Paris	130e mille.	2 vol.

LES QUATRE ÉVANGILES

Fécondité	136e mille.	2 vol.
Travail	105e mille.	2 vol.
Vérité	73e mille.	2 vol.

ROMANS ET NOUVELLES

Contes à Ninon. Nouvelle édition		1 vol.
Nouveaux Contes à Ninon. Nouvelle édition		1 vol.
La Confession de Claude. Nouvelle édition		1 vol.
Thérèse Raquin. Nouvelle édition		1 vol.
Madeleine Férat. Nouvelle édition		1 vol.
Le Vœu d'une morte. Nouvelle édition		1 vol.
Les Mystères de Marseille. Nouvelle édition		2 vol.
Le Capitaine Burle	17e mille.	1 vol.
Naïs Micoulin. Nouvelle édition	21e mille.	1 vol.
Les Soirées de Médan (en collaboration)	34e mille.	1 vol.

THÉATRE

Thérèse Raquin. — Les Héritiers Rabourdin. — Le Bouton de Rose	10e mille.	1 vol.
Poèmes lyriques	6e mille.	1 vol.

ŒUVRES CRITIQUES

Mes Haines. Nouvelle édition		1 vol.
Le Roman expérimental	8e mille.	1 vol.
Le Naturalisme au théâtre		1 vol.
Nos Auteurs dramatiques		1 vol.
Les Romanciers naturalistes		1 vol.
Documents littéraires		1 vol.
Une Campagne (1880-1881)	5e mille.	1 vol.
Nouvelle Campagne (1896)	9e mille.	1 vol.
La Vérité en marche	14e mille.	1 vol.

CORRESPONDANCE

Lettres de jeunesse	7e mille.	1 vol.
Les Lettres et les Arts	5e mille.	1 vol.

29056. — L. MARETHEUX, imprimeur, 1, rue Cassette. Paris. — 1906.

ÉMILE ZOLA

DOCUMENTS LITTÉRAIRES

ÉTUDES ET PORTRAITS

CHATEAUBRIAND — VICTOR HUGO
A. DE MUSSET — TH. GAUTIER — LES POÈTES CONTEMPORAINS
GEORGE SAND — DUMAS FILS — SAINTE-BEUVE
LA CRITIQUE CONTEMPORAINE
DE LA MORALITÉ DANS LA LITTÉRATURE

NOUVELLE ÉDITION

PARIS
BIBLIOTHÈQUE-CHARPENTIER
EUGÈNE FASQUELLE, ÉDITEUR
11, RUE DE GRENELLE, 11

1926
Tous droits réservés.

Les études que je réunis aujourd'hui ont toutes paru dans le *Messager de l'Europe*, une revue de Saint-Pétersbourg, à laquelle j'envoyais une correspondance mensuelle.

Plusieurs sont insuffisantes, entre autres l'étude sur Musset. Si je les publie en volume, c'est uniquement pour ne rien supprimer de la campagne littéraire que j'ai faite en Russie. D'ailleurs elles se tiennent, et même dans les plus lâchées au point de vue des documents et du style, j'ai trouvé, en les relisant, des pages dont je désire affirmer les idées.

É. Z.

DOCUMENTS LITTÉRAIRES

CHATEAUBRIAND

I

Dans le court répit que lui laisse le demi-sommeil des passions politiques, une fête littéraire vient, pendant quelques jours, d'occuper toute la France. Saint-Malo, la ville natale de Chateaubriand, a érigé une statue à son glorieux enfant, sur une petite place, en face même de la maison où l'écrivain est né, le 4 septembre 1768. Et cette cérémonie a remis debout dans les mémoires la haute figure de l'auteur du *Génie du Christianisme*, une figure déjà pâlissante, après vingt-sept ans à peine de postérité. Il a fallu les vacances de l'Assemblée, le silence de la tribune, l'armistice des partis, pour que les fêtes de Saint-Malo eussent ainsi un écho aux quatre coins du pays.

Cette ville a attendu vingt-sept ans pour payer sa dette. Il faut dire que Chateaubriand, à son lit de mort, n'avait demandé à ses compatriotes qu'un tombeau, le tombeau rêvé par son orgueil, une pierre et une croix de granit, au sommet de l'écueil du Grand-Bé, en face de l'Océan. Il dort là, dans cet ennui solitaire qu'il a traîné toute sa vie, comme une draperie faite à sa taille. Il a poussé la vanité jusqu'à défendre qu'on gravât un nom sur la pierre. Il est l'écueil lui-même, le colossal rocher qui défie les tempêtes, qui reste éternellement noir et vainqueur dans les orages. Cela est d'un effet superbe, calculé par un esprit qui avait le sens du grand ; c'est pourquoi j'imagine que Chateaubriand aurait refusé la statue, s'il avait pu être consulté. Certes, Saint-Malo a été conduit par un sentiment pieux et touchant. Mais comme son pauvre petit bronze est écrasé par la masse énorme du Grand-Bé, et que l'invention de cette statue est mesquine, à côté de cette attitude héroïque du mort qui a rêvé l'immortalité face à face avec l'infini ! Chateaubriand a été un metteur en scène merveilleux. Peut-être aurait-on dû ne pas toucher à l'apothéose qu'il avait réglée lui-même, avant de mourir.

Le pis est que Saint-Malo n'avait pas de place pour une telle statue. Il faut connaître cette ville rude, qui semble taillée dans le roc, entre deux falaises. Elle est logée là, comme au fond d'une crevasse, très à l'étroit, accrochée au-dessus de l'Océan, qui la bat de son flux éternel, sans l'entamer. Toute petite, serrée au milieu de ses fortes murailles, percée de ruelles qui viennent se heurter à l'enceinte, elle a une triple ceinture de rochers, sans un bout de promenade, sans un champ voisin, grise et fermée, ainsi qu'une citadelle. C'est une cité de courage et de guerre, qui, en fait de bronze, n'a de place que pour des canons. Aussi Saint-Malo s'est-il trouvé très embarrassé, lorsqu'il s'est agi de choisir un emplacement pour la statue de Chateaubriand. On a dû la mettre au milieu du seul carrefour de la ville ; et ce qui a achevé de déterminer la municipalité, c'est que la maison où est né l'écrivain, aujourd'hui transformée en hôtel, s'y trouve située. Sept platanes maigres y étouffent la statue ; les maisons voisines l'écrasent, à ce point qu'elle paraît être au fond d'un puits. En outre, on a eu la fâcheuse idée de la flanquer, à gauche et à droite de deux bassins, de ces bassins ridicules que les petits boutiquiers retirés font creuser dans leurs villas de Vincennes ou d'Asnières. Ainsi accompagné, Chateaubriand a l'air d'un sujet de pendule, entre deux flambeaux de verre filé. Et quel pauvre Chateaubriand ! M. Aimé Millet, l'auteur du bronze, a dû naturellement se conformer aux proportions du cadre. Il a donc exécuté un Chateaubriand tout petit, une très médiocre figure qui prête à sourire. L'écrivain est assis sur un quartier de roche ; d'un coude, il s'appuie sur un exemplaire du *Génie du Christianisme*, le front dans la main ; tandis que l'autre main tient un burin, comme prête à écrire. La face se tourne légèrement vers le ciel. C'est Chateaubriand rêvant et attendant l'inspiration. J'avoue que, pour ma part, je trouve cette composition tout à fait fâcheuse. Je ne puis m'imaginer Chateaubriand autrement que debout ; il devait écrire debout, ce noble artisan du style, dont les phrases s'envolaient avec un bruit d'ailes si large. Puis, quelle invention bourgeoise, quelle pose troubadour, cet écrivain sur son rocher, la plume aux doigts et les yeux sur les nuages! Cela fait bien dans les romances; mais, dans la réalité on s'installe d'une autre façon pour écrire. J'ai parlé de sujet de pendule; je crois, en effet, que des réductions du bronze de M. Millet auraient un vif succès, sur les cheminées de certaines vieilles dames sensibles. Ah! que le grand prosateur est autrement superbe, à la pointe du Grand-Bé, dans l'air libre, dominant l'horizon, gardant les lignes rigides de l'orgueil et de la mort !

Les honneurs officiels sont fatalement d'une pompe mesquine, surtout lorsqu'il s'agit de rendre hommage à un prince des lettres. La ville de Saint-Malo a certainement dépensé beaucoup d'argent et s'est donné un mal infini, pour aboutir à imaginer des fêtes qui n'ont différé que par le cadre de nos fêtes de banlieue. Il aurait fallu tout au moins, au pied de la statue de Chateaubriand, une de nos gloires, un pair de l'écrivain, qui le saluât au nom des lettres françaises. Et Victor Hugo seul, à mon sens, avait aujourd'hui la hauteur nécessaire pour lui parler face à face. Mais la municipalité de Saint-Malo n'a pas songé un instant à inviter l'illustre poète, qui a le tort d'être républicain, et qui aurait pu prononcer des paroles dangereuses. Elle s'est bornée à lancer des invitations que j'appellerai officielles; et c'est ainsi que trois académiciens, MM. Camille Doucet, Caro et de Noailles, et qu'un romancier, M. Paul Féval, se sont trouvés chargés de représenter la littérature française à Saint-Malo. MM. Camille Doucet et Caro font partie actuellement du bureau de l'Académie; M. de Noailles est l'académicien qui a hérité du fauteuil de Chateaubriand ; quant à M. Paul Féval,

il est Breton comme l'auteur de *René*, et il préside
en ce moment la Société des gens de lettres : tels
sont les seuls titres qui ont fait choisir ces messieurs plutôt que d'autres. On ne les a pas choisis,
d'ailleurs, on les a subis ; ce qu'il faut dire, c'est que
la littérature n'est pour rien dans l'affaire. M. Camille Doucet possède la réputation d'un très aimable homme, et il a pour tout bagage des comédies
de poète amateur, qui ont eu des succès d'estime.
M. Caro est un philosophe bien pensant et de bonne
compagnie, la petite monnaie de Cousin, un écrivain fade et sucré, dont la tenue correcte a fait le
triomphe. M. de Noailles est un duc, et rien de plus.
Enfin, M. Paul Féval, le seul véritable littérateur des
quatre, a écrit pendant trente ans des romans-feuilletons au jour le jour, sans aucune qualité de style
sérieuse. Je serais désespéré qu'on pût croire à
l'étranger que ces messieurs sont le bataillon sacré
de nos gloires contemporaines. Nous avons, je
l'affirme, des géants à côté de ces nains. Il faut
savoir qu'en France les grands hommes restent
suspects. Jamais, pour une solennité publique, à
laquelle les autorités doivent assister en uniforme,
on ne donnera la parole à quelque grand talent
qui illustre le pays. Les mannequins officiels
suffisent, et ils font naturellement partie des accessoires de la fête, avec leurs titres et leurs costumes.

Les fêtes de Saint-Malo ont donc présenté un caractère de pauvreté dont la grande ombre de Chateaubriand a dû souffrir. Le programme cependant était
fort compliqué. A midi, tous les invités, en tenue
officielle ou en habit noir, sont partis en cortège de

l'hôtel de ville, pour se rendre à la cathédrale, où une messe commémorative a été célébrée. De là, le cortège s'est dirigé vers la place Chateaubriand, qu'une foule compacte emplissait. Les tambours battaient aux champs, les canons du port tonnaient ; et, brusquement, le voile qui cachait la statue est tombé, aux applaudissements du public. C'est l'éternel cérémonial de ces sortes de solennités. Puis, les discours se sont succédé. Toutes sortes d'orateurs ont parlé : des fonctionnaires, des délégués, de simples invités, sans oublier les trois académiciens et le président de la Société des gens de lettres. Pauvres discours, phrases toutes faites, une pluie de mots qui s'assourdissait dans le clair soleil, avec un bruit monotone. Rien n'est à relever. On a répété sur Chateaubriand, en mauvais style, les banalités qui courent les rues, sans ajouter un aperçu nouveau, sans trouver un cri véritablement ému. Les discours, comme les orateurs, sont restés officiels ; je ne sais pas de critique plus cruelle à en faire. M. Paul Féval seul s'est appliqué ; il a lu un morceau très travaillé, qui ressemblait au début d'un roman à sensation. Et ce n'était point fini, la statue a encore eu à subir la déclamation d'une ode couronnée, à la suite d'un concours que la ville de Saint-Malo avait ouvert le printemps dernier. Enfin, la foule s'est écoulée, pendant que les invités regagnaient l'hôtel de ville, où un banquet était servi. Là, les discours ont recommencé, au dessert. Le grand succès a été pour des pièces montées, des gâteaux et des sucreries qui ornaient la table ; l'une représentait le château de Combourg, où Chateaubriand a passé son enfance ; l'autre, plus étonnante encore, était la reproduction exacte de l'îlot du Grand-Ré, au sommet duquel se trouve le tombeau de l'écrivain. Quelle triomphante imagination ! le Grand-Bé en nougat et le tombeau de Chateaubriand en sucre ! Cela est le comble de la douceur et de la flatterie. Mais quelle chute ! le sauvage et mélancolique René tombé aux mains de confiseurs enthousiastes !

On avait, en outre, pour le plaisir du peuple, organisé une fête foraine. Plus de vingt mille curieux étaient accourus des cinq départements de la Bretagne, et beaucoup d'entre eux, paysans et ouvriers, portaient le costume national, ce qui bariolait la foule d'une façon fort pittoresque. Tout ce monde a passé l'après-midi à voir gonfler deux ballons qui se sont enlevés vers le soir. Il y avait aussi des mâts de cocagne et des jeux de toutes sortes, qui ont eu un grand succès. N'importe, Chateaubriand, je le jurerais, ne s'est jamais douté qu'il serait fêté un jour avec des ballons, des mâts de cocagne et des billards en plein vent. Enfin, le soir, on a tiré le feu d'artifice traditionnel. Ici, j'avoue que le spectacle a été superbe. Un aviso de l'État, le *Faon*, était illuminé et faisait feu sans relâche de tous ses canons ; tandis qu'une vingtaine de grandes barques de pêche, toutes allumées de lanternes vénitiennes, éclairaient le port de leurs flammes dansantes. Sur les hauteurs, aux environs de la ville, des lumières électriques blanchissaient l'horizon. La nuit était d'une pureté et d'une douceur admirables, la mer montait lentement, avec ces nonchalances qu'elle montre pendant les soirées tièdes. Et, durant trois heures, au milieu de ce décor splendide, les artificiers, établis au bout de la jetée, n'ont cessé de lancer des fusées, des panaches d'étoiles qui semblaient se détacher de la voûte bleue et tomber dans l'Océan, pareils à des poignées d'astres. A minuit seulement, le bouquet a été tiré, un bouquet monstre, une éruption formidable, dont les mille lances de feu, jaillissant tout d'un coup du milieu des vagues, ont épanoui leur éventail embrasé dans la rondeur immense de l'horizon. Le Grand-Bé, noir au fond de cet incendie, est apparu, comme sous une lumière intense d'apothéose. A trois reprises, de nouvelles nappes de fusées, d'un vol plus puissant, ont grandi les unes derrière les autres, ainsi que des murs de flammes qui montaient toujours, se haussant, s'étalant, image de l'orgueil du poète, dont l'effort a empli un instant tout le ciel, pour s'éteindre presque aussitôt dans la nuit. Puis, la journée a été terminée par une retraite aux flambeaux. Autour des remparts de granit illuminés, des lueurs rouges de torche ont passé, pendant que les tambours battaient, accompagnés des dernières clameurs de la foule.

J'imagine que, vers deux heures du matin, lorsque le dernier lampion a été éteint par la brise de mer, le Grand-Bé s'est trouvé heureux de la nuit noire qui retombait sur lui. Il allait donc pouvoir reprendre son éternel recueillement, sa tranquillité farouche que les oiseaux du large bercent seuls de leurs cris rudes. Plus de discours officiels, plus de petits hommes s'embarrassant dans de grandes phrases, plus de mâts de cocagne surtout, et même plus de fusées se grandissant jusqu'aux étoiles. Rien que l'ombre au loin, trouée par les feux solitaires des phares ; rien que la paix de toutes les nuits, le même rêve qui se prolongera dans les siècles. Oui, cela a dû être bon pour l'écueil et pour le grand mort, qui, dédaigneux de l'hommage des hommes, n'a voulu que l'éternelle acclamation de l'Océan à ses pieds.

II

Chateaubriand a vécu une des vies les plus remplies de ce siècle. Il faut, pour le bien juger, résumer rapidement les épisodes multiples de son existence. A le voir agir, on pénètre mieux les ressorts de sa volonté et de son intelligence.

Il fut le dernier né de dix enfants. Son père avait épousé, en 1753, une demoiselle de Bedée, avec laquelle il était venu s'établir à Saint-Malo. Il semble que la fortune du ménage devait être médiocre. Chateaubriand fut élevé jusqu'à l'âge de trois ans au village de Plancoel. Quand il revint à Saint-Malo, on l'abandonna à peu près à lui-même, et il poussa naturellement sur la plage, entre le château et le Fort-Royal, le long de cette bande de sable où tous les enfants de la ville usent leurs culottes. Son sort était fixé, son père le destinait à la marine royale. Comme il le dit lui-même dans les *Mémoires d'outre-tombe*, auxquels j'emprunte ces détails, quelques notions de dessin, de langue anglaise, d'hydrographie et de mathématiques, parurent plus que suffisantes pour un garçonnet destiné d'avance à la rude vie de marin. Il passa donc son enfance à Saint-Martin et au château de Combourg, où il se prit d'une grande tendresse pour sa sœur Lucile; ses meilleurs souvenirs dataient de ce domaine noir et triste, que les touristes vont encore visiter aujourd'hui. Plus tard, on le mit au collège de Dol. Très indolent, jugé d'intelligence médiocre par sa famille, il sentit là s'éveiller en lui une grande aptitude au travail et une mémoire extraordinaire. Son génie passionné, son amour de la beauté et son sentiment catholique du devoir, lui furent brusquement révélés par la lecture d'un *Horace* non châtié et d'un exemplaire de l'*Histoire des confessions mal faites*, qui étaient tombés entre ses mains. Mais il ne commença à écrire que plus tard, après avoir passé deux années au collège de Rennes et être allé vainement à Brest attendre son brevet d'aspirant. Revenu à Combourg par un coup de tête, il reprit sa vie de rêveries et de promenades, son précoce ennui, ce qu'il appelle lui-même « ses désespoirs inexplicables ». Il avait retrouvé sa sœur Lucile, fantasque et rêveuse comme lui ; ils s'adoraient tous les deux, s'en allaient en pleine nature ; et ce fut dans une de ces courses que la jeune fille, l'entendant parler avec ravissement des charmes de la solitude, lui dit : « Tu devrais peindre cela. » Je cite ici Chateaubriand lui-même : « Ce mot me révéla la Muse ; un souffle divin passa sur moi. Je me mis à bégayer des vers, comme si c'eût été ma langue maternelle. J'ai écrit longtemps en vers avant d'écrire en prose. M. de Fontanes prétendait que j'avais reçu les deux instruments. »

Cependant, Chateaubriand avait déclaré que sa volonté était d'embrasser l'état ecclésiastique. Il dut renoncer à ce projet, en découvrant en lui un besoin passionné de la femme, une chair ardente, un cœur qui se donnait à toutes les maîtresses qu'il rencontrait. On le voit alors se jeter dans les imaginations les plus étranges. Il veut un jour s'en aller au Canada pour défricher des terres ; un autre jour, il parle de passer aux Indes, afin de prendre du service dans les armées des princes de ce pays. On l'envoya même à Saint-Malo, où l'on préparait un armement pour Pondichéry. Mais son père lui ayant obtenu un brevet de sous-lieutenant au régiment de Navarre, il partit enfin pour Paris. Dès lors, commença son existence militante. Il fut présenté au roi, monta dans les carrosses de la cour, connut chez une de ses sœurs les beaux esprits du temps, Parny, Ginguené, Lebrun, La Harpe. Puis, après avoir assisté à la prise de la Bastille, mordu de nouveau par cette humeur aventureuse qui lui avait déjà fait rêver de lointains voyages, il partit pour l'Amérique, tout plein de l'ambition de trouver le fameux passage du nord-ouest, tant cherché par les navigateurs de l'époque. Il ne trouva pas ce passage, mais il emporta de la nature vierge une émotion profonde de peintre, un sentiment des horizons larges. La nouvelle de l'arrestation de Louis XVI, qu'il apprit dans un journal anglais, traînant sur la table d'une ferme, le fit brusquement revenir en France, d'où il émigra presque aussitôt, pour rejoindre à Coblentz l'armée des princes. Cependant, il jugeait que « l'émigration était une sottise et une folie »; il était déjà le légitimiste libéral, dont plus tard on jugea l'attitude si sévèrement. Il n'en fut pas moins blessé, et très grièvement, à la dernière affaire qui eut lieu devant Thionville ; un éclat d'obus lui avait labouré la cuisse droite. Alors commence pour lui une période de misère, et de misère effroyable. Il gagne Bruxelles, miné par la fièvre, traînant sa jambe, agonisant dans les fossés ; de là, il se rend à Ostende, où il manque mourir ; enfin, il réussit à se faire débarquer à Jersey, dans un tel état de santé, qu'il y resta quatre mois sur un lit, sans pouvoir bouger. Lorsqu'il fut guéri, il passa en Angleterre, où il écrivit son premier livre, l'*Essai historique sur les Révolutions*, dans lequel il afficha des doctrines d'un libéralisme très avancé pour l'époque. On peut arrêter là la période aventureuse de la vie de Chateaubriand. Il allait entrer dans la vie publique par la grande porte du succès, et prendre une attitude hautaine de catholique et de royaliste qu'il ne devait plus quitter.

J'ai omis de dire qu'il s'était marié à son retour en France, en pleine émotion révolutionnaire, dans les derniers jours de mars 1792. J'ai passé également sous silence toutes sortes d'aventures amoureuses. Les femmes devaient tenir dans sa vie une place considérable. Il fut médiocrement fidèle à la sienne, qui ne s'en plaignit jamais, et dont l'influence demeura toujours nulle sur lui. Sa mère, au contraire, exerça de son lit de mort une action toute-puissante, qui le ramena au royalisme et au catholicisme, dont il s'éloignait. Il connut les vœux qu'elle avait faits en mourant, il voulut lui obéir. Voici ce qu'il écrit lui-même : « Ma conviction est sortie de mon cœur ; j'ai pleuré et j'ai cru. » De là est né le *Génie du Christianisme*, ce poème des pompes et des douceurs de la religion chrétienne, cet appel à la foi par la poésie. Le succès fut immense. Le livre arrivait à son heure, comme une réaction fatale, qui répondait à un besoin public. Chateaubriand put rentrer en France, où Bonaparte, alors premier consul, le reçut fort bien et l'envoya bientôt à Rome comme premier secrétaire d'ambassade. Mais sa carrière diplomatique ne fut pas de longue durée. Il allait partir pour le Valais, en qualité de ministre, lorsque la nouvelle de l'exécution du duc d'Enghien lui fit envoyer sa démission. Cet acte de dignité et de fidélité à ses rois légitimes produisit un scandale énorme. Dès lors, il eut, en face de Napoléon triomphant, une attitude de protestation superbe; il fut la plus haute des têtes qui osèrent rester levées devant le conquérant. Pendant toute la durée de l'Empire, il demeura à l'écart, travaillant, publiant coup sur coup les livres qui ont fait sa gloire. Il venait de détacher du *Génie du Christianisme* l'épisode d'*Atala*, que le public avait accueilli avec enthousiasme. Déjà il méditait les *Martyrs*, et ce fut pour prendre des notes sur les lieux mêmes, qu'il accomplit alors le pèlerinage de Jérusalem, ce voyage d'artiste plus encore que de dévot, dont il a fait un récit si coloré dans son *Itinéraire*. A son retour en France, il alla se retirer dans la Vallée aux Loups, près d'Aulnay. Il habitait là une petite maison de campagne, un ermitage heureux, où il acheva les *Martyrs* et commença les *Mémoires d'outre-tombe*. Sa lutte continuait avec Napoléon. Un de ses articles amena la suppression du *Mercure*, qu'il avait acheté. D'autre part, à l'Académie, où il venait d'obtenir le fauteuil de Marie-Joseph Chénier, il se permit, dans son discours de réception, des allusions si claires contre le tyran, qu'il fut appelé au cabinet du préfet de police et forcé de s'exiler à Dieppe. Il faut avouer pourtant que les persécutions qu'il eut à endurer, ne présentèrent rien de trop cruel. Elles lui rendirent le service de le désigner pour le grand rôle qu'il espéra un moment jouer sous la Restauration.

Nous touchons ici à la période la plus caractéristique de la vie de Chateaubriand. Quand les Bourbons revinrent, il put croire qu'il allait être l'homme indispensable. Sa fortune politique semblait assurée, une fortune politique préparée de longue main, et sans précédent. Son début eut un retentissement immense. Il lança son fameux pamphlet: *De Buonaparte et des Bourbons*, pour triompher de l'hésitation des rois alliés. Louis XVIII déclara à l'auteur que sa brochure lui valait mieux qu'une armée de cent mille hommes. Mais sa faveur dura peu, il ne tarda pas à devenir suspect. Sa seconde brochure : *Réflexions politiques*, divulga ses doctrines constitutionnelles, cet amour de la liberté qu'il avait puisé en Amérique et en Angleterre. Dès lors, on le subit, jusqu'au jour où l'on put se débarrasser de lui, avec une brutalité révoltante. La seconde Restauration le nomma pair de France ; mais elle fit saisir par la police son ouvrage : *De la monarchie selon la Charte*, et une ordonnance du roi le raya du nombre des ministres d'État. Lui, le héros chrétien et royaliste, il dut vendre ses livres et sa propriété de la Vallée-aux-Loups. Plus tard, à la chute du ministère Decazes, il rentra au pouvoir, fut d'abord ambassadeur à Berlin, puis à Londres, assista au congrès de Vérone, et revint enfin à Paris comme ministre des affaires étrangères. Là, une nouvelle disgrâce l'attendait. Il arrivait un jour aux Tuileries, lorsqu'on lui remit un billet de M. de Villèle, président du conseil, son adversaire acharné, dans lequel sa démission lui était signifiée presque grossièrement, au nom du roi. Pour la seconde fois, Chateaubriand passa à l'opposition libérale. Il continua, dans le *Journal des Débats*, sa campagne en faveur de la liberté, même après l'avènement de Charles X, jusqu'au jour où M. de Villèle tomba pour céder la place à M. de Martignac. On le retrouve alors ambassadeur à Rome. Mais 1830 approchait, sa carrière politique était finie. Elle avait été comme barrée par des obstacles imprévus. Aucun grand acte ne la signale; à distance, elle apparaît mesquine et étroite, indigne de lui. Je tâcherai d'expliquer les causes de ce grand avortement.

Après 1830, Chateaubriand rentra dans la vie privée. La fatalité de sa situation le condamnait à ne pas servir le gouvernement auquel il avait travaillé. Il alla en Suisse, revint à Paris, fut inquiété un instant, lors du soulèvement de la Vendée. Il garda une fidélité inébranlable à la royauté déchue. Jamais il ne parut plus noble. A plusieurs reprises, il se rendit en pèlerinage auprès du comte de Chambord. Il vieillissait dans l'amitié tendre de madame Récamier. Enfin, la mort le frappa, en pleine tourmente révolutionnaire, le 4 juillet 1848, à l'âge de quatre-vingts ans. La publication des *Mémoires d'outre-tombe* avait été comme un coup de foudre. Sur le tombeau de ce croyant, se dressa une figure de sceptique désenchanté. Le défenseur héroïque de la royauté légitime ne fut plus qu'un paladin chevaleresque; qui se battait pour tenir la foi jurée, sans parvenir à se persuader que la cause soutenue par lui était la meilleure des causes.

Telle est, brièvement, et pour les besoins de mon étude, la biographie de Chateaubriand. Comme je l'ai dit, aucune vie n'a été plus remplie. Il a été un roi littéraire et il s'est trouvé mêlé aux affaires de son pays pendant un demi-siècle. Comment donc se fait-il que cette haute figure nous apparaisse aujourd'hui rapetissée et effacée? Il n'est pas un ancêtre dont le nom sonne encore aussi largement et dont la nouvelle génération se préoccupe aussi peu On le nomme parfois, mais on ne le lit plus. Ses œuvres, magnifiquement reliées, ne servent guère qu'à l'ornement des bibliothèques. La poussière s'amasse sur ses actes et sur ses paroles. Les lettrés seuls, les gens du métier, ont encore la curiosité de chercher dans ses meilleures pages les sources de la littérature contemporaine ; quant à la foule des lecteurs, il y a longtemps qu'elle est ailleurs. Tout ce que les hommes de trente ans ont lu de Chateaubriand, ils l'ont lu au collège, les jours de pluie, lorsqu'on ne pouvait aller en promenade, et qu'on permettait aux élèves la lecture de quelques bons livres, empruntés à la bibliothèque du proviseur. D'où vient, je le demande, tant d'indifférence après tant d'enthousiasme? C'est ce que vais essayer de dire. Il y a là une page intéressante de notre politique et de notre littérature. Le passé explique le présent.

III

On me dit que les fêtes de Saint-Malo ont été organisées par les royalistes, qui ont rêvé d'en faire une manifestation politique et religieuse. Ils auraient simplement pris Chateaubriand comme un argument vainqueur contre la République et la libre-pensée. L'argument peut être bon pour la foule; mais il semblera médiocre à tous ceux qui connaissent l'illustre écrivain. Et les royalistes ont senti tellement le côté faible de leur manifestation, qu'ils ont passé sous silence *les Mémoires d'outre-tombe ;* on chercherait en vain le titre de cet ouvrage, dans les discours officiels et sur le socle de la statue. La vérité est que Chateaubriand a été le fossoyeur de la royauté et le dernier troubadour du catholicisme.

Selon moi, et malgré la clameur que cette opinion peut soulever, la vie de cet homme a été une vie manquée. Il est né trop tôt ou trop tard. Il est venu quand une société s'écroulait et quand la société future s'ébauchait à peine. Encore eût-il pu développer ses rares qualités, s'il avait grandi parmi les rudes lutteurs qui travaillaient à l'avenir. Mais la fatalité de sa naissance le plaçait dans le camp du passé, le clouait à une fidélité glorieuse et stérile. Et le pis est que l'esprit du siècle l'avait touché, qu'il ouvrait les yeux malgré lui, que son intelligence ne pouvait se refuser à la grande lueur montant de l'horizon. De là, les tiraillements et les inconséquences de sa vie ; il semble que ses ailes sont coupées, qu'il lui soit défendu de voler à la lumière. La liberté l'attirait, mais il était rivé à son poste de défenseur du pouvoir absolu. Si on l'envisage au point de vue de la dualité qui était en lui, on voit un aveu dans chacun de ses actes. Il débute, dans l'*Essai sur les révolutions*, par un cri de liberté, et il termine par ces *Mémoires d'outre-tombe*, qui sont un testament de doute universel; tout ce qu'il a publié entre ces deux ouvrages, *le Génie du Christianisme, l'Itinéraire, les Martyrs,* se trouve ébranlé, démenti, supprimé. Dans sa carrière d'homme politique, c'est pis encore ; ce légitimiste est le plus ardent des libéraux, et ce libéral doit refuser la liberté, dès qu'il l'a conquise. Frappé trois fois pour les Bourbons, ayant souffert pour eux les persécutions et l'exil, il ne peut les servir quelques mois sans leur devenir suspect, et il est traité par eux plus cruellement que par Bonaparte. Ce n'est que plus tard, lorsqu'il est rentré dans la vie privée, qu'il lui est permis de s'immobiliser et de prendre cette raideur chevaleresque, cette hauteur de dévouement qu'il garda jusqu'à la mort, sans cesser de porter sa blessure au flanc. On comprend dès lors combien son libre esprit resta garrotté par les chaînes qu'il traînait avec orgueil. Il s'agita misérablement dans l'étroite prison où il s'était enfermé lui-même. L'avortement fut complet, irrémédiable. Sans foi dans l'avenir, rejeté continuellement de ses instincts libéraux à son rôle de sujet fidèle, il ne put enfanter que de petits faits, il se noya au fond des tracasseries et des querelles au jour le jour. Il se montra, pour tout dire, homme politique médiocre.

Et que les royalistes d'aujourd'hui n'essayent pas de faire mentir l'histoire. Chateaubriand ne leur appartient pas tout entier. L'homme qui a écrit les lignes qu'on va lire, pouvait combattre encore pour la royauté, mais ne croyait plus à sa victoire.

« L'Europe court à la démocratie. La France est-elle autre chose qu'une République entravée d'un roi ? Les peuples grandis sont hors de page ; les princes en ont eu la garde-noble ; aujourd'hui les nations arrivées à leur majorité prétendent n'avoir plus besoin de tuteurs. Depuis David jusqu'à notre temps, les rois ont été appelés ; les nations semblent l'être à leur tour...

« Les symptômes de la transformation sociale abondent. En vain on s'efforce de reconstituer un parti pour le gouvernement absolu d'un seul : les principes élémentaires de ce gouvernement ne se retrouvent point. Les hommes sont aussi changés que les principes...

« Mais, après tout, il faudra s'en aller. Qu'est-ce que trois, quatre, vingt années dans la vie d'un peuple ? L'ancienne société périt avec la politique dont elle est sortie. A Rome, le règne de l'homme fut substitué à celui de la loi par César. On passa de la république à l'empire. La révolution se résume aujourd'hui en sens contraire : la loi détrône l'homme ; on passe de la royauté à la république. L'ère des peuples est venue. »

Ces citations, tirées des *Mémoires d'outre-tombe*, sont formelles. D'ailleurs, lorsque ces *Mémoires* parurent, il y eut un long cri de colère. Tout le parti royaliste cria à la trahison. Je lis ce jugement sévère dans un article de M. de Broglie : « C'est Chateaubriand lui-même qui a trouvé bon de nous faire connaître quels orages de vanité mesquine avaient troublé, dans ses profondeurs, l'âme mélancolique de René ; c'est lui qui s'est chargé de proclamer qu'il avait été émigré sans conviction, c'est-à-dire qu'il avait porté les armes contre son pays sans avoir l'excuse d'une foi chevaleresque dans la royauté. » Et M. de Broglie y mettait encore quelque ménagement; d'autres se montrèrent tout à fait cruels. Dès lors, la mémoire de Chateaubriand fut reniée par tous les partis. Les républicains ne pouvaient le compter pour un des leurs ; les royalistes avaient rompu bruyamment avec lui, et il fallait notre époque troublée pour qu'ils songeassent à le réclamer et à le prendre en guise de drapeau. Il resta seul, dans la franchise de son scepticisme, inutile à tous, abandonné comme une figure complexe et dangereuse, dont un parti n'avait rien de bon à tirer. Il y a déjà là une première explication du silence qui s'est fait brusquement autour de lui. On l'a relégué au grenier ainsi qu'une arme à double tranchant, dont personne n'osait se servir, dans la grande bataille contemporaine.

Mais, en dehors de cette cause d'oubli toute pratique, il en existe une plus profonde, due à la personnalité même de Chateaubriand, telle que j'ai tâché de la peindre avec exactitude. Les hommes de transition sont fatalement frappés d'avortement ; s'ils réussissent à emplir de bruit leur époque, ils se trouvent emportés tout entiers avec leur génération, et rien ne reste du vain piétinement de leur vie. Chateaubriand ne démolissant rien, ne bâtissant rien, se résignant à un rôle de borne, peut nous sembler d'une belle attitude, au seuil de ce siècle ; mais il ne dit absolument rien à nos esprits, enfiévrés par la bataille politique qui se livre en France, depuis plus de quatre-vingts ans. Pour qu'un homme politique vive dans les mémoires, il faut que ses actes aient répondu à la passion d'un siècle. Lui, nous apparait trop loin de nous ; il nous reste étranger, il n'a rien laissé qui nous le fasse sentir toujours ardent et vivant à nos côtés. En un mot, il n'avait pas l'âme moderne. Comme je l'ai dit, il s'est trompé d'époque, le jour de sa naissance. Dans l'écroulement de l'ancienne société, il demeure la ruine la plus glorieuse, une de ces ruines toutes jeunes qui sont lamentables. Encore eût-il été grand, s'il se fût montré le soldat du passé, sans compromis d'aucune sorte, tenant tête au monde nouveau, le niant, ayant la passion de sa foi; mais les fatalités de sa nature le jetaient à cet équilibre, à ce juste-milieu du doute, où les natures les mieux douées se rapetissent. Il s'est agité inutilement et il s'est évanoui, rien de plus. Aujourd'hui, ses actes, ses écrits, sont froids comme des cadavres.

Il est bon d'ajouter que Chateaubriand n'avait pas le tempérament politique. En France, l'opinion commune est qu'un poète, un écrivain d'imagination et de style, ne peut gouverner sagement son pays; et, jusqu'à ce jour, les écrivains qui sont montés au pouvoir, si j'en excepte M. Thiers, semblent avoir pris à tâche de justifier cette opinion. Cela tient sans doute au génie français. On reprochait surtout à Chateaubriand sa sauvagerie hautaine et dédaigneuse, la morgue avec laquelle il accueillait les personnes qui l'approchaient. Il était le plus souvent d'une vanité blessante. Cela n'eût rien été encore, s'il n'avait manqué complètement de la grande force des hommes d'État, la patience, la continuité des vues, l'effort toujours dirigé vers le même but. Il se passionnait d'abord, rêvait de faire grand; mais, au premier obstacle, il se décourageait, entrait dans des colères d'enfant, finissait par se réfugier au fond d'une sorte de mélancolie égoïste, dégoûté des hommes, prophétisant les cataclysmes les plus effroyables. René perçait quand même, avec sa désespérance, sous la gravité du diplomate et du ministre. Il traitait une affaire comme il écrivait un livre, soignant la forme, ne songeant pour le reste qu'à se mettre en avant. Aussi ses fautes furent-elles innombrables. Après avoir montré les inconséquences de la vie politique de Chateaubriand, Sainte-Beuve ajoute avec raison : « Il y a trois grands faits qui demeurent : la plus mauvaise Chambre de la Restauration, la Chambre frénétique de 1815, il a tout fait pour la maintenir. Le meilleur ministère, le plus sincèrement libéral de la Restauration, le ministère Dessoles, il a tout fait pour le renverser. Le ministère Villèle enfin, le plus détestable de tous, et le plus funeste, il a attendu pour le trouver tel, qu'il en fût sorti. M. de Chateaubriand n'a commencé à désespérer de la Restauration que quand il a vu qu'il n'en serait pas le premier ministre. » Un pareil jugement, d'une justesse absolue, achève le portrait de l'homme politique, dans Chateaubriand. En résumé, il n'a rendu que de mauvais services à la royauté, et la royauté n'a rien fait pour sa gloire. Les royalistes mentent à l'histoire, quand ils l'acclament.

De même, j'estime qu'on fait preuve de peu de critique et de beaucoup de complaisance, lorsqu'on parle des prétendus services que Chateaubriand a rendus à la religion. Personnellement, il n'avait pas l'esprit religieux ; il avait plutôt ce que je nommerai l'esprit poétique. C'est ici que je dois dire un mot de la désespérance de René, de cette mélancolie rêveuse et de cet ennui incurable qu'il a traînés partout, comme la plaie vive d'un mal inconnu. Sans doute il faut faire la part de la pose, de la draperie qu'il lui a plu de se mettre aux épaules. Mais cette désespérance a eu son heure de réalité. Elle a soufflé un moment sur tous les sommets de l'esprit. Byron en a été secoué jusqu'aux os. Gœthe, plus solide sur ses membres puissants, a écrit *Werther*, pour en avoir été effleuré. En France, Musset s'est dit blasé et vidé, vieilli avant l'âge par ce vent du siècle. Et il répétait seulement le grand cri de tristesse que Chateaubriand avait jeté quelques années plus tôt. Ce ne sont plus les tristesses de Rousseau, tempérées de philosophie, l'humeur noire d'un moraliste chagrin. Rousseau a le premier pleuré devant la nature ; mais il raisonnait encore, tandis que ses fils n'ont plus trouvé que des larmes. Il semble que la fraternité qui s'élargit jusqu'aux arbres et aux brins d'herbe, que la contemplation nouvelle des horizons, cet amour attendri de la nature, troublent l'homme dans son cœur, font monter à ses yeux toutes les douleurs vagues de son être. Chateaubriand a réalisé chez nous ce type tourmenté du poète assis sur un rocher, versant devant un beau soir des pleurs qu'il ne sent pas couler. En face des bois, des montagnes, des eaux, auxquels il s'intéresse pour la première fois, il se trouve pris d'un accablement immense, très doux pourtant, d'un besoin de sommeil, au fond duquel il voudrait s'anéantir. Il n'a rien pour souffrir, et il souffre de tout. Il traîne des aspirations sans but, des dégoûts sans cause, une fatigue abominable de l'existence. Quel nom donner à cet étrange état, à cette maladie noire qui, à la même heure, a fait des victimes dans toutes les nations ? Si j'analyse cette désespérance, je dirai qu'elle est une nouvelle forme du doute. Chateaubriand subissait, même à son insu, la poussée révolutionnaire du siècle. Il était pris entre les croyances chancelantes d'une société qui s'effondrait, et les leçons neuves d'analyse exacte que lui donnait la nature. De ces arbres, de ces vallées, de ces mers, dans le spectacle desquels il s'abîmait, montaient des voix troublantes, les voix de l'avenir qu'il ne pouvait encore entendre et qui le laissaient éperdu. Sa vie contemplative, ses regards ouverts sur le monde nouvellement révélé, le jetaient à un énervement extraordinaire, à un grand chagrin inconscient, fait du regret des jours passés et de la méfiance du lendemain. L'âme était comme sortie de la paix où elle avait dormi pendant des siècles. Si René sanglotait sur son rocher, c'était en somme que Réné ne croyait plus et qu'il faisait d'inutiles efforts pour croire.

Je ne veux pas fouiller trop avant dans la vie de Chateaubriand. Il n'était pas d'esprit religieux, je le répète. Il céda à toutes les passions, ne sut jamais tuer sa chair. Ses aveux suffisent pour le montrer passionné, toujours en quête de quelque grand amour. Lorsqu'il partit en pèlerinage pour Jérusalem, il confesse n'avoir pas eu un but pieux ; il allait à la passion, à la beauté, à la gloire. Ceci est caractéristique. « Allais-je, dit-il dans ses *Mémoires*, au tom-
« beau du Christ dans les dispositions du repentir?
« Une seule pensée m'absorbait, je comptais avec
« impatience les moments ; du bord de mon navire,
« les regards attachés sur Vénus, l'étoile du soir, je
« lui demandais des vents pour cingler plus vite, de

« la gloire pour me faire aimer. J'espérais en trou-
« ver à Sparte, à Sion, à Memphis, à Carthage, et
« l'apporter à l'Alhambra. Comme le cœur me bat-
« tait en abordant les côtes de l'Espagne ! Aurait-on
« gardé mon souvenir ainsi que j'avais traversé mes
« épreuves ? » Tout ceci veut dire qu'une maitresse
l'attendait en Espagne, et qu'il avait constamment
brûlé du désir de cette femme, dans son long voyage.
Ce chrétien qui emmène son amour, qui le promène
dans les lieux saints, est certainement un poète ; mais
je soutiens qu'il n'est pas un croyant.

Peu importeraient, d'ailleurs, les sentiments personnels de Chateaubriand, si son œuvre restait
haute, ferme et debout, comme une tour, une citadelle armée défendant la religion. Mais le *Génie du
Christianisme*, pour ne parler que de cet ouvrage, est
loin d'être bâti avec cette solidité inexpugnable.
On se souvient que l'auteur, brusquement ramené
aux souvenirs de son enfance pieuse par la mort de
sa mère, et voulant obéir aux derniers vœux de celle-
ci, renonça à ses égarements de libre penseur et se
mit à écrire le *Génie du Christianisme*. C'est ce qu'il
raconte. Je veux croire que l'ouvrage aurait été
écrit quand même. Il y a là une légende. Chateaubriand a cédé plus encore au besoin de réaction qui
était dans l'air. Après la grande tempête de la révolution, après la destruction des églises, la proscription
des prêtres, l'invention ridicule d'une religion nouvelle, il était fatal qu'une voix s'élevât pour célébrer
l'excellence du catholicisme. Cette loi des réactions
est constante dans l'histoire. Cela est si vrai, le besoin de protester contre les spectacles d'horreur
auxquels on venait d'assister, est si bien la seule rai-

son d'être du livre, que Chateaubriand ne songe même pas un instant à discuter le dogme, à réfuter les attaques des philosophes du dix-huitième siècle, à faire une œuvre de critique et de combat. Il se contente de peindre, il oppose aux spectacles sanglants des spectacles de ravissement et de lumière. Dans le christianisme, il ne voit que la matière d'un poème, une suite d'épisodes touchants ou superbes. Ce qui l'émeut et le fait fondre en larmes, c'est la pompe de la religion, ce sont les cathédrales mettant la croix de leurs flèches sur le ciel bleu, emplissant leurs voûtes des parfums de l'encens et du resplendissement des cierges, toutes bourdonnantes de foules agenouillées sous la bénédiction des prélats, vêtus de pourpre et d'or. Ou bien, comme dans *Atala*, il mêle une tendresse humaine à la religion, dont il fait la consolation des amants malheureux, au milieu de la virginité des forêts. Ou encore il tire du drame de la Passion tout l'attendrissement tragique qu'il contient, il y intéresse les âmes sensibles, ainsi qu'à une histoire douloureuse dont il poétise les côtés trop cruels. Et l'œuvre entière reste ainsi l'effusion d'une âme émue, la paraphrase rythmée des beautés du culte, une sorte de cantique d'amour. La religion est belle, j'entends belle plastiquement et moralement, et c'est tout. Le poète est toujours là avec sa lyre; le penseur, le lutteur ne se montre pas une fois. Une œuvre telle que le *Génie du Christianisme* devrait être en vers. Sans doute, le succès fut grand, à l'époque de la publication, car le livre répondait à un besoin, satisfaisait le désir qu'on avait d'échapper aux réalités poignantes et de s'endormir dans le bercement d'une poésie pieuse. Après tant de sang, un flot de lait paraissait d'une douceur incomparable. L'œuvre arrivait à son heure, de là son retentissement. Mais, l'heure passée, elle était condamnée à l'oubli. Elle n'avait en elle aucune des vigueurs nécessaires pour servir la religion, au delà du charme immédiat qu'elle apportait. Si elle a pu consoler une génération, être un instant une musique sacrée, agréable aux oreilles toutes pleines encore des féroces refrains des sans-culottes, elle reste inutile aujourd'hui, sans force contre les attaques de la libre pensée, abandonnant la religion aux terribles enquêtes de la critique moderne. Elle ne défend pas plus le christianisme que les chants des jeunes filles, le dimanche, à l'église. Au contraire, elle l'affadit, l'affuble d'une rhétorique dont il est permis de sourire. Comparez le *Génie du Christianisme* aux travaux d'exégèse religieuse de ces dernières années, à la *Vie de Jésus*, de Strauss, pour ne citer que cet ouvrage, et vous sentirez quel pauvre champion la religion a dans la première de ces œuvres. Chateaubriand, à mon sens, a donc été tout aussi mauvais catholique que mauvais politique, et il n'a, en réalité, pas plus fait pour le christianisme que pour la royauté. Si notre temps le dédaigne et l'oublie, c'est qu'il n'est resté en toutes choses qu'un simple faiseur de phrases, sans rien semer pour l'avenir.

Où donc est sa grandeur, grandeur très réelle qui impose encore? Elle est tout entière dans le chevaleresque dévouement où il a su s'immobiliser. Les vingt dernières années de son existence, qu'il a passées à l'écart, solitaire et debout, ont plus fait pour sa gloire que le succès de ses livres et les tapages de sa carrière politique. Il demeurera dans l'histoire avec cette attitude dernière, sacrifiant tout à l'unité de sa vie, refusant d'abandonner son roi, bien qu'il désespérât de la royauté. Il n'avait reçu d'elle que des blessures, il la voyait moribonde, et il s'entêtait sans espoir à être son chevalier fidèle, à faire jusqu'au bout cette veillée de mort. Ce qui le grandit, c'est que, les yeux ouverts à l'avenir, il se savait les deux pieds sur une tombe. Après s'être battu pour la liberté, il niait la liberté, puisqu'il ne pouvait l'obtenir avec le prince auquel il avait donné sa foi. Il y a là un suicide dont bien peu d'hommes d'État ont été capables. Ajoutons que Chateaubriand mit une simplicité superbe dans son sacrifice ; il avait trop le sens du beau, pour ne pas opérer une belle sortie. Le 7 août, après les journées de Juillet, il tint à la Chambre des pairs le plus noble langage. Il se dépouilla ensuite des titres, des honneurs et des pensions qu'il ne voulait devoir qu'à la monarchie légitime. Et, dès lors, dégagé de ses fautes, supérieur à ses ouvrages, il domina son époque.

IV

Il me reste à étudier l'écrivain. Chateaubriand, d'ailleurs, se tient tout d'une pièce. Les causes qui ont mis l'homme politique au premier rang, pour le jeter ensuite à un rapide oubli, expliquent de même le succès retentissant de ses ouvrages et l'indifférence où elles sont tombées à cette heure. Il y a ainsi, chez toute personnalité, un ressort dominant qui mène la machine entière. Il suffit de chercher et de dégager ce ressort, si l'on veut connaître le mécanisme complet des actes et des écrits. J'ai dit que Chateaubriand, homme d'État, était un homme de transition, et que l'avortement de sa fortune venait de son équilibre entre deux siècles et deux sociétés, un pied dans le passé, l'autre dans l'avenir. Comme écrivain, il s'est également trouvé à cheval sur deux époques et sur deux écoles littéraires : c'est ce qui empêche ses œuvres de vivre.

Souvent on a répété que l'auteur du *Génie du Christianisme* était le premier romantique. Il est tout aussi juste de dire qu'il a été le dernier des classiques, tant l'agonie des belles périodes et des périphrases nobles se mêle chez lui aux balbutiements des audaces de la couleur et du mouvement passionné de la phrase. Son style est un étrange composé de toute la friperie classique, drapée, pailletée à la nouvelle mode romantique. Il finit le genre descriptif de Delille, pour commencer le genre superbe et rayonnant de Lamartine et de Victor Hugo. D'ailleurs, on a tort de croire qu'il y a, en littérature, des révélateurs apportant tout d'un coup dans leur écritoire une nouvelle école. Les transformations d'une littérature marchent au contraire avec une lenteur sage ; la chaîne est longue et ininterrompue ; il y a toujours une foule d'écrivains transitoires, et si plus tard des lacunes existent, si certains auteurs apparaissent comme des créateurs indépendants, c'est que leurs aînés sont tombés dans l'oubli ou qu'on ne songe pas à rétablir tous les fils qui conduisent fatalement de l'ancienne production à la production nouvelle. Il est certain, par exemple, que Chateaubriand est le continuateur de Rousseau et de Bernardin de Saint-Pierre. Il est le pont jeté entre ceux-ci et les écrivains révolutionnaires de 1830, servant à son insu un mouvement contre lequel il a protesté plus tard. C'est la loi fatale. Et le pis, je le répète, est qu'il est venu à cette heure indécise, à cette aube d'une langue jeune, où les lettres gardent toutes les entraves dont elles cherchent à se débarrasser, sans bénéficier du premier effort qu'elles tentent. Qu'on prenne une des plus belles pages de Chateaubriand, elle nous semble aujourd'hui fausse, enflée d'une musique ennuyeuse; les audaces qui terrifiaient et enthousiasmaient les contemporains, nous échappent absolument, parce qu'elles ont été dépassées par des audaces autrement bruyantes. Il faut, pour retrouver le novateur, reconstruire l'époque où il s'est produit, surtout le comparer à ses contemporains; et encore, si l'on arrive à comprendre l'enthousiasme des lecteurs d'autrefois, est-il impossible de le partager. Ce style n'est désormais qu'une date dans notre histoire littéraire. Ce n'est plus l'épuisement de langue où en était venue l'école de Voltaire; mais ce n'est pas encore la renaissance éclatante et bizarre, le souffle vivant qui allait bouleverser notre littérature comme pour la fertiliser et la mener à la vérité. Chateaubriand occupe chez nous cette singulière place, de ne pouvoir être classé ni dans le dix-huitième siècle ni dans le dix-neuvième : il reste dans le trou d'ombre qui sépare les deux époques. Aucun génie, si bien doué fût-il, n'aurait résisté à cette dualité du passé et de l'avenir, se combattant et s'étouffant.

On entend, dans ses phrases, la longue haleine d'un ouvrier puissant. Il y a là le ronflement de l'écrivain de race. Mais le tout est composé et peint comme un tableau de Lebrun, d'un pinceau magistral et imposant, qui oublie de mettre des corps vivants sous les draperies magnifiques. On est en plein dans le style noble, avec l'horreur du mot propre, la phrase travaillée et arrondie, la monotonie du balancement des périodes, l'ennui écrasant de la beauté continue et voulue. A chaque page, on trouve la même langue sonore et creuse, résonnant sous les doigts habiles de l'écrivain comme ces gongs chinois, qui doivent leurs vibrations à la façon dont ils sont forgés. Tout, chez Chateaubriand, sent le vacarme solennisé.

Et voici pourquoi cet artiste savant, ce puissant arrangeur de mots nous touche si peu aujourd'hui : c'est que, moins encore que l'homme politique, il n'a la passion du siècle, je veux dire la passion du réel et de l'analyse exacte. La crise romantique qu'il a annoncée, est, dans notre littérature, comme une insurrection fatale, venue à son heure pour briser le joug classique et donner toute liberté aux personnalités originales. La langue s'épuisait, les écrivains rapetissés s'attardaient dans un balbutiement sénile, toutes sortes de conventions et de préjugés avaient besoin d'être secoués violemment. Les romantiques de 1830 vinrent, qui firent table rase des prétendues règles, de la tradition vieillie. Ce fut, dans les lettres, à moins d'un demi-siècle de distance, une révolution correspondant à celle qui avait renouvelé la société, au milieu d'une effroyable tempête. Mais les révolutions ne font que semer l'avenir ; une période révolutionnaire, avec ses excès forcés, ses erreurs nombreuses, ne saurait durer. Par exemple, les romantiques de 1830, pour balayer l'antique rhétorique, en apportaient une autre, tout aussi ridicule; ils ne faisaient que remplacer l'imitation entêtée de l'antiquité par une tendresse excessive pour le moyen-âge, les vieilles cathédrales, les armures, toute la ferraille et les guenilles des siècles passés. C'étaient les mêmes mensonges dans d'autres décors. Aussi le romantisme devait-il vieillir rapidement, après s'être incarné dans le plus magnifique poète lyrique que compte notre littérature. Aujourd'hui, il fait sourire ; ses chevaliers sont plus démodés que les Grecs et les Romains de l'école classique. Mais le branle était donné, le triomphe de la révolution littéraire avait ouvert toutes les voies, les écrivains naturalistes pouvaient se mouvoir librement et oser enfin peindre les hommes et les horizons dans leur vérité. Tel est l'éternel honneur du mouvement romantique en France : il a hâté la venue de l'école réaliste et lui a facilité la besogne, en lui livrant le champ déblayé, bon à bâtir. Je ne cite ici aucun nom, j'envisage seulement l'évolution des lettres françaises, pendant ces derniers cinquante ans. Mon seul but est de montrer combien, à cette heure, Chateaubriand est loin de nous, en deçà de la révolution qui s'est accomplie, de l'autre côté du romantisme, dont il balbutiait à peine les audaces.

Depuis Balzac et les romanciers qui lui ont suc-

cédé, tout est consommé, l'outil du siècle est le
scalpel de l'anatomiste. Notre littérature est une littérature d'observation et d'expérimentation. Nous
sommes comme ces chimistes qui, comprenant que
la science est encore dans l'enfance, se gardent bien
de se risquer à la moindre synthèse et se contentent d'analyser les corps. Nos romans ne veulent
rien devoir à l'imagination, au grandissement mensonger des personnages, à l'arrangement habile de
la fable. Ils peignent la vie telle qu'elle est, se
préoccupent d'amasser le plus de documents humains possible, sont les vastes magasins où s'ac-
cumulent les faits sociaux ; et ils ne concluent
pas, par peur de se tromper, laissant aux siècles
prochains le soin de formuler des idées générales,
lorsque l'amas des documents sera décisif et permettra de se prononcer sur l'homme. On comprend
dès lors de quelle indifférence nous sommes pris
pour Chateaubriand, au milieu de notre enquête
universelle. Il n'a pas eu notre passion, son outil
n'a pas été le nôtre, ses ouvrages sont vides de tout
ce que nous cherchons. On louait la couleur de son
style, les images éclatantes qu'il introduisait dans la
langue ; mais, à nos yeux, le plus souvent, ces
images sont fausses, plaquées sur les objets comme
des coloriages de pure convention. Nous comptons,
parmi nos contemporains, jusqu'à cinq ou six
écrivains qui ont donné aux images un éclat incomparable, tout en restant dans la stricte vérité
des couleurs. Devant les merveilleuses pages que
je pourrais citer, les pages les plus éclatantes de
Chateaubriand paraîtraient des enluminures solennelles. De même pour les personnages : ceux

qu'il a mis en œuvre sont des ombres, des créations poétiques qui ont le tort de parler en prose. Atala seule a surnagé, et grâce encore au tableau de Girodet. René lui-même est une énigme que les commentateurs cherchent à déchiffrer ; dans ce corps pâle et fantasque, le sang ne bat pas ; il a beau aimer, il reste flottant ainsi qu'une fumée dans un rayon de lune. Comment s'intéresser à ces poupées rêveuses, à ces mannequins prétentieux, lorsque notre monde de création littéraire s'est peuplé d'une foule de personnages en chair et en os, debout, vivants, qu'on croirait avoir rencontrés au coin d'une rue, tellement ils sont présents à toutes les mémoires ? Nous nous agitons désormais dans un milieu réel, qui nous rend dédaigneux des milieux factices, où se mouvaient les écrivains des écoles passées. Et notre dédain des œuvres de Chateaubriand est inconscient ; tous les lecteurs l'éprouvent, même ceux qui nient encore le mouvement réaliste. Ils vivent de l'air ambiant, ils sont pris quand même par le besoin universel de vérité. C'est ainsi que Chateaubriand s'efface rapidement et semble beaucoup plus loin de nous qu'il ne l'est en réalité, parce que toute une évolution considérable le sépare de l'époque présente et qu'il n'a rien en lui de ce qui nous passionne aujourd'hui.

Je dois, pour qu'on ne se méprenne pas, ajouter que, si les œuvres de Chateaubriand meurent, c'est qu'elles portent la mort en elles. S'il avait eu le don de la vie, il vivrait, et éternellement, malgré sa rhétorique démodée, malgré l'heure de transition où il a vécu, malgré tout. Le don de la vie, pour l'écrivain, c'est l'immortalité des œuvres, dans quelques conditions qu'elles se soient produites. Et le don de la vie n'est autre que le don de la vérité. Quand un personnage est vrai, il est éternel ; il a beau être mal drapé, avoir des lignes défectueuses ; il suffit que, par les trous de la draperie, on aperçoive la chair nue et vivante. Le voilà debout, pour des siècles. Ici, la question du tempérament de l'écrivain intervient, décide de la vitalité des créations littéraires. Il y a, chez les artistes, des mains créatrices, comme il y a des mains qui ne peuvent animer la matière qu'elles touchent, si précieuse que soit cette matière. C'est une question de souffle, le quelque chose d'innomé qu'on apporte avec soi. Et cela à ce point, que le tempérament, la passion de certains esprits puissants ont assez d'intensité pour donner la vie à des mensonges, pour éterniser les plus libres fantaisies de leurs caprices. Chateaubriand n'a pas su faire vrai et n'a pas pu faire vivant. Son époque n'était pas à la recherche de l'exactitude du détail, et son tempérament, son génie, si l'on veut, n'avait pas cette flamme qui souffle une âme aux pierres des chemins. Il manque à la fois de la vérité commune et de cette puissance, grâce à laquelle les créateurs changent en vérité tout ce qu'ils enfantent.

Je conclurai encore ici, comme j'ai conclu, lorsque j'ai étudié dans Chateaubriand l'homme politique. Malgré le vide de certaines de ses œuvres, malgré l'oubli qui lui monte aux épaules, Chateaubriand reste quand même une haute figure. C'est que, si le royaliste et le catholique, en lui, ont su se redresser dans une noble attitude et mourir debout, l'écrivain a gardé jusqu'à la dernière ligne un style d'une largeur et d'une science incomparables. Je ne parle plus des matières employées, mais simplement de la facture. Chateaubriand était doué admirablement ; il apportait un instrument merveilleux. Ses phrases coulaient avec une abondance, une facilité, une noblesse superbes. S'il n'y avait dessous que du vide, la draperie était magnifique, très apprêtée sans doute, mais d'un effet très grand. Il faut être homme du métier, s'être battu avec les mots, pour s'émerveiller en face de ce colossal ouvrier qui maniait si aisément la langue. George Sand a écrit ces lignes, à la fin d'un jugement très sévère sur les *Mémoires d'outre-tombe :* « Et pourtant, malgré l'affectation générale du style qui répond à celle du caractère, malgré une recherche de fausse simplicité, malgré l'abus du néologisme, malgré tout ce qui me déplaît dans cette œuvre, je retrouve à chaque instant des beautés de forme grandes, simples, fraîches, certaines pages qui sont du plus grand maître de ce siècle, et qu'aucun de nous, freluquets formés à son école, ne pourrions jamais écrire en faisant de notre mieux. » Je ne vais pas si loin que George Sand, je connais des pages qui sont aussi belles que les plus belles de Chateaubriand ; mais il est certain que Chateaubriand ne vit plus que par sa langue. La forme, l'attitude a été chez lui l'homme entier.

V

Voici à peine quinze jours que le dernier pétard des fêtes de Saint-Malo a été tiré en l'honneur de Chateaubriand, et déjà le tapage qui s'est fait autour de la statue de l'écrivain, les coups d'encensoir des discours officiels, les applaudissements enthousiastes de la foule, les salves d'artillerie, les crépitements du feu d'artifice, se sont évanouis dans le grand murmure monotone de l'Océan. Il semble que le silence de l'oubli soit retombé plus épais sur la mémoire de celui qu'on exaltait si bruyamment. Le côté fâcheux de ces cérémonies est de ne réveiller que pour un jour la passion des vivants autour d'un mort, et de faire mieux sentir le lendemain de quel sommeil invincible ce mort est cloué dans sa bière. Aujourd'hui, on passe indifférent au pied de la statue toute neuve, on ne ramasse même plus sur la grève les baguettes des fusées, on a oublié jusqu'au menu du banquet et jusqu'aux airs de quadrille du bal. Il n'y a toujours, au sommet du Grand-Bé, que la tombe solitaire de Chateaubriand.

Mon grand désir est, avant tout, d'être juste. Je ne voudrais pas, poussé par mes sympathies littéraires qui sont toutes pour l'école moderne d'analyse exacte, me montrer partial à l'égard d'un écrivain dont le rôle en somme reste colossal. Je n'ai soif que de vérité, et la critique est simplement à mes yeux une sorte de roman historique, l'anatomie d'un personnage qui a existé et qui a laissé des documents, pour que nous puissions l'étudier à l'aise. C'est par là uniquement que la critique m'intéresse. Il y a un fait indéniable, Chateaubriand a vieilli très vite, notre génération ne le lit plus. Mais nous ne sommes pas encore pour lui la postérité; il peut appeler de notre jugement; il trouvera peut-être plus tard des juges dégagés des passions du siècle, et qui sauront le mettre à sa véritable place. M. de Loménie a écrit les lignes suivantes, qui doivent donner à réfléchir. « Il est « arrivé à Chateaubriand ce qui arrive presque à « tous les hommes qui ont imposé longtemps l'ad- « miration à leur siècle ; l'époque qui suit leur « mort est celle où ils sont jugés le plus sévère- « ment : on dirait que nous éprouvons le besoin « de nous dédommager d'une longue adulation par « une rigueur excessive. C'est ainsi qu'on a vu « des écrivains qui avaient épuisé pour Chateau- « briand vivant toutes les formes de l'enthousiasme « et du respect, changer brusquement d'attitude, et, « sans s'inquiéter du contraste, toiser Chateaubriand « mort avec une familiarité aussi rude qu'inat- « tendue. » Il y a là un sentiment bas, auquel je serais désolé de céder. Bien que nous ne soyons plus tout à fait au lendemain de la mort de l'écrivain et que vingt-sept ans de recul donnent au jugement public un certain poids, il se peut, en effet, que nous nous trouvions encore trop près de Chateaubriand pour le mesurer à sa juste hauteur. Je voudrais donc, par un effort de l'esprit, me reculer davantage, tâcher de prévoir quel sera l'arrêt définitif que portera sur lui le vingtième siècle.

Voici mon jugement dégagé de toute passion. Le *Génie du Christianisme*, *l'Itinéraire*, *les Martyrs* surtout, toutes les œuvres poétiques ne peuvent que vieillir. On touche du doigt, dans les *Martyrs*, dont le vide pompeux fut senti dès l'apparition, le vice de cette littérature d'une magnificence creuse, que la poussière du temps fane rapidement. Au contraire, je crois que les *Mémoires d'outre-tombe*, accueillis par une tempête de protestations, ne peuvent que gagner à être lus. Si je ne me trompe, Chateaubriand vivra par celui de ses ouvrages qui n'a pas eu de succès. C'est qu'il y a un homme, dans les *Mémoires d'outre-tombe*, un homme vivant et agissant, intéressant quand même, si peu sympathique qu'il soit. L'écrivain a eu beau y confesser son égoïsme, sa vanité, son insouciance de tout ce qui n'est pas sa gloire, il n'en a pas moins mis là le meilleur de lui-même, le sang qui manque à ses autres œuvres. Ce livre se dégage parfois de l'éternel pose prise par l'auteur, et alors on a un livre qui s'échauffe entre les mains, qui a une vie propre. Je ne parle point des morceaux de style parfaits ; ils abondent dans toutes les œuvres de l'écrivain, ils sont surtout nombreux dans les *Mémoires*. Et il n'est pas jusqu'aux différents tons des dix volumes, écrits à des intervalles éloignés et sous des influences diverses, qui ne me paraissent un accident heureux, rompant la monotonie habituelle à l'auteur, le montrant enfin simple mortel, capable de pécher contre la belle composition d'un sujet. Tout le premier volume est particulièrement remarquable; l'enfance s'y déroule au milieu de paysages merveilleux; la vie au château de Combourg est un épisode admirable de couleur et de vérité. Je le répète, on remettra les *Mémoires* à leur place. L'arrêt définitif du vingtième siècle sera sans doute que Chateaubriand a fait éternel, le jour où, regardant enfin en lui-même, il a dû forcément faire vrai.

Mais quel exemple, au seuil de ce siècle ! Je n'ai parlé de lui que pour montrer l'inanité du mensonge en littérature, si magnifiquement drapé qu'il soit.

Aucun homme n'a rêvé la royauté littéraire autant que celui-là ; il s'est mis lui-même le manteau aux épaules, il a passé des années à se ciseler un sceptre et une couronne ; puis, il a marché dans l'éclat qu'il croyait jeter, à pas nobles et lents, calculant chacun de ses gestes, apprêtant jusqu'à la façon magistrale dont il se coucherait dans le tombeau. Et sa royauté n'a été qu'un déguisement dont on sourit ; la défroque dont il s'était chargé, l'a accablé et rapetissé. A côté de lui, un écrivain qui aurait laissé dix pages vivantes et vraies grandirait d'année en année, serait à cette heure un géant qui l'écraserait. C'est là notre leçon, à nous tous qui avons l'outil moderne, l'analyse exacte, pour fouiller le réel. L'immortalité est aux créateurs d'hommes, à ceux dont les mains puisent dans la vie, enfantent la vie.

VICTOR HUGO

I

Dans l'histoire de notre littérature, Voltaire seul peut être comparé à Victor Hugo, pour la place énorme qu'il a tenue dans un siècle et pour l'influence souveraine qu'il a exercée sur sa génération. Je ne parle point ici du mérite littéraire absolu, mais de la royauté indiscutée, commençant à la jeunesse et s'imposant jusqu'à l'âge le plus avancé. Tous les deux ont tenu une société sous leurs sceptres, tous les deux ont pu croire qu'ils avaient immobilisé en eux les forces intellectuelles de la race. Je ne poursuis pas la comparaison, car, à côté d'une vie de gloire semblable, il y a de profondes dissemblances de tempéraments. Il me suffit de constater que le fait auquel nous assistons, la royauté littéraire s'incarnant dans un homme, a déjà eu un précédent dans notre histoire.

Quelle admirable vie, cette vie de Victor Hugo !
J'imagine un jeune homme à sa table de travail, un
poète qui a laissé tomber sa plume et qui rêve de
gloire. Ah ! quel découragement et quelle envie passionnée de grandir, lorsqu'il dresse devant lui ce
géant dont les pieds posent au seuil du siècle et dont
la tête, toujours droite, semble vouloir s'enfoncer
dans le siècle futur ! Avoir jamais sa taille, c'est un
rêve fou ; à peine pourrait-on monter à sa ceinture
ou à ses épaules. On mourra peut-être jeune. Il serait beau déjà d'avoir les muscles assez forts pour
remuer quelques strophes, tandis que lui a bâti des
tours cyclopéennes, avec les matériaux inépuisables
de ses vers. Il est le maître, il a pris toutes les idées
et toutes les formes, il bouche actuellement l'avenir ;
et, pour renouveler la formule poétique, il faudra
attendre que ses chefs-d'œuvre aient vieilli dans les
mémoires. Alors, il ne reste plus au jeune poète
qu'à se courber et à se dire un simple disciple. La
vie royale de Victor Hugo l'écrase.

A dix ans, en Espagne, où il était allé rejoindre
son père, Victor Hugo commence à balbutier des
rimes. A quatorze ans, il écrit en pension une tragédie : *Irtamène*, qui n'est certes pas plus mauvaise
que les tragédies du temps. A quinze ans, il concourt
pour le prix de poésie à l'Académie, sur ce sujet :
les *Avantages de l'étude*, et, s'il n'est pas couronné,
c'est que la grave compagnie croit que le jeune poète
s'es moqué d'elle en indiquant son âge. Les années
suivantes, d'ailleurs, il se couvre de lauriers, à Paris
et à Toulouse, dans les concours académiques. Selon
le mot de Chateaubriand, il était dès lors « un enfant
sublime ». Plus tard, si une légende se forme, on dira

que des voix et des lyres ont chanté dans l'air, au moment de sa naissance.

Ce n'était encore qu'un enfant prodige, mais le jeune homme grandit toujours. Il a vingt-deux ans, lorsqu'il publie ses deux premiers romans : *Han d'Islande* et *Bug-Jargal ;* même je crois que ce dernier avait été écrit à seize ans. Puis, paraissent les *Odes et Ballades*, et un grand poète est véritablement né. Jusque-là, le jeune homme marchait au milieu des ovations les plus flatteuses ; les vieillards et les dames l'approuvaient doucement de la tête. Un autre se serait noyé dans ce miel. Lui, apportait une force ; il se dégagea de ses succès de salon, en se révélant brusquement comme un novateur. Il avait alors vingt-cinq ans. C'est à cet âge que sa fortune littéraire s'est réellement décidée.

Je n'écris pas ici une biographie, je tâche simplement d'indiquer, en quelques traits, l'existence extraordinaire de cet homme. A vingt-cinq ans, il devient donc chef d'école. Des jeunes gens s'étaient réunis autour de lui ; une doctrine littéraire s'ébaucha au courant de leurs conversations, doctrine dont les principes furent exposés dans un petit journal : *la Muse française*. Enfin, le maître lui-même parla, lança son manifeste, la fameuse préface de *Cromwell*, et l'école romantique fut fondée. Certes, tout n'y était pas neuf, la nouvelle formule précisait simplement des idées lentement apportées par des devanciers. Mais il suffisait qu'un homme fût né pour donner un éclat incomparable à cette formule. Victor Hugo incarna tout le mouvement de la première moitié du siècle. De poète discrètement applaudi, il s'éleva au rang de poète discuté. Il devint un homme de bataille et de triomphe. A l'âge de vingt-sept ans, en 1830, il régnait déjà. Et c'est alors que s'étend cette période admirable de sa vie, de 1830 à 1848, son règne sur les lettres françaises, sa toute-puissance sur la génération qui naissait, ce servage des esprits qu'il étendait autour de lui, et dont l'étrange puissance a duré jusqu'à nos jours. Place Royale surtout, il trônait au milieu d'une cour enthousiaste et respectueuse ; les jeunes poètes, débarqués de la veille à Paris, lui étaient présentés comme des vassaux qui lui devaient hommage ; et les pauvres enfants s'évanouissaient presque dans l'escalier, tant leurs cœurs battaient fort. Des écrivains de grand talent venaient eux aussi s'incliner. Louis XIV n'a certainement pas eu des courtisans plus fidèles ni plus humbles. On officiait devant ce roi littéraire ; ceux mêmes qui essayaient de plaisanter derrière son dos, pâlissaient et se courbaient en sa présence. Tels sont les faits. Le roi, pendant ce temps, produisait ses chefs-d'œuvre.

On pouvait craindre qu'après dix-huit années de royauté, le respect ne diminuât, surtout de la part de la jeune génération qui grandissait. Mais Victor Hugo devait avoir toutes les chances. La fortune acheva de le combler en le frappant. Au moment où sa puissance allait peut-être faillir, à force de bonheur, la fortune fit de lui un proscrit, et, du coup, de roi il passa dieu. Je ne soutiens pas ici un paradoxe. Est-ce que l'exil n'a pas grandi Victor Hugo ? est-ce que l'Empire, en le chassant de France, ne l'a pas mis sur son rocher de Guernesey comme sur un piédestal indestructible ? Il faut se reporter à ces années de l'Empire, pour comprendre quelle hauteur le poète prenait au loin. A nous tous, jeunes gens de vingt ans, il apparaissait comme un colosse enchaîné, chantant encore au milieu des tempêtes ; il était Prométhée, il était surhumain, il dominait la France, qu'il couvait de loin de son regard d'aigle. Parfois, le vent semblait nous apporter quelques pages de lui, et nous les dévorions, et nous pensions, en les lisant, aider à quelque victoire sourde contre la tyrannie. Ce poète, qui insultait si violemment l'Empire, avait fini par se faire respecter de l'Empire lui-même. Lorsque la *Légende des Siècles* et les *Misérables* parurent, ce fut un long cri d'admiration, et l'on put lire des éloges de ces œuvres jusque dans les journaux les plus dévoués à la dynastie. On allait en pèlerinage à Guernesey. L'absence achevait de mettre Victor Hugo dans les nuées.

Ce n'est rien encore. Devant l'Europe attentive, devant les peuples qui se passionnaient et les monarques qui tremblaient, ce simple poète avait engagé un duel avec un empereur. Chassé par Napoléon III, ayant jeté à la face de ce souverain toute la boue ramassée dans les chemins de l'exil, Victor Hugo, tranquille et fort, attendait que son ennemi croulât ; et la sérénité de son attente, la certitude où il semblait être de vaincre, étaient déjà comme un ébranlement donné au trône. Souvent l'empereur a dû songer à cet homme, posé sur son rocher, épiant le faux pas qui devait l'étendre dans la poussière. Qui des deux l'emporterait, qui des deux mourrait sur la terre étrangère ? Et voilà qu'un jour le poète a vaincu. L'empereur a été chassé à son tour et est allé agoniser en Angleterre, tandis que le poète rentrait en France, aux acclamations de la foule. Dans ce duel formidable, le poète seul aujourd'hui reste debout.

N'est-ce pas merveilleux, et quelque maître de cérémonie supérieur ne semble-t-il pas avoir réglé avec amour les phases diverses de cette existence? Quand l'admiration publique semble devoir se lasser du spectacle de ce poète, un coup de baguette amène une transformation, et une nouvelle période de gloire se déroule. Plus tard, si certaines œuvres de Victor Hugo disparaissent, sa vie restera certainement comme une des plus belles qu'un homme ait vécue. Aucun conquérant, aucun maître absolu n'a dû goûter des jouissances de pouvoir aussi fortes.

Cependant, je dois le dire, depuis que Victor Hugo est revenu à Paris, il n'a plus grandi, et cela était fatal. Il était trop haut sur son rocher pour se hausser encore. C'est presque une déchéance pour lui que de se retrouver parmi nous, sur nos trottoirs boueux, dans nos appartements mesquins, lui qui dominait la mer et que nous nous représentions pareil à Isaïe, prophétisant au milieu des orages. Puis, Victor Hugo est fatalement rentré dans les luttes quotidiennes de la politique, et la politique rapetisse les poètes ; elle les traîne dans les réalités humaines, ils veulent l'élargir de toute la largeur de leurs beaux sentiments, et n'arrivent qu'à faire sourire. Je n'entends pas étudier ici l'homme politique, chez Victor Hugo ; cela me jetterait hors de mon sujet. Cet homme politique n'a jamais été pris au sérieux. Je ne juge pas, je constate, rien de plus. Victor Hugo, royaliste en 1820, libéral et constitutionnel en 1830, républicain modéré en 1848, républicain ultra en 1850, a suivi la marche qu'il devait suivre et se trouve être, depuis 1871, un apôtre biblique de la démocratie. Il s'est placé en dehors des doctrines et des faits. Il réclame le bonheur du genre humain, sans tenir compte des hommes. Il décrète la République universelle, comme si les éléments allaient lui obéir et constituer une nouvelle terre et un nouveau peuple. Esthétiquement, rien de plus large ; c'est un rêve magnifique. Mais, pratiquement, cela est un peu puéril. Les républicains eux-mêmes, et je parle des plus convaincus, des plus actifs, sont bien souvent gênés par lui. Ils préféreraient qu'il se tînt tranquille et se contentât d'être un homme de génie. En somme, dans le parti, le grand poète est regardé comme un homme politique honoraire. On le laisse se mettre en avant, pour le décor, pour la pompe de son nom. Son rôle se borne au rôle de ces rois qui apparaissent parfois dans les opéras, couronnés, traînant des manteaux de pourpre, et qui traversent simplement le théâtre.

Au demeurant, des quatre périodes de sa vie, sa jeunesse si précoce et si fêtée, sa royauté littéraire en plein Paris, son exil éclairé d'une splendeur d'apothéose, sa vieillesse triomphant au milieu de nous, la période la plus étonnante a été certainement celle de l'exil. C'est son existence admirable qui a fait de Victor Hugo cette figure colossale qui paraît être, aux yeux de la foule, la plus grande du siècle. Comme d'autres, il a apporté le génie ; mais les faits se sont chargés du cadre, le cadre le plus prodigieux que l'orgueil humain ait jamais rêvé.

II

J'ai dit que Victor Hugo a formulé le romantisme. Il est rare, sinon impossible, qu'un homme invente un mouvement littéraire. Un mouvement s'élabore longtemps, prend des racines peu à peu, fait toute une évolution souterraine avant de se produire au grand jour. Entre une école qui meurt et une école qui naît, il n'y a jamais une rupture brusque, mais au contraire des transitions, des nuances d'une délicatesse infinie; ce qui sera demain est contenu en germe dans ce qui est aujourd'hui, et l'avenir ne saurait rompre entièrement avec le passé. Les périodes diverses d'une littérature se tiennent ainsi les unes dans les autres, comme les anneaux serrés d'une chaîne. Seulement, quand une forme nouvelle doit s'affirmer, il se produit un homme à la main puissante, qui met en lois les tâtonnements de ses devanciers, qui ramasse et marque à son empreinte toutes les idées flottantes de son époque. C'est ce rôle-là que Victor Hugo a joué. Il a affirmé bruyamment ce qu'une ou deux générations avant lui avaient entrevu et risqué timidement. Le vieil édifice classique croulait de lui-même depuis des années, et il a été le démolisseur de la dernière heure, celui qui arrive quand il n'y a plus qu'une poussée à donner. Son génie le destinait à cette besogne. Aussi ses devanciers et ses contemporains ont-ils souffert de son voisinage de conquérant; car il n'était pas seul, mais lui seul devait attacher à son nom l'honneur de la victoire, comme ces grands capitaine, dont la mémoire survit, lorsque leurs soldats sont morts et à jamais oubliés.

Il n'y a pas de progrès dans une littérature, il n'y a que des évolutions. Une formule littéraire peut être un progrès sur une autre formule ; mais les œuvres ne progressent pas forcément. Cela vient du rôle tout-puissant de l'élément humain dans l'art. Certes, si la vérité seule comptait dans une œuvre, l'art progresserait avec les sciences, les œuvres deviendraient d'autant plus grandes qu'elles seraient plus vraies. Seulement, il faut introduire la personnalité de l'artiste, et aussitôt la vérité n'est plus qu'un des deux membres de la formule. Les littératures apparaissent alors comme de longues frises qui se déroulent, comme des défilés de grands hommes, apportant chacun une parole : tantôt l'esprit s'exalte, l'imagination règne ; tantôt la logique s'éveille, l'étude patiente des choses et des êtres l'emporte. Il faut ajouter que ces évolutions dépendent des sociétés ; les littératures suivent l'histoire des peuples. Je me place donc à ce point de vue : toute formule en elle-même est bonne et légitime, il suffit qu'un homme de génie la fasse sienne ; autrement dit, une formule n'est qu'un instrument donné par le milieu historique et social, et qui tire surtout sa beauté de la façon plus ou moins supérieure dont l'homme prédestiné sait en obtenir une musique. La formule s'impose, voilà ce qu'il faut comprendre. Corneille n'a pas choisi la tragédie, il l'a trouvée et l'a élargie. Victor Hugo n'a pas inventé le drame romantique, il en a simplement fait sa chose propre. Les cadres peuvent être plus ou moins commodes à remplir, le génie arrive toujours à y mettre une somme égale de beauté. Seuls les aspects changent; au fond, le labeur humain est le même. De cette façon, on accepte toutes les grandes œuvres, les antiques et les modernes, les étrangères et les nationales, en les replaçant dans leurs milieux et en les regardant chacune comme la manifestation la plus haute d'un artiste à une époque donnée.

Seulement, il faut nettement établir que la loi d'évolution est constante. Une époque ne fixe pas une littérature, elle n'en est jamais qu'une face. Parfois, une forme littéraire peut régner sur plusieurs siècles; d'autres fois, une forme ne s'imposera pas plus d'un demi-siècle; mais toutes se modifieront quand même par cette loi fatale qui pousse l'humanité à une continuelle marche, comme langue, comme mœurs, comme idées. La critique, jusqu'ici, n'a pas admis une marche en ligne droite. Elle prend des exemples, et elle démontre que, dans toute littérature, il y a d'abord un progrès constant, jusqu'à un épanouissement de la langue et à un heureux équilibre de l'intelligence; puis, une pente se creuse, les œuvres roulent dans une décadence plus ou moins longue. Une littérature serait ainsi une montagne, deux versants et un sommet. Je dois confesser que l'histoire justifie presque toujours cette comparaison. Cependant, il faudrait s'entendre sur ce qu'on nomme les époques de décadence. La critique qui met au premier rang la question du langage, a raison de dire qu'il y a pour chaque langue un âge mûr, où cette langue prend une virilité et une simplicité superbes; mais la critique qui, sous la forme, cherche l'élément humain, le document curieux et vivant, s'accommode très bien des époques de décadence. D'ailleurs, on ne peut jamais appeler soi-même son siècle un siècle de décadence, car naturellement on ignore l'avenir, on ne sait pas réellement si l'on monte ou si l'on descend; c'est la postérité, avec son recul, qui seule est en mesure de se prononcer. Ceci, à la vérité, est en dehors de mon sujet, et je voulais simplement établir que les littératures marchent du même pas que l'humanité, sans jamais rester stationnaires une seconde.

Chez nous, la formule classique a longtemps régné. Elle était toute-puissante, elle tenait du dogme. Personne ne songeait à s'en affranchir, car désobéir aux règles aurait semblé désobéir au roi et à Dieu. Jamais un despotisme plus jaloux n'a pesé sur un peuple d'écrivains. Pour expliquer ce long règne et cette toute-puissance, il faudrait pénétrer dans la société du temps, montrer les ressorts qui ont plié les esprits les plus libres à une discipline aussi sévère. Et pourtant cette machine si bien réglée s'est détraquée un jour. Elle était usée, elle ne marchait plus. L'heure est venue où les romantiques ont donné dans cette patraque le coup de pied de grâce, qui en a fait voler les dernières pièces rouillées aux quatre points de l'horizon. Les chefs-d'œuvre du dix-septième siècle n'en restaient pas moins debout, dans leur gloire immortelle, comme des manifestations du génie humain, qui s'étaient produites à leurs heures. Ce qui était mort, c'était le procédé d'une époque, le métier et le cadre.

Et il a fallu entendre alors les cris de désespoir des classiques. Le même fait se produit à l'agonie de chaque école, les fidèles lèvent les bras au ciel et se lamentent, en déclarant que la fin du monde approche. Règle générale, une école a la prétention d'avoir à jamais fixé la littérature de la nation; tout ce qui est venu avant elle ne vaut pas grand'chose, et tout ce qui viendra après elle doit lui ressembler, sous peine de n'être pas; elle tolère le passé, mais elle nie l'avenir. Les temps sont arrêtés, le soleil ne marche plus, l'intelligence humaine est épuisée, les siècles se trouvent réduits à copier éternellement les derniers chefs-d'œuvre. Ce qu'il y a de plaisant, je le répète, c'est que toutes les écoles ont cette belle intolérance.

Il faut se rappeler les batailles de 1830. Les romantiques, qui étaient jeunes alors et qui avaient à conquérir leur place au soleil, ne se ménageaient guère. Ils manquaient surtout de respect, j'insiste sur ce point. Ils montaient à l'assaut du vieux rempart académique, hurlant, les poings fermés, tapant sur les crânes vénérables des classiques. Dans la petite bande de ces aventuriers de la couleur et de la passion, on traitait Racine de polisson, on faisait des gorges chaudes sur tout le grand siècle, sans épargner les contemporains qui se flattaient d'avoir du bon sens, et qui, pour ce fait, étaient regardés comme des pleutres. Le mouvement avait ses gamins et ses fantoches, et prenait des allures tapageuses d'insurrection; on cassait les vitres, on lançait des boules de neige contre l'Institut, on mettait des cordes en travers des trottoirs pour faire tomber les bourgeois. Le manque de respect, la démolition bruyante des anciens dieux, voilà, je le dis encore, ce qui a caractérisé l'évolution de 1830.

Aujourd'hui, peut-on voir une comédie plus drôle que l'attitude effarouchée des romantiques, lorsque la nouvelle génération littéraire porte à son tour la main sur leurs dieux! C'est qu'ils ont vieilli, c'est qu'ils ont fatalement pris la place des classiques. Ils sont devenus les conservateurs, les dogmatiques, les vénérables. Ils ont leur religion à défendre. Ce qui rend l'aventure très comique, c'est que le mouvement romantique n'a pas duré plus d'un demi-siècle, et que les hommes qui prêchent en ce moment le respect des vieux, sont justement ceux-là qui ont tapé sur les vieux avec le plus d'entrain. Ils reçoivent les coups qu'ils ont donnés, et ils se fâchent : cela prouve une fois de plus combien l'homme manque de logique. Vous imaginez-vous les romantiques en barbes blanches demandant du respect, érigeant le romantisme en un dogme d'éternelle vérité, se posant comme la dernière incarnation de la littérature française? On ne peut s'empêcher de sourire.

Pendant que Victor Hugo triomphait, dans la splendeur de son apothéose, le génie français, en continuel enfantement, ne s'arrêtait pas pour cela. Balzac devenait colossal lui aussi, dans l'ombre où les circonstances l'avaient mis. La descendance de Victor Hugo avortait, la descendance de Balzac s'élargissait et prenait toute la place au soleil. C'est ainsi que le mouvement naturaliste est né, ce mouvement naturaliste qui aujourd'hui enterre le romantisme. L'évolution était fatale, tout devait converger à cette protestation contre la fantaisie échevelée, à cette réaction du vrai contre le faux. Le siècle entier aboutissait forcément à une littérature d'analyse, d'enquête, de documents humains. D'ailleurs, je comprends que les romantiques se fâchent; ils n'ont pas assez vécu, ils sentent leur misère et leur stérilité. Le romantisme, dans notre histoire, n'aura été en somme qu'un cri d'affranchissement ; il a fait table rase de tous les obstacles classiques, il a été l'orgie de la victoire, en attendant le calme des esprits et l'emploi logique de la liberté conquise. Seulement, si le romantisme est triste de voir son règne si court, il montre bien peu de mémoire en criant à la profanation. Les naturalistes le poussent hors de chez lui, comme lui-même a poussé les classiques. C'est la loi. Les vieux font place aux jeunes.

Certes, le nouveau mouvement n'a pas grandi en une nuit comme un champignon. Il n'est qu'un anneau de la chaîne. Aussi, les romantiques sont-ils mal venus de dire aux naturalistes : « Vous êtes nos enfants, vous tenez l'existence de nous, et c'est une mauvaise action que de frapper ses grands-parents. » Sans doute, nous sommes les fils des romantiques. Mais est-ce qu'ils n'étaient pas eux-mêmes les fils des classiques? Où commence, en littérature, la chaîne des aïeux? Le respect figerait les lettres dans une immobilité hiératique, s'il fallait adopter quand même l'air de figure des grands-parents. Les naturalistes, qui se dégagent à peine du mouvement romantique, gardent malgré eux quelque chose aux épaules des draperies de 1830. Seulement, la question n'est pas là. Elle est dans la dissemblance profonde des deux formules, l'une qui est idéaliste, l'autre qui est positiviste. Deux mondes sont en présence. Il faut que l'un tue l'autre.

Je veux être logique, je confesse parfaitement que le naturalisme aurait tort, s'il déclarait qu'il est la forme définitive et complète de la littérature française, celle qui a lentement mûri à travers les âges.

En déclarant cela, il tomberait dans la même drôlerie que le romantisme. Que deviendra l'évolution naturaliste? Je l'ignore. L'imagination prendra-t-elle sa revanche contre l'analyse exacte? Peut-être bien. Et, d'autre part, le naturalisme aura-t-il un long règne? Je le crois, mais je n'en sais rien. Ce qui importe, c'est que dans cinquante ans, si le mouvement a avorté, il ne se trouve pas de naturalistes assez sots pour dire comme les vieux romantiques : « Nous refusons de vider la place, parce que nous sommes la littérature parfaite. » Quand l'humanité marche, il est bien inutile de se coucher sur la route pour lui barrer le chemin.

Maintenant, j'ajoute que, dans le cas où le naturalisme ne serait pas une formule définitive, il est au moins une formule de vérité. C'est pourquoi j'estime qu'il régnera longtemps. Il vient de loin, il a grandi comme toutes les choses puissantes et durables. Il s'appuie sur le mouvement intellectuel et social. Enfin, comme il a marché parallèlement aux sciences, comme il a gagné peu à peu toutes les formes de la pensée écrite, la philosophie, l'histoire, la critique, le roman, le théâtre, jusqu'à la musique, on peut prévoir qu'il est le début d'une immense évolution qui, pendant des siècles, s'accomplira et s'étendra. Remarquez d'ailleurs que la formule classique et la formule romantique sont identiques, sauf le décor; elles reposent toutes les deux sur la conception idéaliste et réglementée de l'art. La formule naturaliste est l'autre face de la question; elle base une œuvre sur la nature, et explique les déviations du vrai par le tempérament de l'artiste

III

Aujourd'hui, la question est donc nettement posée entre les naturalistes et les romantiques, comme elle l'était en 1830 entre les romantiques et les classiques. Et je dois ajouter que les classiques agonisants étaient encore plus fortement retranchés, dans leur vieux palais tragique, que les romantiques moribonds ne le sont à cette heure, au milieu des décombres de leur tour gothique. Jamais une école littéraire ne s'est épuisée si vite. Mais cette école produit toujours une illusion de vie et de grandeur, parce qu'elle conserve à sa tête un homme de génie, d'une taille colossale. Tout a croulé autour de Victor Hugo, le bric-à-brac du romantisme est en poudre à ses pieds, la préface de *Cromwell* elle-même fait sourire; mais il suffit qu'il reste debout, pour soutenir sur ses larges épaules le décor pompeux de l'école morte. Il est à lui seul tout le romantisme. Quand il mourra, il y aura un suprême craquement, et dans les débris épars nul n'osera seulement ramasser des matériaux pour se bâtir une niche. Lui, entrera dans l'histoire, prendra sa place à côté des grands hommes qui ont résumé nos époques littéraires ; tandis que ses derniers disciples, privés de son appui, disparaîtront, noyés emportés par le courant nouveau.

Pour comprendre où nous en sommes, il faut avoir une idée nette de la situation que Victor Hugo occupe au milieu de nous. Dès aujourd'hui, il est un ancêtre. Son apothéose définitive est faite de plusieurs éléments. Les lettrés sont pleins de respect pour sa longue vie de travail et pour les chefs-d'œuvre qu'il a produits; les simples bourgeois ont les oreilles emplies de son nom depuis cinquante ans et lui témoignent la dévotion de l'habitude; le peuple lui-même, sans compréndre, achète les éditions populaires de ses livres, à plus de cent mille exemplaires, parce qu'il regarde le poète comme un homme politique dont il attend vaguement un âge d'or. Je connais des ouvriers qui se privent de leur tabac pour acheter les œuvres de Victor Hugo, lorsqu'elles paraissent en livraisons à dix centimes; ils ne les lisent pas, mais ils les font relier et les gardent chez eux, comme des meubles de luxe dont ils sont très fiers. Ainsi donc, dans l'admiration religieuse qui entoure aujourd'hui le poète, il y a de tout, de la tendresse littéraire, du respect pour le travailleur et pour le vieillard, de la gratitude nationale pour le grand homme, surtout de la sympathie politique. Victor Hugo n'est pas resté, comme Alfred de Musset, un simple poète de génie; il a élargi sa sphère d'action sur le public en se mêlant aux querelles sociales, en doublant les succès de l'écrivain par le tapage de l'orateur.

Certes, il faut s'incliner. Une telle gloire est légitime. Quand un homme est monté si haut, par un labeur continu, il est difficile de le faire descendre de son piédestal et de le traiter d'homme à homme. Cependant, il arrive que la vérité souffre de ce trop grand respect. Ce ne serait encore rien, si l'on mettait le dieu en dehors de nos luttes humaines: on pourrait faire ce que font les incrédules dans les églises, plier le genou pour ne scandaliser personne, et passer outre. Mais les gens qui vivent du dieu, les bedeaux et les sacristains, n'entendent pas les choses ainsi ; il se servent de leur idole pour assassiner les passants. Ah ! vous ne pensez pas comme nous, ah ! vous vous permettez de bâtir en face une autre église : eh bien ! nous allons vous assommer. Et ils poussent le dieu, ils tâchent de vous écraser sous son poids, en se cachant prudemment derrière lui. Alors, fatalement, on perd un jour tout respect, on dit d'une façon très nette ce qu'on a sur le cœur. Et la chose est excusable, car on est dans le cas de légitime défense.

Ce qui m'a surtout stupéfié, ces jours derniers, lorsque la *Légende des siècles* a paru, c'est l'attitude de la critique. Jamais je n'ai vu un aplatissement pareil. Certes, je n'ignore pas comment la plupart des articles sont faits. Le rédacteur se met sur un coin de table et écrit à la queue des phrases qu'il a lues ailleurs ou qu'il a entendues. Les amis de Victor Hugo savent merveilleusement lancer un livre ; ils ont fait des prodiges en ce genre, surtout lorsque le poète était à Guernesey. Ils donnent le mouvement, toute la critique suit. Mais, vraiment, cette fois l'aplatissement passe les bornes. Je veux citer des exemples.

Lisez ceci : « Quand une œuvre comme la *Légende des siècles* fait son explosion dans le monde, cela surprend et déconcerte. Un éblouissement se fait dans les esprits. Ce livre à son aurore étant éclatant comme un soleil à son midi, on n'apprécie pas, on subit. » Mais il y a eu plus fort. Je coupe ce passage dans un autre journal : « Il faudrait créer une langue spéciale pour exprimer exactement les sen-

timents qu'engendrent des œuvres pareilles. Je
sens, en effet, en leur présence, l'inanité des formules ordinaires de l'admiration, et j'estime que
les critiques littéraires, sans en excepter les plus
accrédités, feront chose ridicule et vaine quand ils
entreprendront l'analyse de la *Légende des siècles*. On
lit la *Légende des siècles ;* on ne l'analyse pas, on ne
la critique pas. Je me garderai donc de rechercher
si cette œuvre nouvelle du poète est égale ou supérieure aux précédentes. Je viens de la parcourir, et
j'en suis ébloui. »

Remarquez que je pourrais multiplier mes citations. Je donne là le ton général, la façon dont
tous les journaux, sans exception, ont accueilli
l'œuvre nouvelle de Victor Hugo. Les passions politiques elles-mêmes se sont effacées, les feuilles bonapartistes et royalistes ont brûlé le même encens
que les feuilles républicaines. Et le pis est qu'il ne
faut pas voir là l'explosion d'une admiration vraie.
On sent parfaitement que ce lyrisme est fait à froid.
Quand les journalistes parlent de Victor Hugo, ils
emploient naturellement l'hyperbole, ils croient
devoir pasticher le maître en entassant des montagnes d'éloges. Tout cela est mensonger, voilà ce qui
exaspère les esprits nets et logiques. Il n'est pas
vrai que la *Légende des siècles* ait fait une explosion,
petite ou grande, dans notre littérature ; il n'est pas
vrai que les critiques aient été éblouis ; il n'est pas
vrai que l'œuvre doive être mise au-dessus de l'examen des lecteurs, comme un dogme. Je veux bien
admirer, et je suis même d'avis que l'admiration est
une des rares bonnes choses de l'existence. Mais
jamais je ne consentirai à admirer, si l'on m'enlève

mon libre jugement. Quelle est donc cette étrange prétention ? Victor Hugo, tout homme de génie qu'il est, m'appartient. Il nous arrive, dans notre siècle, de discuter Dieu ; nous pouvons bien discuter Victor Hugo.

Il n'y a là, je le sais, qu'un langage courant, employé pour être agréable au maître. Si l'on interrogeait les fidèles, dans les coins, ils avoueraient naïvement qu'ils se sont servis des phrases d'usage. Il faut connaître la petite cour dans laquelle vit à cette heure Victor Hugo. La plus respectueuse des critiques n'y est pas tolérée. Quand le maître a lâché un mot, le mot est réputé chef-d'œuvre. On reste à l'état aigu d'admiration extatique. Les adjectifs manquent, car on a fini par rendre banals les mots d'éloge les plus énergiques. On est gris, lorsqu'on emploie : extraordinaire, colossal, surhumain, titanique, stupéfiant, écrasant. Les fidèles n'ont plus de mots, et ils en sont à inventer des phrases entières. Ils luttent à qui trouvera l'expression dévote la moins attendue. Cela est triste. On a toujours nourri Victor Hugo de l'encens le plus grossier ; mais jamais, je crois, les encensoirs n'ont été balancés dans des mains plus indignes. Souvent je me suis demandé quelles cristallisations d'orgueil avaient dû se former peu à peu dans le crâne du poète. Songez que cette idolâtrie pour son talent et sa personne l'a pris tout enfant et n'a fait qu'augmenter, à mesure qu'il a grandi. On lui a répété sur tous les tons qu'il était le sommet du siècle, l'intelligence de l'époque elle-même, le roi, le dieu. Il rêverait d'être notre maître à tous, de devenir l'empereur du monde, que cela n'aurait en soi rien d'étonnant. L'admiration, à une pareille dose, devient malsaine. La meilleure preuve qu'il a la cervelle réellement puissante, c'est qu'il n'est pas encore devenu complètement fou, à s'entendre dire, depuis soixante ans, toutes les fois que l'heure sonne : « Vous êtes beau, vous êtes grand, vous êtes sublime. » Il ne marche plus sur terre, l'adoration de sa cour le soulève. Il y a, à sa porte, des courtisans, comme à la porte des rois, qui empêchent les vérités d'entrer.

Je veux être respectueux, tout en disant quelques-unes de ces vérités. On ne s'imagine point quelle est aujourd'hui la cour de Victor Hugo, dans le petit appartement qu'il occupe rue de Clichy. Je ne parle pas des hommes politiques qui lui rendent visite, ni des quelques écrivains de grand mérite, nés au lendemain de 1830 et restés sous le charme puissant du mouvement de cette époque; ceux-là ont une religion qu'ils ont raison de conserver. Je parle de la génération nouvelle, des jeunes hommes âgés de trente à trente-cinq ans, des écrivains poussés pendant ces dernières années. Eh bien, Victor Hugo n'a pu réunir autour de lui, depuis son retour de l'exil, que des écrivains sans avenir, des débutants tombés dans le journalisme, des romanciers médiocres, des poètes déjà las d'avoir pastiché leurs devanciers. Voilà ce qu'il faut dire. Demain n'est point représenté là par un seul homme de talent, de tempérament et d'énergie. Rien que des fruits secs, rien que d'illustres inconnus. Et cela est fatal. Comment veut-on qu'un garçon d'un talent libre et puissant aille dans cette galère, où il faut dépouiller sa personnalité pour s'agenouiller devant le maître? Certes, les nouveaux venus tiendraient à honneur de saluer Victor Hugo ; seulement, ils en sont empêchés, ils craignent l'entourage, ils sentent qu'ils devront rester bouche cousue dans un coin, et la fausseté de la position les retient. Au contraire, les esprits souples qui battent le pavé de Paris, ceux qui ont la platitude facile et que ne gêne pas un tempérament, se précipitent rue de Clichy, pour emprunter au rayonnement du maître un peu de lumière. De là, chez Victor Hugo, ce pullulement de médiocrités.

Et si j'insiste, c'est que la chose est plus grave qu'elle ne le paraît d'abord. L'ambition très légitime du poète a toujours été de grouper la jeunesse autour de lui. Il sent très bien que la royauté littéraire lui échappera, le jour où les jeunes gens l'abandonneront. Les metteurs en scène de sa gloire, gens fort habiles, se sont donc sans cesse efforcés de lui recruter une cour. Le malheur est, je le répète, qu'il faut des courtisans humbles et nuls, et qu'aujourd'hui la jeunesse commence à sourire du romantisme. On a donc enrégimenté ceux qu'on a pu, une bande dont les soldats ne font pas honneur au maître. N'importe ! dans les réclames, cette bande s'appelle la jeunesse. Pauvre jeunesse, et dont je demande à voir les œuvres dans dix années d'ici ! Un des symptômes les plus graves pour la vitalité de l'école romantique, c'est de constater l'absence d'hommes nouveaux autour de Victor Hugo. Il achève sa vie au milieu de la bohème des débutants éternels, tandis que la véritable jeunesse, celle qui grandit et qui va à l'avenir, lui envoie de loin son salut respectueux et triste.

IV

Le respect du génie, selon moi, ne doit pas exclure le respect de la vérité. Certes, je m'inclinerais silencieusement devant Victor Hugo, s'il s'agissait uniquement de reconnaître la place immense qu'il tient dans ce siècle. Mais il y a une question grave en jeu, il y a l'avenir. J'estime qu'un homme, si grand qu'il soit, ne doit pas barrer la route. Du moment où on le jette en travers de notre chemin, nous devons parler. Il est temps de faire justice de la queue romantique, du pompeux décor de carton doré qu'on dresse pour cacher les ruines de l'école.

Oui, je parlerai, puisque toute la critique française a refusé de le faire. Je dirai à voix haute ce que le public entier dit à voix basse ; et, en faisant cela, je ne croirai pas commettre une mauvaise action, car c'est toujours bien agir que de vouloir la vérité.

La vérité, la voici. La deuxième série de la *Légende des siècles*, malgré ce qu'affirment les réclames, est de beaucoup inférieure à la première série. Les réclames mentent, lorsqu'elles parlent du retentissement produit par la publication de l'œuvre ; sans doute l'ouvrage a été bien lancé, des extraits et des articles ont paru dans tous les journaux ; mais cela était forcé, un livre signé de Victor Hugo ne peut passer inaperçu, et il doit déterminer quand même un premier tapage. Seulement, ce bruit n'a pas continué ; aujourd'hui, le silence s'est fait, on n'entend pas dans la foule ce brouhaha croissant qui est la marque des grands succès. Les réclames mentent également, lorsqu'elles parlent de la vente énorme de la *Légende des siècles*. Au contraire, le livre a été peu acheté. A cela, il y a plusieurs causes. D'abord, l'œuvre, en deux gros volumes, coûte beaucoup trop cher; les gens riches eux-mêmes réfléchissent avant de mettre quinze francs à un ouvrage. Ensuite, il s'agit d'un recueil de vers, et les vers terrifient. Enfin, il faut bien le dire, la *Légende des siècles* est d'une lecture parfaitement ennuyeuse, j'entends pour les lecteurs ordinaires. On admire Victor Hugo, mais on le lit peu en dehors du monde des lettres. Plus il a grandi, et plus il est devenu apocalyptique ; aujourd'hui, il est illisible pour les femmes et les simples bourgeois. Ce qui a nui aussi à la vente, je crois, ce sont les nombreux extraits publiés par les journaux. On s'est contenté de la lecture de ces extraits, on a pu parler du livre, sans dépenser quinze francs.

Je n'entrerai pas dans l'analyse d'un tel amas de vers. Pourtant, il faut que j'indique la structure générale de l'œuvre, et que je tâche de dire ce qu'elle contient.

Le premier volume débute par une vision. Le poète dit ce qu'il a rêvé. Il a vu le mur des siècles s'étendre devant lui ; ce mur s'est crevé, et les générations ont croulé dans l'espace, les unes après les autres. Cette vision est une des choses superbes de l'ouvrage. L'idée philosophique m'échappe absolument, car Victor Hugo est le philosophe le plus obscur et le plus contradictoire qu'on puisse rencontrer; mais il suffit que son rêve se développe dans l'étrange et dans l'absurde, avec une belle ampleur. Puis, viennent les luttes des géants contre les dieux. Ensuite, le poète passe aux rois. Il a divisé ses pièces sur les rois en deux périodes historiques, la première de Mesa à Attila, la seconde de Ramire à Cosme de Médicis ; périodes purement fantaisistes, d'ailleurs, et qu'il aurait pu modifier à son gré, car aucune raison logique ne les détermine. Enfin, le volume se termine par des morceaux sur le moyen âge : le *Cid exilé*, *Welf*, *Castellan d'Osbor*, et par une pièce sur les sept merveilles du monde, dans laquelle le poète montre l'orgueil matériel et périssable de l'homme.

Le second volume ouvre par l'épopée du ver de terre. L'idée est que toute la matière peut mourir, et que seule l'âme est immortelle. Seulement, le poète a développé cette idée avec un luxe incroyable de strophes. Le ver est pour lui l'image du néant, le mangeur de mondes ; et quand le ver triomphe sur les ruines qu'il fait, l'âme se dresse fièrement et lui dit : « Tu ne peux rien contre moi. » Puis, recommencent les histoires de chevaliers, le bric-à-brac moyen âge, pour lequel le poète garde sa tendresse de chef d'école. Cependant, il a dû comprendre que tout cela était bien noir, et il a voulu montrer quelque grâce, en écrivant ce qu'il appelle le groupe des idylles ; ces idylles consistent en médaillons représentant les poètes qui ont chanté l'amour : on trouve là Catulle, Pétrarque, Ronsard, mais on est un peu surpris d'y trouver aussi Dante, Voltaire et Beaumarchais, qui certes n'avaient rien d'idyllique. Sur les vingt-deux pièces, il y en a trois ou quatre qui sont jolies. Nous arrivons enfin au temps présent, aux pièces qui ont pour cadre le milieu contemporain. Je citerai le *Cimetière d'Eylau*, un récit de bataille, qui est le morceau le plus net et le plus vivant de toute l'œuvre ; la *Colère de bronze*, une pièce médiocre que le poète autrefois aurait jugée indigne de figurer dans les *Châtiments ;* et *Petit Paul*, dont je parlerai longuement tout à l'heure. Le volume finit par une apothéose : le ciel, l'abîme, l'humanité, Dieu, tout se mêle dans un chaos extraordinaire. Je m'arrête, car je ne me sens pas le cerveau assez solide pour affronter un pareil vertige.

Maintenant, comme je l'ai dit, on peut donner à la *Légende des siècles* le sens qu'on voudra. Cela ressemble à ces livres de prophéties auxquels on fait dire ce qu'on souhaite. Le poète est déiste, voilà la seule chose qu'on puisse affirmer; il croit à Dieu et à l'âme immortelle ; seulement, quel est ce Dieu, d'où vient notre âme, où va-t-elle, pourquoi s'est-elle incarnée? c'est ce qu'il explique en poète. Il bâtit les dogmes les plus étranges, il se perd dans des interprétations stupéfiantes. En lui, tout reste sentiment; il fait de la politique de sentiment, de la philosophie de sentiment, de la science de sentiment. Comme disent ses disciples, il tend vers les hauteurs. Rien de plus estimable; mais les hauteurs, c'est bien vague; il serait certainement préférable, à notre époque, de tendre vers la vérité. Dénouer toutes les questions par la bonté n'avance malheureusement pas à grand'chose. De même, quand il a foudroyé les prêtres et les rois, en exaltant une fraternité idéale des peuples, cela n'empêchera pas les peuples de se dévorer dans la suite des siècles. En lui, il n'y a qu'un poète, et un poète lyrique. Le philosophe, l'historien, le critique, font hausser les épaules.

Certes, il suffit largement à sa gloire d'être un

poète lyrique. Les disciples qui veulent faire de lui un homme universel, lui rendent un service détestable. Tous les côtés factices tomberont un jour, et il ne restera debout que le poète, un des remueurs de mots et de rhythmes les plus merveilleux que nous ayons eus. Pour moi, dans une étude sur l'ensemble de ses œuvres, ce qui me passionnerait, ce serait de montrer comment le poète a pu aller des *Odes et Ballades* à la deuxième série de la *Légende des siècles*. Il y a là un développement caractéristique, l'histoire de toute une puissante intelligence, l'épanouissement d'une fleur rare et superbe. D'abord, c'est le bouton, une hésitation de formes enfantines, une pâleur à peine rosée crevant l'enveloppe verte. Ensuite, les formes s'accentuent, les teintes se foncent et prennent de l'éclat. Ensuite, c'est la fleur dans tout son parfum et toute sa richesse. Puis, l'épanouissement continue par une loi fatale, la fleur semble s'élargir et devenir plus grosse, elle augmente en volume, mais les couleurs pâlissent, l'odeur est amère, les pétales se fanent. Eh bien! Victor Hugo en est à cette dernière période. Jamais il n'a paru plus large, plus mûr; seulement, il est tellement large, qu'il s'effondre, il est tellement mûr, que ses vers tombent à terre comme les fruits à l'automne.

Je ne parle ici ni de défauts ni de qualités. J'appartiens à un groupe de critiques qui acceptent un écrivain tout entier, sans chercher à trier les mots dans son œuvre. Un écrivain est un tempérament particulier, qui a ses façons d'être, et dont on ne saurait modifier le moindre élément sans détruire aussitôt tout l'ensemble. Je veux dire qu'il faut accepter les défauts et les qualités, comme les mêmes pierres d'un édifice ; si on retire une seule pierre, l'édifice croule. Puis, le spectacle ne suffit-il point à passionner? Voir un cerveau vivre et se développer, toute la vie de l'art est là. Il serait facile de prouver qu'étant données les premières œuvres de Victor Hugo, il devait fatalement aboutir aux œuvres de sa vieillesse. Je ne dirai pas qu'il a grandi ou qu'il a rapetissé ; je dirai qu'il a accompli son évolution, d'après certaines lois fatales. Oui, il devait arriver, par la nature de son tempérament, à cette attitude de prophète qu'il a prise ; il devait être de plus en plus l'esclave de la formule romantique ; il devait allonger les chevilles et ajouter trois vers pour le seul plaisir de justifier une rime riche ; il devait patauger davantage chaque jour dans le sublime, exagérer son effarement et son vertige de visionnaire; il devait en arriver à tutoyer Dieu, à juger les siècles comme Dieu les jugerait, en mettant les bons à sa droite et les méchants à sa gauche ; il devait dompter la langue, au point de la traiter en conquérant, qui n'a plus le respect des phrases et qui les torture à sa fantaisie ; il devait enfin croire qu'un mot de lui valait un monde et qu'il lui suffisait de laisser tomber les choses les plus insignifiantes, pour qu'elles prissent aussitôt une importance extra-humaine.

Aujourd'hui, il en est là. Il pontifie. Quand il parle d'un petit enfant, il croit que les étoiles écoutent. Et le pis est qu'il est devenu d'autant plus majestueux, que ses vers sont devenus plus vides. Je l'ai appelé un visionnaire. Ce mot le juge. Il a traversé l'époque sans la voir, les yeux fixés sur ses rêves.

V

Ne pouvant analyser les deux énormes volumes de la *Légende des siècles*, je me contenterai de détacher deux pièces et de les examiner de près. En les commentant vers par vers, je sais que je vais faire une besogne un peu mesquine, et que la critique doit avoir une autre largeur. Mais, après avoir peint à grands traits la haute figure de Victor Hugo, il me faut bien descendre jusqu'à éplucher ses vers, si je veux dire toute ma pensée. Il n'y a jamais eu qu'un rhétoricien au fond de lui. Voyons sa rhétorique.

Je choisis deux pièces que ses admirateurs mettent au premier rang : l'*Aigle du Casque* et *Petit Paul*. Je ne voudrais pas qu'on pût croire que je suis allé prendre les morceaux les plus faibles du recueil.

L'*Aigle du Casque* est une légende d'Écosse, que le poète a certainement inventée. Elle se passe dans ce moyen âge ténébreux et farouche qu'il affectionne, parce qu'il peut y placer à l'aise ses visions. Une vieille querelle existe entre Angus et Tiphaine. Et je cite :

> Le fond, nul ne le sait. L'obscur passé défend
> Contre le souvenir des hommes l'origine
> Des rixes de Ninive et des guerres d'Egine,
> Et montre seulement la mort des combattants,
> Après l'échange amer des rires insultants.

Cinq vers, cinq chevilles. *Egine* arrive là pour rimer avec *origine*. Rien n'est plus lourd ni plus inutile que les deux derniers vers. Les disciples appellent cela de la largeur; ce n'est que du remplissage.

Le grand-père de Jacques, le roi Angus, l'a pris à son lit de mort et l'a chargé de tuer Tiphaine. Jacques a alors six ans. Il attend dix ans, et, lorsqu'il atteint sa seizième année, il provoque l'ennemi de sa race. Ce point de départ contient tout le procédé romantique, l'antithèse éternelle, le vieillard confiant sa vengeance à l'enfant ; et, pour que l'effet soit plus stupéfiant encore, le poète prend un bambin qui marche à peine. Voyez-vous ce mioche de six ans qui accepte de tuer plus tard un homme et qui se souvient de sa mission ? Les enfants de ce temps-là valaient les hommes d'aujourd'hui. On entre du coup dans le monde de l'épopée.

Voici maintenant le portrait du farouche Tiphaine:

Tiphaine est dans sa tour, que protège un fossé,
Debout, les bras croisés, sur la haute muraille,
Voilà longtemps qu'il n'a tué quelqu'un, il bâille.

Encore une attitude romantique. On sourit à la pensée de cet homme qui se croise les bras et qui bâille, parce qu'il n'a pas une victime à se mettre sous la dent. C'est l'ogre du *Petit Poucet*, demandant de la chair fraîche. D'ailleurs, le poète n'a oublié aucun trait pour en faire un fantoche à la mode de 1830.

Il fait peur. Est-il prince ? est-il né sous le chaume ?
On ne sait. Un bandit qui serait un fantôme,
C'est Tiphaine.

Cependant, Jacques le provoque. Jacques a seize ans, et le poète s'écrie :

> Dix ans, cela suffit pour qu'un enfant grandisse,
> En dix ans, certe, Orphée oublierait Eurydice,
> Admète son épouse, et Thisbé son amant,
> Mais pas un chevalier n'oublierait son serment.

Le premier vers est une naïveté, et les trois autres sont des chevilles. *Eurydice* arrive là pour rimer richement avec *grandisse*.

Enfin, le combat va s'engager entre Jacques et Tiphaine, entre l'agneau et le loup. Voici Jacques :

> Fanfares ! C'est Angus. Un cheval d'un blanc rose
> Porte un garçon doré, vermeil, sonnant du cor,
> Qui semble presque femme et qu'on sent vierge encor...
> Il regarde, il écoute, il rayonne, il ignore,
> Et l'on croit voir l'entrée aimable de l'aurore.

Et voici Tiphaine :

> Tiphaine est seul, aucune escorte, aucune troupe :
> Il tient sa lance ; il a la chemise de fer,
> La hache comme Oreste, et, comme Gaïfer,
> Le poignard.

Oreste et Gaïfer viennent encore jouer là un singulier rôle. Dès lors, nous entrons dans l'antithèse jusqu'au cou. Jacques attaque Tiphaine, une fille contre un géant.

> Tiphaine s'arrêta, muet, le laissant faire ;
> Ainsi, prête à crouler, l'avalanche diffère ;
> Ainsi l'enclume semble insensible au marteau,
> Il était là, le poing fermé comme un étau,
> Démon par le regard et sphinx par le silence.

Le dernier vers est bien typique et complète d'une façon presque comique cette figure pensive de Tiphaine, du brigand profond et infernal. Pourtant, il finit par s'ébranler ; il lève sa lance contre l'enfant, qui, pris d'une peur soudaine, s'enfuit. Et le reste de la pièce, encore fort longue, est consacré à peindre ce que le poète appelle « l'âpre et sauvage poursuite ».

> En le risquant ainsi, son aïeul fut-il sage?
> Nul ne le sait; le sort est de mystères plein;
> Mais la panique existe, et le triste orphelin
> Ne peut plus que s'enfuir devant la destinée.

Un des procédés de Victor Hugo est de faire ainsi la part de l'inconnu. Il emploie souvent la tournure : nul ne le sait, on l'ignore, c'est le secret de Dieu, etc. Il croit ainsi élargir le sujet. Mais, parfois, le procédé fait sourire, surtout quand la réponse est facile. L'aïeul, dans le cas présent, a été à coup sûr stupide de confier sa vengeance à un enfant de seize ans.

Certes, la poursuite à travers les plaines et les forêts est d'un beau jet. Seulement, Victor Hugo l'avait déjà faite plusieurs fois, et beaucoup mieux. Ce qui m'a surtout frappé, c'est le retour des comparaisons, à la mode classique. En vingt vers, j'en compte trois qui commencent par le mot *ainsi*; et les trois comparaisons sont identiques.

> Ainsi dans le sommeil notre âme d'effroi pleine
> Parfois s'évade et sent derrière elle l'haleine
> De quelque noir cheval de l'ombre et de la nuit...
> Ainsi le tourbillon suit la feuille arrachée...
> Ainsi courrait avril poursuivi par l'hiver.

N'est-il pas curieux que Victor Hugo, le rhétoricien, finisse par les figures de rhétorique que son école a tant plaisantées, dans les poètes classiques?

J'abrège. Jacques se réfugie chez un ermite; mais

Tiphaine fend d'un coup d'épée la roche où l'ermite demeure. Un couvent de nonnes ne l'arrête pas. Il écarte encore une femme, une mère, qui veut protéger l'enfant ; et il l'égorge dans « un ravin inconnu ».

> Alors l'aigle d'airain qu'il avait sur son casque,
> Et qui, calme, immobile et sombre, l'observait,
> Cria : Cieux étoilés, montagnes que revêt
> L'innocente blancheur des neiges vénérables,
> O fleuves, ô forêts, cèdres, sapins, érables,
> Je vous prends à témoin que cet homme est méchant.
> Et cela dit, ainsi qu'un piocheur fouille un champ,
> Comme avec sa cognée un pâtre brise un chêne,
> Il se mit à frapper à coups de bec Tiphaine.
> Il lui creva les yeux ; il lui broya les dents;
> Il lui pétrit le crâne en ses ongles ardents,
> Sous l'arme d'où le sang sortait comme d'un crible,
> Le jeta mort à terre, et s'envola terrible.

Toute la pièce a été écrite pour cet effet final. Cet effet est très grand, on ne saurait le nier. On retrouve là Victor Hugo avec son coup d'aile. Certes, il y a encore bien du remplissage. L'aigle d'airain qui prend la nature à témoin paraît un peu raisonneur. D'ailleurs, il n'y a pas à discuter ; on est en plein dans le rêve, il faut accepter ou rejeter la fantaisie du poète. Quant à moi, je l'accepte, et je ne me plains que de l'abus de la rhétorique, des chevilles qui pullulent, des vers inutiles amenés pour les besoins de la rime riche, de la pompe vide, des procédés connus, des poncifs, de tout ce bric-à-brac romantique qui ne nous apporte rien de nouveau, de toute cette pièce enfin qui répète et qui ne vaut pas les anciennes.

Je passe à présent à *Petit Paul*, un morceau qui a pour cadre le milieu moderne. Il faut voir le poète, quand il consent à quitter son armure de chevalier pour endosser la simple redingote d'un bon vieux grand-père! On le sent gêné; son pas lourd ébranle les parquets, même lorsqu'il veut marcher sur la pointe des pieds. Il a des grâces colossales et zézayantes. Ainsi, son histoire de *Petit Paul* est un drame simple et touchant, l'histoire d'un enfant dont la mère meurt et dont le père se remarie ; Paul est recueilli par son grand-père, qui meurt à son tour, après l'avoir élevé et adoré dans un grand jardin ; alors, le petit, âgé seulement de trois ans, se trouve tellement malheureux chez sa marâtre, qu'un soir d'hiver il s'échappe et vient expirer de douleur et de froid à la porte du cimetière, où il a vu enterrer l'aïeul. On ne s'imaginerait jamais avec quel luxe de souffles bibliques et avec quelle complication de tendresse prétentieuse Victor Hugo a gâté la simplicité de cette histoire.

Le morceau débute ainsi :

> Sa mère en le mettant au monde s'en alla.
> Sombre distraction du sort. Pourquoi cela ?
> Pourquoi tuer la mère en laissant l'enfant vivre ?
> Pourquoi par la marâtre, ô deuil ! la faire suivre ?

Mon Dieu ! pourquoi ? parce que cela est. Le sort est toujours distrait. Le drame de la vie n'est qu'une suite d'accidents. Mais le poète ne peut accepter les réalités, et nous le verrons encore mieux tout à l'heure.

> Alors un vieux bonhomme accepta ce pauvre être.
> C'était l'aïeul. Parfois, ce qui n'est plus défend
> Ce qui sera. L'aïeul prit dans ses bras l'enfant
> Et devint mère. Chose étrange et naturelle.

Nous entrons ici dans le galimatias sentimental.

Quand il parle des enfants, Victor Hugo croit devoir affecter une puérilité qui ne s'accommode guère avec ses procédés habituels. Imaginez un colosse qui risquerait des gentillesses de gamin. Je me suis vainement creusé la tête pour comprendre ce qu'il y avait d'étrange et de naturel à ce qu'un aïeul devînt mère. C'est pour moi du radotage quintessencié. Cela continue, d'ailleurs.

> Il faut que quelqu'un mène à l'enfant sans nourrice
> La chèvre aux fauves yeux qui rôde au flanc des monts;
> Il faut quelqu'un de grand qui fasse dire : Aimons !
> Qui couvre de douceur la vie impénétrable,
> Qui soit vieux, qui soit jeune, et qui soit vénérable.

Je jure que je ne comprends pas ces deux derniers vers.

> C'est pour cela que Dieu, ce maître du linceul,
> Remplace quelquefois la mère par l'aïeul,
> Et fait, jugeant l'hiver seul capable de flamme,
> Dans l'âme du vieillard éclore un cœur de femme.

Est-ce parce qu'on fait du feu l'hiver dans les cheminées que Dieu juge que l'hiver est seul capable de flamme? Évidemment, c'est la seule raison. A quoi bon tout ce pathos pour expliquer la tendresse des bons vieux grands-pères? Cette tendresse est faite de l'orgueil de leur race, de l'isolement où on les laisse et de la reconnaissance qu'ils ont pour l'amitié des petits, des souvenirs de leur propre jeunesse éveillés par la vue des têtes blondes. Il n'est pas nécessaire d'aller déranger Homère, Moïse et Virgile pour trancher la question.

Ensuite, nous arrivons au jardin :

> Le grand-père emporta l'enfant dans sa maison.

> Aux champs, d'où l'on voyait un si vaste horizon
> Qu'un petit enfant seul pouvait l'emplir.

Ah ! l'antithèse !

> Un jardin, c'est fort beau, n'est-ce pas ? Mettez-y
> Un marmot ; ajoutez un vieillard ; c'est ainsi
> Que Dieu fait. Combinant ce que le cœur souhaite
> Avec ce que les yeux désirent, ce poète
> Complète, car au fond la nature c'est l'art,
> Les roses par l'enfant, l'enfant par le vieillard.

Une fois encore, je ne comprends pas. Ce madrigal à la nature, si alambiqué d'idée et si contourné de forme, me consterne, comme un de ces rébus que l'on trouve à la fin des journaux illustrés. Comment ! Dieu met d'habitude un vieillard et un enfant dans un jardin pour compléter les roses ? Mais je l'ignorais, mais cette découverte me laisse plein d'émoi !

> Un nouveau-né vermeil, et nu jusqu'au nombril,
> Couché sur l'herbe en fleurs, c'est aimable, ô Virgile !
> Hélas ! c'est tellement divin que c'est fragile.

Remarquez que Virgile est de l'aventure parce qu'il rime richement avec *fragile*.

> Il faut allaiter Paul ; une chèvre y consent.
> Paul est frère de lait du chevreau bondissant ;
> Puisque le chevreau saute, il sied que l'homme marche.

Je ne vois pas du tout cette conséquence.

> Un an, c'est l'âge fier ; croître, c'est conquérir ;
> Paul fait son premier pas, il veut en faire d'autres.
> (Mère, vous le voyez en regardant les vôtres.)

Ce dernier vers est une affreuse cheville, et il est en

outre incorrect, car *les vôtres* ne se rapportent à rien.

> Oh! pas plus qu'on ne peut peindre un astre, ou décrire
> La forêt éblouie au soleil se chauffant,
> Nul n'ira jusqu'au fond du rire d'un enfant:
> C'est l'amour, l'innocence auguste, épanouie,
> C'est la témérité de la grâce inouïe,
> La gloire d'être pur, l'orgueil d'être debout,
> La paix, on ne sait quoi d'ignorant qui sait tout.

J'ai cité toute cette tirade pour indiquer une fois de plus le procédé du poète. Il entasse les mots, il prend un atome et il le gonfle tellement qu'il le fait éclater. Certes, le rire d'un enfant est une chose adorable; mais pourquoi parler d'un astre, d'une forêt se chauffant au soleil, pourquoi vouloir prouver l'existence de Dieu avec le rire d'un gamin? Tout cela n'est que de la farce grandiose. Le lyrisme écrase là par trop le réel.

J'abrège, l'aïeul est mort, et Paul souffre chez sa marâtre. Écoutez le langage de cette femme, parlant à son véritable fils :

> Ce rire, c'est le ciel prouvé, c'est Dieu visible.
> J'ai volé le plus beau de vos anges, Seigneur,
> Et j'ai pris un morceau du ciel pour faire un lange.
> Seigneur, il est l'enfant, mais il est resté l'ange.
> Je tiens le paradis du bon Dieu dans mes bras.

Quel étrange langage dans la bouche d'une femme de nos jours! Il faut que Victor Hugo n'ait jamais entendu parler une mère ou que la rime ait d'étranges exigences. *Lange* est une très bonne rime à l'*ange*, mais jamais une mère ne dit qu'elle a pris un morceau du ciel pour faire un lange. C'est le poète qui parle toujours; il n'entre jamais dans la peau de son personnage. Quand l'action se passe au moyen âge, cette substitution est tolérable ; mais quand il prend un héros contemporain, je suis très choqué pour ma part des monstruosités qu'il lui met dans la bouche.

Ainsi que l'*Aigle du casque*, *Petit Paul* se termine par un effet puissant. Victor Hugo est l'homme des opéras à grand spectacle, il finit par des ensembles, par des apothéoses. Paul vient mourir à la porte du cimetière où son grand-père est enterré.

> Une de ses deux mains tenait encore la grille ;
> On voyait qu'il avait essayé de l'ouvrir.
> Il sentait là quelqu'un pouvant le secourir ;
> Il avait appelé dans l'ombre solitaire,
> Longtemps ; puis, il était tombé mort sur la terre,
> A quelques pas du vieux grand-père, son ami.
> N'ayant pu l'éveiller, il s'était endormi.

Le milieu moderne n'est point fait pour ce visionnaire. Il le peuple trop de ses rêves. Il est allé où il devait aller : aux fantaisies échevelées de son imagination, à la résurrection fantastique et mensongère des siècles morts. Dès qu'il regarde à terre, il ne sait plus marcher. Un jardinet bourgeois devient un Eden. Un marmot prend l'importance d'un Messie. Les roses sont grosses comme des choux, les cailloux des sentiers ont l'éclat des diamants. Je dis ce que je vois en lui, et dans tout ce galimatias je reconnais volontiers qu'il y a des vers superbes. Ainsi, tout en l'accusant de manquer de simplicité, je trouve pourtant d'une simplicité poignante le dernier vers :

> N'ayant pu l'éveiller, il s'était endormi.

C'est que Victor Hugo, pour employer sa langue

imagée, est un véritable fleuve débordé, roulant à la fois des cailloux et de l'or, des eaux boueuses et des eaux claires.

VI

J'ai souvent songé aux deux destinées si différentes de Balzac et de Victor Hugo, et je veux tirer d'un parallèle entre eux toute la conclusion de cette étude. On sait la longue obscurité de Balzac, ses luttes, sa mort, lorsqu'il arrivait enfin à la fortune et à la gloire. Celui-là a été jusqu'au bout un lutteur et un incompris. De son vivant, ses œuvres se vendaient à peine ; il fallut que l'étranger l'acclamât pour que la France consentît à tourner la tête de son côté. Il n'avait point de cour autour de lui ; il vivait isolé, traqué par ses créanciers, cachant sa vie avec la pudeur de l'homme pauvre et la défiance de l'homme diffamé. Aucun disciple ne balançait des encensoirs devant sa personne sacrée, aucun joueur de flûte ne précédait ses pas pour faire ranger la foule. Il n'entra ni à l'Académie ni à la Chambre des pairs. Il ne fut ni roi ni dieu, et, quand il mourut, il n'emporta pas la pensée orgueilleuse d'avoir fondé une dynastie et une religion.

Eh bien ! Balzac expirait, lapidé et crucifié, comme le messie de la grande école du naturalisme. La parole qu'il avait apportée, qu'on plaisantait et qu'on dédaignait, devait lentement germer sur son sépulcre. Le travail se faisait sous terre. Cet écrivain isolé, sans disciple, sans public enthousiaste, allait con-

quérir toute notre littérature du fond de sa tombe.
Son influence s'est élargie, les soldats de son idée
sont venus, de plus en plus nombreux, et aujourd'hui
ils sont légion. L'homme semblait être resté petit,
par l'obscurité relative de sa vie; mais, aujourd'hui,
le bronze de sa statue est colossal, il se hausse
chaque jour. Nous commençons à comprendre ce
que Balzac a apporté, une formule nouvelle qui est
la seule et véritable formule du monde nouveau. Et
savez-vous pourquoi cette formule s'impose avec une
telle puissance? C'est qu'elle est l'instrument attendu,
c'est qu'elle va permettre de réaliser l'art de la société moderne. Il n'y a pas là une fantaisie littéraire,
et il y a plus que l'originalité d'un homme de génie.
A côté de l'écrivain personnel, on trouve dans Balzac un initiateur, un homme de science qui a tracé
le chemin à tout le vingtième siècle.

Quant à Victor Hugo, il a bu tant de gloire pendant sa vie, qu'il pourrait mourir demain oublié, sans
avoir à se plaindre. Certes, lui aussi s'est battu pour
ses idées. Mais quelles batailles flatteuses et quels
triomphes après chaque mêlée ! Il avait toute une
armée pour lui. Quand il allait au combat, un page
lui tenait sa cuirasse, un autre son casque, un autre
sa lance. Une musique à ses gages jouait des airs de
victoire, pendant qu'il se battait. Il a eu tous les honneurs et tous les bonheurs. Il a vieilli, écrasé sous
le poids de ses lauriers, se tenant droit quand même,
grâce à ses fortes épaules. D'ailleurs, j'ai dit son
existence magnifique, telle qu'on en trouve seulement de semblables dans les contes de fée. Aujour-
d'hui, arrivé à l'âge de soixante-dix-sept ans, il peut
croire qu'il tient le monde dans sa main, que les

peuples l'adorent comme le dieu de la poésie, et que, lorsqu'il s'en ira, le soleil pâlira.

Eh bien ! Victor Hugo, qui a traîné derrière lui des cortèges de fidèles, ne laissera pas un disciple pour reprendre et fonder la religion du maître. Tout ce vaste bruit qui s'est fait autour de l'écrivain vivant, s'éteindra peu à peu autour de l'écrivain mort. La postérité se désintéressera et deviendra sévère. Et savez-vous pourquoi elle sera sévère ? C'est parce que, chez Victor Hugo, l'initiateur s'est trompé et n'a apporté que sa fantaisie personnelle, sans trouver le large courant du siècle, qui va à l'analyse exacte, au naturalisme. On fera bon marché de tout ce bric-à-brac du moyen âge, qui n'a même pas le mérite d'être historique. On s'étonnera que nous ayons laissé passer sans rire cet amas colossal d'erreurs et de puérilités. On cherchera le philosophe, le critique, l'historien, le romancier, l'auteur dramatique, et, lorsqu'on ne trouvera toujours qu'un poète lyrique, on lui fera sa place, une place très grande ; mais, à coup sûr, on ne lui donnera pas le siècle entier, car, au lieu d'emplir le siècle de lumière, il a failli le boucher de la masse épaisse de sa rhétorique. Il n'est pas allé à la vérité, il n'a pas été l'homme de son temps, quoi qu'on dise ; et cela suffit à expliquer pourquoi, dans l'avenir, Balzac grandira, tandis que Victor Hugo perdra de sa hauteur.

Sans doute, le génie suffit et la beauté reste éternelle. Aussi n'ai-je en vue en ce moment que les écoles littéraires, les évolutions qui peuvent se produire au siècle prochain. Je ne crois pas à la descendance de Victor Hugo ; il emportera le romantisme avec lui, comme une guenille de pourpre, dans laquelle il s'était taillé un manteau royal. Je crois au contraire à la descendance de Balzac, qui a en elle la vie même du siècle. Victor Hugo restera ainsi qu'une originalité puissante, et le meilleur service que des amis pieux pourraient lui rendre après sa mort, ce serait de porter la hache dans son œuvre si considérable, de réunir les cinquante ou soixante chefs-d'œuvre qu'il a écrits dans son existence, des pièces de vers d'une absolue beauté. On obtiendrait ainsi un recueil comme il n'en existe dans aucune littérature. Les âges s'inclineraient devant le roi indiscutable des poètes lyriques. Tandis que, si la postérité doit accepter le tas des œuvres complètes, il est à craindre qu'elle ne se rebute devant un si incroyable mélange de l'excellent, du médiocre et du pire; il y a des pièces illisibles, des pièces qui frisent le grotesque. Sans doute, par la force même des choses, dans le cas où personne n'aurait osé faire le recueil que je demande, ce recueil se ferait de lui-même ; l'or seul surnagerait, parmi toutes les scories.

En finissant, je veux toucher un sujet plus délicat encore. La petite cour de Victor Hugo assure que le maître a, dans ses tiroirs, plus de vingt volumes d'œuvres inédites. Il aurait amassé ces œuvres, toujours d'après ce qu'on m'a raconté, pour laisser après lui un nombre considérable d'ouvrages, qui seraient publiés successivement, à des époques que son testament fixerait. Dès lors, on comprend le mécanisme de ces publications posthumes : par exemple, s'il laisse la matière de vingt volumes, et que chaque année un volume paraisse, pendant vingt ans des livres inédits paraîtront, bien qu'il soit couché dans la terre.

Je me plais à voir là l'orgueil d'un dieu qui veut être plus fort que la mort. Il entend vivre parmi ses disciples et ses fidèles, même lorsque son corps ne sera plus. Il laisse sa parole, il se dressera chaque année dans son cercueil, pour crier : « Ecoutez, me voici ! » Cela est très beau et montre une rare énergie de personnalité. Puis, il doit se mêler de la prévoyance à l'orgueil. Peut-être Victor Hugo sent-il crouler son école. Il n'a sans doute pas grande confiance dans le talent des disciples qui lui survivront, et il préfère continuer le combat du fond de la tombe. Tant qu'il tiendra l'épée, il croit être sûr de la victoire. Ses œuvres posthumes sont des arguments suprêmes qu'il tient en réserve. Si sa mémoire est attaquée, elles répondront pour lui et confondront les critiques.

Malheureusement, ce calcul de son orgueil se retournera contre lui. Le temps marche, les évolutions se produisent, les générations nouvelles comprennent de moins en moins le passé. Il est certain que, si la deuxième série de la *Légende des siècles* n'a pas eu le succès de la première, cela tient à ce qu'elle s'est produite dans une autre époque. L'amour de la modernité, le goût de la vérité et de l'analyse, ont tellement grandi, qu'ils ont porté le dernier coup au romantisme. Habitué peu à peu au vrai, à la peinture des mœurs contemporaines, le public ne mord plus guère aux légendes du moyen âge, aux héros célestes et farouches, à tout ce clinquant de la rhétorique de 1830. De là l'insuccès relatif de la *Légende des siècles*. Mais le mouvement ne s'arrêtera pas, chaque année l'évolution naturaliste va se précipiter. Alors, vous imaginez-vous, pendant vingt ans, des volumes de Victor Hugo tombant dans un public qui les lira et les comprendra de moins en moins ? Ces œuvres de la vieillesse du poète seront fatalement inférieures à celles de sa jeunesse et de son âge mûr. Si, aujourd'hui qu'il est encore debout, l'indifférence commence, que sera-ce, lorsqu'il ne sera plus là ? Au cinquième volume, le public demandera grâce, et à chaque volume qui tombera ensuite, la chute sera plus profonde.

ALFRED DE MUSSET

I

Je parlerai d'Afred de Musset. Depuis longtemps, j'ai la grande envie de consacrer une étude à ce bien-aimé poète, qui éveille en moi les plus chers souvenirs de ma jeunesse. Et voici l'occasion toute trouvée : M. Paul de Musset, le frère qui survit, a publié un ouvrage : *Biographie d'Alfred de Musset, sa vie et ses œuvres*, dont l'analyse va me permettre enfin de satisfaire mon désir.

Mais, avant d'ouvrir cet ouvrage, je veux ouvrir mon cœur. C'était vers 1856, j'avais seize ans et je grandissais dans un coin de la Provence. Je précise l'époque, parce qu'elle est celle de toute une passion littéraire parmi la jeunesse. Nous étions trois amis, trois galopins qui usaient encore leurs culottes sur les bancs du collège. Les jours de congé, les jours que nous pouvions voler à l'étude, nous nous échappions en des courses folles à travers la campagne ; nous avions un besoin de grand air, de grand soleil, de sentiers perdus au fond des ravins, dont nous prenions possession en conquérants. Oh ! les interminables promenades sur les collines, les longs repos dans les trous verts, près du petit torrent, les retours du soir dans la poussière épaisse des grandes routes, qui craquait sous nos pieds comme de la neige fraîchement tombée ! L'hiver, nous adorions le froid, la terre durcie par la gelée qui sonnait gaiement, et nous allions manger des omelettes dans les villages voisins, avec la joie de ce ciel si pur et si vif. L'été, tous nos rendez-vous étaient au bord de la rivière, car nous étions pris alors de la passion de l'eau ; et nous restions des après-midi entières à barboter, vivant là, ne sortant que pour nous allonger nus sur le sable, un sable fin, chauffé par le soleil. Puis, à l'automne, notre passion changeait, nous devenions chasseurs ; oh ! chasseurs bien inoffensifs, car la chasse n'était pour nous qu'un prétexte à longues flâneries. Il faut dire que le pays manque complètement de gibier, ni grosses ni petites bêtes, pas plus de lièvres que de perdrix. Il y a dix chasseurs pour un lapin. On tue quelques grives et quelques petits oiseaux, des becfigues, des ortolans, des pinsons. Mais que nous importait ! Si de temps à autre nous lâchions un coup de fusil, c'était pour le plaisir de faire du bruit. La partie de chasse s'achevait toujours à l'ombre d'un arbre, tous trois couchés sur le dos et le nez en l'air, causant librement de nos tendresses.

Et nos tendresses, en ce temps-là, étaient avant

tout les poètes. Nous ne flânions pas seuls. Nous avions des livres dans nos poches ou dans nos carniers. Pendant une année, Victor Hugo régna sur nous en monarque absolu. Il nous avait conquis avec ses fortes allures de géant, il nous ravissait par sa rhétorique puissante. Nous savions de mémoire des pièces entières, et, quand nous rentrions, le soir, au crépuscule, nous réglions notre marche sur la cadence de ses vers, sonores comme des souffles de trompette. Puis, un matin, un de nous apporta un volume de Musset. Nous étions très ignorants dans ce coin de province, nos professeurs se gardaient de nous parler des poètes contemporains. La lecture de Musset fut pour nous l'éveil de notre propre cœur. Nous restâmes frissonnants. Je ne fais point ici de critique littéraire, je raconte simplement les sensations de trois enfants, lâchés en pleine nature. Notre culte pour Victor Hugo reçut un coup terrible; peu à peu, nous nous sentîmes pris de froideur, ses vers s'envolèrent de nos mémoires, il ne nous arriva plus de trouver un volume des *Orientales* ou des *Feuilles d'automne*, entre nos poudrières et nos boîtes à capsules. Alfred de Musset seul trônait dans nos carniers.

Quels bons souvenirs ! Je ne puis fermer les yeux, sans revoir les journées de cette heureuse époque. C'était par une belle matinée de septembre, une matinée d'un gris doux, un ciel bleu comme voilé de gaze; et nous déjeunions dans un fossé, avec de grands saules dont les branches fines pleuvaient sur nos têtes. C'était par un jour de pluie; nous étions partis quand même, malgré la menace du ciel; et nous avions dû nous loger dans le creux d'une roche, pendant que la pluie tombait à torrents. C'était par un jour de vent, un de ces vents terribles qui cassent les arbres ; et nous étions entrés dans un cabaret de village, nous installant au fond d'une petite salle, nous faisant une joie de passer l'après-midi là. Mais, partout, le grand charme était d'avoir Musset avec nous; dans le fossé, dans le creux de roche, dans la petite salle du cabaret de village, il nous accompagnait et suffisait à notre contentement. Il nous consolait de tout, nous tirait de la mauvaise humeur, nous rapprochait davantage à chaque lecture. Parfois, quand un oiseau curieux venait se poser à une bonne distance, nous pensions devoir lui envoyer un coup de fusil ; heureusement nous étions des tireurs détestables, et l'oiseau, presque toujours, secouait les plumes et s'échappait. Cela interrompait à peine celui de nous qui relisait tout haut, pour la vingtième fois peut-être, *Rolla* ou les *Nuits*. Je n'ai jamais entendu la chasse d'une autre façon. On ne peut parler chasse devant moi, sans qu'aussitôt je songe à de longues rêveries sous le ciel, à des strophes qui s'envolent avec un large bruit d'ailes. Et je revois des verdures, des plaines ardentes pâmées par la grande chaleur, de vastes horizons qui suffisaient à peine à l'orgueilleuse ambition de nos seize ans.

Aujourd'hui, lorsque je tâche d'analyser mes sensations de cette époque, je crois que Musset nous séduisait d'abord par sa crânerie de gamin de génie. Les *Contes d'Italie et d'Espagne* nous transportèrent dans un romantisme railleur, qui nous reposa, sans que nous nous en doutions, du romantisme convaincu de Victor Hugo. Nous adorions le décor du moyen âge, les philtres et les coups d'épée; mais nous les adorions surtout dans ce débraillé, avec cette finesse de moquerie, ce scepticisme qui perçait entre les lignes. La ballade à la lune nous enthousiasmait, parce qu'elle était pour nous le défi qu'un poète de race portait aussi bien aux romantiques qu'aux classiques, le libre éclat de rire d'un esprit indépendant, dans lequel toute notre génération reconnaissait un frère. Puis, lorsque nous fûmes gagnés par les côtés tapageurs de Musset, la profonde humanité qu'il dégage acheva de nous conquérir. Il n'était plus seulement le gamin de génie, notre frère à nous tous qui avions seize ans ; il nous apparut si profondément humain, que nous entendîmes battre nos cœurs sur la cadence de ses vers. Alors, il devint notre religion. Par-dessus ses rires et ses farces d'écolier, ses larmes nous gagnèrent ; et il ne fut ainsi tout à fait notre poète, que lorsque nous pleurâmes en le lisant.

Pour bien comprendre la royauté de Musset sur la jeunesse de mon temps, il faut connaître cette jeunesse elle-même. Nous arrivions au lendemain des grands triomphes du romantisme. Nous étions nés à la vie littéraire, après le coup d'État de décembre, et nous ne connaissions que par les récits de nos aînés les batailles de 1830. Toute cette chaleur romantique s'était déjà bien refroidie. Victor Hugo, en exil, nous apparaissait dans un lointain d'apothéose. Malgré notre dévotion, nous n'étions pas de ses sujets, de ses fidèles, ne l'ayant jamais approché et n'acceptant l'admiration de ses contemporains pour lui qu'à la condition de la contrôler un jour. En nous s'agitait confusément la réaction du lendemain, nouveau mouvement littéraire qui devait se proauire infailliblement. Nous nous passionnions peu à peu pour l'analyse exacte. De là, j'en suis certain aujourd'hui, la lente évolution qui nous a détachés presque tous de Victor Hugo. Nous n'aurions su dire pourquoi ses vers ne nous entraient pas aussi profondément dans le cœur que ceux de Musset. Mais nous éprouvions déjà l'impression de plus en plus glaciale de cet amas gigantesque de rhétorique. Et nous avons aimé Musset, parce que le rhétoricien est moins sensible en lui, et qu'il va droit à la sensation. Certes, Victor Hugo demeure l'ouvrier le plus merveilleux de la littérature française. Seulement, Musset gardera à côté de lui l'immortalité de ses sanglots. Je ne distribue pas de place, j'étudie simplement les mouvements d'âmes produits par deux poètes dans ma génération. Nous nous sommes donnés à celui dont les vers mentaient le moins.

L'école littéraire qui met la perfection de la forme avant tout, est, selon moi, dans un chemin bien dangereux. Le raisonnement de ces écrivains impeccables est celui-ci : sans la forme, sans la perfection, rien d'éternel ; les seules œuvres qui durent sont les œuvres parfaites. Et ils citent l'histoire, ils rêvent d'immobiliser leurs ouvrages dans des attitudes de statues grecques, ils veulent par orgueil ne pas laisser d'eux une seule page qui ne soit de bronze ou de marbre. Certes, parmi nos grands écrivains contemporains, nous en comptons qui ont merveilleusement appliqué ces théories. Mais ce sont les élèves que je redoute, parce que la perfection entêtée de la forme finit par raidir et stériliser les œuvres. D'ailleurs, il n'est point vrai que la beauté seule soit immortelle, la vie est plus immortelle encore. Une langue disparaît, une esthétique se transforme, un idéal se déplace ; tandis que le cri humain, la vérité de la joie ou de la douleur est éternel. Nous ne sentons plus la perfection technique des vers d'Homère et de Virgile ; ce qui les fait vivre dans les âges, c'est le souffle vivant dont ils les ont animés, c'est l'humanité qu'ils ont mise en eux. Avant l'arrangeur de mots, il y a le créateur. Une duperie de leur orgueil conduit seule certains artistes impuissants à croire qu'ils vivront éternellement, s'ils parviennent à disposer dans un ordre harmonique les mots du dictionnaire. Non, ils ne vivront pas, tant qu'ils n'apporteront pas la vie avec eux, un coin de la vérité humaine, une tristesse ou une gaieté qui leur soit personnelle. Voici, par exemple, Alfred de Musset et Victor Hugo. Le premier a librement galopé à travers la grammaire et la prosodie ; le second a été un des plus puissants constructeurs de phrases qu'on puisse rencontrer. Eh bien ! soyez certain que la poussière mangera les trois quarts des vers de celui-ci, et que les vers de l'autre resteront presque tous intacts, parce qu'ils ont été plus vécus que rimés. Les échafaudages gigantesques sur lesquels se hissent les rhétoriciens, finissent toujours par tomber en poudre. »

Sans doute, à seize ans, nous ne faisions pas tant de raisonnements. Nous subissions, sans la discuter, la séduction de Musset. Il nous prenait tout entiers. Ses mauvaises rimes, qu'on lui reproche tant, son dédain de la pose poétique, l'horizon tout individuel dans lequel il s'enferme, ne nous choquaient pas, peut-être même étaient des causes nouvelles à notre tendresse. Il nous parlait des femmes avec une amertume et une passion qui nous enflammaient. Nous sentions bien qu'il les adorait sous son masque de don Juan méprisant et railleur, qu'il les adorait jusqu'à mourir de leur amour. Il était sceptique et ardent comme nous, plein de faiblesse et de fierté, confessant ses fautes avec le même élan qu'il avait mis à les commettre. On a dit qu'il résumait le siècle, on a voulu surtout le voir dans Rolla, blasé à vingt ans, venant se tuer chez une fille, qu'il aime d'amour à son dernier soupir. L'image est belle, elle montre l'éternel amour renaissant de lui-même, elle prouve que les générations qui ont vécu trop vite, ont tort de désespérer, car la joie d'aimer est immortelle; seulement j'estime que Musset est plus humain encore que contemporain. Rolla, chez lui, est le poète drapé, la figure arrangée. Fatalement, il était le fils des premiers romantiques, il avait dû rêver de René et de Manfred, à dix-huit ans, en se regardant dans les glaces. De là, l'enfant du siècle que l'on met en avant aujourd'hui encore, cet enfant boudeur, ange et démon, brisant le verre dans lequel il a bu, plein d'un doute et d'une passion immenses. Mais, heureusement, il ne s'est pas entêté jusqu'au bout dans ce personnage. Il apportait un génie trop libre, pour ne pas vivre tout haut. Quand il a écrit les *Nuits*, il avait jeté sa défroque romantique, il n'était plus d'un siècle, il était de tous les temps. Sa voix monte comme le cri de douleur et d'amour de l'humanité elle-même. Là, il est en dehors de la mode, en dehors des écoles littéraires. Sa plainte sort de tous les cœurs. C'est ainsi que j'explique aujourd'hui l'écho qu'il éveillait en nous. Nous n'étions plus des écoliers ravis de la perfection des phrases, mais des hommes qui brusquement entendaient leur humanité prendre une voix. Il vivait tout haut, et nous vivions avec lui.

En ce temps-là, il n'était pas un jeune homme en province, qui n'eût les poésies d'Alfred de Musset dans sa bibliothèque. Aujourd'hui encore, m'assure-t-on, tout échappé de collège achète d'abord ces poésies. On lit très peu en province. Dans chaque petite ville, il y a une société de quinze à vingt jeunes gens environ qui s'occupent de littérature. Les livres nouveaux pénètrent rarement dans ces cercles étroits ; on s'y tient à certaines œuvres consacrées. C'est surtout là que Musset règne en souverain. Ses deux volumes de poésies sont ainsi en librairie d'une vente courante, et l'éditeur m'assurait dernièrement que, depuis vingt ans, malgré les diverses éditions publiées, la vente n'avait pas varié. Je cite ce fait pour montrer la persistance du succès. Il est vrai que, parmi les acheteurs de Musset, il faut compter les femmes. En province, les femmes le lisent également beaucoup. Longtemps, elles s'en sont tenues à Lamartine. Puis, Lamartine est devenu le poète des jeunes filles, le seul poète que l'on tolère entre les mains des pensionnaires ; et, au lendemain de son mariage, toute jeune dame s'est passionnée pour Musset. Pendant que l'étoile de Lamartine pâlit, celle de Musset garde à l'horizon un éclat fixe. Il est toujours instructif de constater ces courants de la mode, qui déplacent les admirations. Si les poètes du commencement du siècle ne peuvent être encore classés d'une façon définitive par la véritable postérité, il est permis dès aujourd'hui de prévoir quel sera ce classement au siècle prochain.

J'avoue, d'ailleurs, que je ne saurais, pour mon compte, parler de Musset avec l'impartialité froide du critique. Je l'ai dit, il a été toute ma jeunesse. Quand je lis une seule de ses strophes, c'est ma jeunesse qui s'éveille et qui parle. Aussi n'est-ce point une étude critique que j'entends faire ici. Je veux simplement causer du poète, à propos de la biographie que son frère vient de publier.

II

L'ouvrage de M. Paul de Musset, annoncé depuis quelque temps, était attendu avec impatience. On espérait apprendre enfin la vérité sur Musset. Il n'est pas d'écrivains dont la vie ait donné lieu à plus de légendes. Même de son vivant, les faits les plus contradictoires circulaient sur son compte. De là une curiosité légitime, car si M. Paul de Musset ne disait pas la vérité, personne assurément ne la dirait. Il était bien placé pour tout savoir, il accomplissait une tâche que lui seul pouvait remplir.

Eh bien ! avec un peu de réflexion, je crois qu'on aurait moins compté sur l'étude de M. Paul de Musset. Sans doute, personne mieux que lui n'était à même d'écrire la vie de son frère ; il avait ses souvenirs, il possédait des documents de toutes sortes.

Seulement, s'il savait tout, il se trouvait fatalement porté à ne pas tout dire. Son étude devait, dès la première page, tourner au plaidoyer. Il ne raconte pas son frère, il le défend contre les bruits qui ont couru. Il tire complaisamment un voile sur les côtés fâcheux, et met en avant les beaux côtés. En somme, il n'est pas assez désintéressé, pour que nous puissions le croire sur parole. Et il arrive ainsi que la biographie d'Alfred de Musset par M. Paul de Musset sera certainement celle qu'on lira désormais en faisant le plus grand nombre de réserves.

Mais elle garde un intérêt très vif, celui des documents. L'étude est pleine de faits nouveaux : ce qui m'amène à dire que nous devons la considérer comme une poignée d'excellentes notes, dont un biographe futur tirera un grand parti. Si elle n'est pas complète, elle servira à compléter le dossier du poète. En joignant le plaidoyer à l'accusation, on arrivera peut-être plus tard à obtenir la vérité vraie. Il faudrait consulter les contemporains de Musset qui existent encore, comparer leurs dépositions avec les témoignages de son frère, se prononcer après une enquête minutieuse. D'ailleurs, ce n'est point ici mon intention. Je vais me contenter d'examiner les documents fournis par M. Paul de Musset.

La jeunesse d'Alfred de Musset paraît avoir été celle d'un enfant turbulent et précoce. Il est né à Paris, le 11 décembre 1810, rue des Noyers, une des rues les plus étroites et les plus populeuses du vieux Paris. La maison, qui porte le n° 33, existe encore, bien que tout un côté de la rue ait été emporté par un nouveau boulevard. Le poète grandit là, au milieu d'une famille rigide, dans l'ombre de cette ancienne demeure. Jamais milieu n'annonça moins ce génie passionné et libre, ivre de lumière. M. Paul de Musset raconte plusieurs traits assez curieux de sa première enfance. Je citerai celui-ci : « Alfred avait trois ans, lorsqu'on lui apporta une paire de petits souliers rouges qui lui parut admirable. On l'habillait, et il avait hâte de sortir avec sa chaussure neuve dont la couleur lui donnait dans l'œil. Tandis que sa mère peignait ses longs cheveux bouclés, il trépignait d'impatience. Enfin, il s'écria d'un ton larmoyant : « Dépêchez-vous donc, maman ! Mes souliers neufs seront vieux ! » Le biographe voit là l'impatience à jouir qui plus tard a caractérisé Alfred de Musset. Voici un autre fait que je trouve plus singulier. Alfred de Musset avait alors neuf ans. « Alfred eut des accès de manie causés par le manque d'air et d'espace, et qui ressemblaient assez à ce qu'on raconte des pâles couleurs des jeunes filles. Dans un seul jour, il brisa une des glaces du salon avec une bille d'ivoire, coupa des rideaux neufs avec des ciseaux, et colla un large pain à cacheter rouge sur une grande carte d'Europe, au beau milieu de la mer Méditerranée. Ces trois désastres ne lui attirèrent pas la moindre réprimande, parce qu'il s'en montra consterné. »

D'ailleurs, toute l'enfance du futur grand poète se passa ainsi dans les jupes de sa mère. Il eut des précepteurs et n'alla au collège que plus tard. Les hivers s'écoulaient dans la vieille maison de la rue des Noyers. L'été, on allait parfois à la campagne, chez des parents ou dans une propriété prêtée par une amie de madame de Musset. L'intelligence de l'enfant paraît s'être éveillée pour la première fois à la lecture des romans de chevalerie. Il avait alors huit ans au plus. « On nous donna la *Jérusalem délivrée.* Nous n'en fîmes qu'une bouchée. Il nous fallut le *Roland furieux*, et puis *Amadis, Pierre de Provence, Gérard de Nevers*, etc. Nous cherchions les prouesses, les combats, les grands coups de lance et d'épée. Quant aux scènes d'amour, nous n'en faisions point de cas, et nous tournions la page, quand les paladins se mettaient à roucouler. Bientôt nos imaginations se remplirent d'aventures... » Avant les romans de chevalerie, les *Mille et une nuits* l'avaient passionné, à ce point qu'il mettait les contes arabes en action avec son frère. Ils avaient élevé un édifice oriental au fond d'un jardin, avec un vieux secrétaire, une échelle de tapissier et quelques planches; et cet édifice était le théâtre de véritables combats. Plus tard, ils fouillèrent la maison pour savoir si elle ne contenait pas des cachettes, comme les maisons bâties par les conteurs; il cherchait les portes secrètes, les escaliers dérobés, les souterrains débouchant dans les caves. Puis, le doute vint avec l'âge, ils acquirent la triste certitude que l'on ne voyageait pas commodément à travers les murs. La lecture de *Don Quichotte* les acheva. « Ainsi finit, dans l'enfance d'Alfred de Musset, la période du merveilleux et de l'impossible, espèce de gourme que son imagination avait besoin de jeter, maladie sans danger pour lui, puisqu'il en sortit à l'âge où pour d'autres elle commence à peine, et dont il ne lui resta qu'un élément poétique et généreux, une certaine inclination à considérer la vie comme un roman, une curiosité juvénile et une sorte d'admiration pour l'imprévu, l'enchaînement des choses et les caprices du hasard. »

Je le répète, rien de saillant en somme dans l'enfance de Musset. Il semble avoir été un bon élève, un esprit intelligent et studieux. Il eut d'abord un précepteur, puis il alla dans une petite institution où il resta peu de temps; ses condisciples le persécutaient, le battaient jusque dans les bras du domestique qui venait l'attendre à la sortie. Enfin, il entra au collège Henri IV, où il eut pour camarade le duc de Chartres, auquel son père, le futur roi Louis-Philippe, faisait suivre les cours, pour montrer ses sentiments démocratiques. Ce fut alors que Musset passa parfois ses jours de congé au château de Neuilly. « Il plut à toute la famille d'Orléans et particulièrement à la mère des jeunes princes, qui recommandait à son fils de ne pas oublier le petit blondin. La recommandation était inutile : de Chartres, — comme on l'appelait au collège, — avait une préférence marquée pour Alfred. Pendant les classes, il lui écrivit quantité de billets sur des chiffons de papier. » Alfred de Musset obtint le second prix de dissertation latine au concours général des lycées, sur ce sujet : *De l'origine de nos sentiments*. Ceci prouve qu'il fit d'excellentes études.

Je ne puis suivre la biographie de Musset pas à pas, et j'aime mieux grouper les faits, de façon à mettre en lumière les diverses faces de l'homme et du poète. C'est l'homme d'abord qui m'intéresse. Je passerai donc tout de suite de l'enfant au jeune homme, et j'examinerai le côté passionnel chez Musset. Il a beaucoup aimé, son frère laisse entendre que le nombre de ses bonnes fortunes a été incalculable. Mais sa liaison la plus retentissante, celle qui aurait influé sur toute sa vie, à en croire la légende, a été, comme on le sait, la liaison avec George Sand. Il s'est fait autour de cette tendresse si courte un bruit énorme. Après la mort du poète, des romans ont été échangés comme des coups de massue, entre M. Paul de Musset et George Sand, le premier pour prouver que l'amante avait eu tous les torts, la seconde pour répliquer que l'amant s'était montré insupportable. Aussi, dans la biographie que M. Paul de Musset vient d'écrire, les curieux ont-ils cherché de nouveaux détails ; mais ils n'ont pas été satisfaits, car le biographe se montre d'une grande discrétion, et il n'a ajouté aucun fait important aux faits déjà connus.

On connaît cette histoire en gros. Alfred de Musset et George Sand allèrent faire un voyage ensemble en Italie. A Venise, Musset tomba malade et George Sand le trompa avec un jeune médecin italien qui le soignait. Le poète revint seul en France, très souffrant encore et le cœur déchiré. Cette histoire, sur laquelle il est bien difficile de savoir la vérité, est en somme des plus banales. Elle n'a pris une allure tragique et profonde que grâce à la haute situation littéraire des deux amants. On a vu leur génie à travers leur querelle amoureuse, et toute la publicité qui se faisait autour d'eux, a fatalement décuplé l'importance de l'aventure. La trahison de George Sand semble certaine ; elle emprunte même une véritable cruauté aux circonstances dans lesquelles elle paraît avoir eu lieu. Mais il faut dire que, si jamais deux êtres avaient été faits pour ne pas s'entendre, ces deux êtres étaient bien Musset et George Sand. Autant l'amant se montrait enfant gâté, exigeant et fantasque, réglant tout sur son plaisir, prenant la vie à l'aventure, autant l'amante était une personne grave et froide, pleine de méthode, faisant son métier d'écrivain avec une régularité de bonne commerçante. On comprend qu'ils se soient aimés, mais on comprend mieux encore qu'ils se soient séparés violemment, après quelques mois de vie commune. Ils devaient être insupportables l'un à l'autre. Je suis certain, d'ailleurs, que Musset a été toute sa vie l'amant le plus intolérable qu'on puisse imaginer Cela explique tout au moins la trahison de George Sand.

Maintenant, je crois qu'il y a beaucoup de légende dans les souffrances de Musset, après la rupture. Il fut certainement blessé au vif de sa tendresse et de son orgueil. Il revint à Paris dans un état pitoyable. Voici ce que dit son frère : « Le 10 avril, le pauvre enfant prodigue arriva enfin, le visage maigre et les traits altérés. Une fois sous l'aile maternelle, son rétablissement n'était plus qu'une question de temps; mais on jugea de la gravité de son mal par les lenteurs de la guérison et par les phénomènes psychologiques dont elle a été accompagnée. La première fois que mon frère voulut nous raconter sa maladie et les véritables causes de son retour à Paris, je le vis tout à coup changer de visage et tomber en syncope. Il eut une attaque de nerfs effrayante, et il fallut un mois avant qu'il pût revenir sur ce sujet et achever son récit. » Cela prouve surtout la grande sensibilité nerveuse de Musset, sensibilité dont son frère donne d'autres exemples curieux. Il resta longtemps enfermé, comme cela lui arrivait à chaque rupture amoureuse ; puis, il se remit complètement et il eut d'autres amours. Du reste, voici la conclusion de l'aventure. « Il me déclara, après avoir écrit la *Nuit de mai,* que sa blessure était complètement fermée. Je lui demandai si cette blessure ne se rouvrirait jamais. « Peut-être, me répondit-il, mais si elle s'ouvre encore, ce ne sera jamais que poétiquement. » Vingt ans plus tard, un soir, dans le salon de notre mère, la conversation roula sur le divorce. Alfred dit en présence de plusieurs personnes qui ne l'ont point oublié : « Les lois sur le mariage ne sont pas si mauvaises. Il y a tel moment de ma jeunesse où j'aurais donné de bon cœur dix ans d'existence pour que le divorce eût été dans notre Code, afin de pouvoir épouser une femme qui était mariée. Si mes vœux eussent été exaucés, je me serais brûlé la cervelle six mois après. »

Il paraît donc difficile d'expliquer la triste fin de Musset, par l'amertume d'un grand amour trompé. S'il glissa à la paresse et à l'ivrognerie, il ne faut voir là que les conséquences d'un certain tempérament. Il était marqué pour cette déchéance. Sa soif de jouissance, son besoin de vivre vite et de tout mettre dans la sensation immédiate, devait le conduire à ce prompt abandon de lui-même. A dix-huit ans, il se lança résolument dans le plaisir. Comme le dit son frère : « Les promenades à cheval étaient à la mode : il loua des chevaux. On jouait gros jeu : il joua. On faisait les nuits blanches : il veilla. » Et toute sa vie fut ainsi dépensée à se sentir exister, à décupler ses sensations. M. Paul de Musset, qui le défend pourtant, donne des détails bien caractéristiques. « Souvent Alfred se plaignait que la vie était longue et que ce diable de temps ne marchait pas. » Et plus loin, après avoir parlé de ses accès brusques de sauvagerie, de ses retraites dans sa chambre : « Quand il lui prenait envie de se distraire et de rompre ses habitudes, il passait d'un extrême à l'autre. Il allait dix fois de suite au théâtre Italien, à l'Opéra ou à l'Opéra-Comique ; et puis, il rentrait un soir rassasié de musique pour longtemps. Quand il s'embarquait dans quelque partie de plaisir, c'était avec le même emportement. Tout cela était excessif et souvent nuisible à sa santé ; mais, jusqu'à son dernier jour, il ne voulut jamais s'astreindre ni à un régime modéré ni à une précaution quelconque. » Voilà qui montre un tempérament sans équilibre, se ruant dans l'existence, se hâtant d'en finir avec les bonnes comme avec les mauvaises choses, ayant de continuels appétits d'enfant et des dégoûts aussi prompts que ses désirs. Après les femmes, le vin devait avoir son tour. Les femmes l'avaient fait pleurer, le vin le consolerait peut-être. Et je me l'imagine alors comme cette haute figure de don Juan qu'il a dressée, las d'avoir cherché le beau, et s'étourdissant à la table d'un café, pour ne plus connaître l'ennui de sa raison.

Sa paresse s'explique de la même manière. Il avait trop aimé la poésie, elle ne le contentait plus. Son frère répète les paroles suivantes qui sont bien typiques. Musset disait : « Suis-je un expéditionnaire ou un commis-voyageur pour qu'on me chicane sur l'emploi de mon temps ? J'ai beaucoup écrit ; j'ai fait autant de vers que Dante et que le Tasse. Oui, diantre ! s'est jamais avisé de les appeler des paresseux? Lorsqu'il a plu à Gœthe de se croiser les bras, qui donc lui a jamais reproché de s'amuser trop longtemps aux bagatelles de la science? Je ferai comme Gœthe jusqu'à ma mort, si cela me convient. Ma Muse est à moi ; je montrerai au public qu'elle m'obéit, que je suis son maître, et que, pour obtenir d'elle quelque chose, c'est à moi qu'il faut plaire. » Ce n'est là qu'une boutade, et des plus spécieuses. En effet, si un écrivain est toujours libre de cesser de produire, il n'en prouve pas moins, en ne produisant pas, que le besoin de la production ne le tourmente plus. Or, un écrivain qui n'a plus ce besoin est un écrivain fini, quels que soient les prétextes qu'il invente. Ce qu'il faut retenir des paroles de Musset, c'est ce cri que sa Muse est à lui et qu'il entend en disposer comme d'une femme esclave. Il est là tout entier. Il a très bien pu être jaloux du public, et ne plus écrire, pour ne plus être lu, par une envie de jouir seul. Après s'être confessé tout haut, il serrait les lèvres, envahi de l'amour du silence. Ou bien encore, comprenant que son génie vieillissait, et il avait la coquetterie de son éternelle jeunesse.

D'ailleurs, il suffit de constater les faits. Musset a survécu à son génie et il a glissé dans l'inconduite. Lorsqu'il mourut, le 2 mai 1857, on parla d'une maladie de cœur ; mais, en réalité, il s'était lentement suicidé par la vie qu'il menait. A quoi bon le défendre aujourd'hui ? La postérité n'a pas à lui demander compte de ses vertus bourgeoises. Il ne porte pas au front l'immortel laurier pour s'être couché chaque jour de bonne heure et avoir eu l'estime de son concierge. Certainement, il serait moins grand, s'il avait économisé davantage son existence. Ce qui le met si haut, ce qui le rend si cher à tous les cœurs, c'est justement d'avoir vécu à outrance, d'avoir été la jeunesse et la folie du siècle. A notre époque de nervosisme, il est resté la machine nerveuse la plus tendue et la plus vibrante. Nous nous reconnaissons tous en lui, nous aimons et nous glissons sur les pavés comme lui. Il faut l'accepter avec son génie et avec ses chutes. On le diminuerait, si l'on discutait sa mort.

III

J'aborde maintenant l'écrivain, chez Musset. Son frère nous le présente sous un aspect assez inattendu. Il prétend qu'il y avait en lui un grand critique. A l'entendre, Musset commençait par jouir de tout ce qui lui plaisait : « Il s'échauffait, se livrait sans réserve au plaisir de l'admiration, et finissait par examiner et approfondir. Dans ce double exercice de facultés qui semblent s'exclure, l'enthousiasme et la pénétration, il acquit non seulement en littérature, mais dans tous les arts, une solidité de jugement telle que, s'il n'avait pas eu autre chose de mieux à faire, il aurait pu être un des critiques les plus forts de son temps. » Cela me paraît une conséquence discutable, mais il est certain que Musset n'était pas un sectaire en littérature ; il ne procédait pas à l'aide de principes et de théories, il suivait en somme simplement son goût et sa raison. Tout son développement littéraire est là.

Voici les circonstances assez curieuses dans lesquelles s'éveilla la vocation de Musset. Ses parents, étant allés habiter Auteuil, se lièrent avec la famille d'un vaudevilliste, M. Melesville. On joua la comédie, et, détail piquant, le futur poète des *Nuits* fut alors applaudi par Scribe. Cependant, Musset, qui suivait des cours à Paris, traversait matin et soir le bois de Boulogne. « Le jour où il emporta un volume d'André Chenier, il arriva plus tard qu'à l'ordinaire à la campagne. Sous le charme de cette poésie élégiaque, il avait pris le chemin le plus long. Du plaisir de relire et de réciter des vers qu'on aime à l'envie d'en faire, il n'y a qu'un pas. Alfred ne résista pas à la tentation. Il composa une élégie qu'il n'a point jugée digne d'être conservée. » Cette élégie est donc la première pièce de vers que le poète ait écrite. Voici maintenant l'histoire du premier journal où il ait publié des vers. « Un petit journal du format le plus exigu paraissait alors à Dijon, trois fois par semaine, sous ce titre : *le Provincial*... Appuyé de la recommandation de Paul Foucher, le jeune poète inconnu envoya une ballade, composée exprès pour le *Provincial*. Ce morceau, intitulé *un Rêve*, parut dans le numéro du dimanche 31 août 1828, sans autre signature que les initiales A. D. M. C'était dans le bois d'Auteuil que le jeune blondin avait rêvé ce badinage. » Musset avait alors dix-huit ans. Enfin, quelques mois plus tard, il publia son premier livre. « Alfred s'estima heureux d'avoir à traduire de l'anglais un petit roman pour la librairie de M. Mame. Il avait adopté ce titre simple : *le Mangeur d'opium*. L'éditeur voulut absolument : *l'Anglais mangeur d'opium*. Ce petit volume, dont on aurait sans doute bien de la peine à retrouver un exemplaire aujourd'hui, fut écrit en un mois. »

Le sens critique que son frère signale chez Musset, joint à l'indépendance de son talent, explique son attitude dans la pléiade romantique. Dès le début, il fut un des disciples les plus enthousiastes de Victor Hugo. « Avant même d'avoir achevé ses études, Alfred de Musset avait été introduit par son condisciple et ami Paul Foucher dans la maison de M. Victor Hugo. Il y voyait MM. Alfred de Vigny, Prosper Mérimée, Sainte-Beuve, Émile et Antony Deschamps, Louis Boulanger, etc... Devenu bientôt un des néophytes de l'église nouvelle, il fut admis aux promenades du soir où l'on allait voir le soleil se coucher et regarder le vieux Paris du haut des tours de Notre-Dame. » Ce fut à cette époque qu'il écrivit un petit poème, absolument imité de Victor Hugo ; c'était une scène romantique, qui se passait en Espagne, et que, plus tard, il n'a pas jugée digne de l'impression. Longtemps pourtant il cacha qu'il faisait des vers. Un jour enfin, il se décida à lire une élégie et quelques ballades. « On applaudit beaucoup l'élégie ; mais le poème d'*Agnès*, la pièce imitée de Victor Hugo, excita un véritable enthousiasme. L'énorme différence d'allure et de style qui distinguait ces deux ouvrages l'un de l'autre, ne pouvait échapper à l'attention d'un auditoire si intelligent... On aurait pu en augurer qu'il lui serait impossible de servir longtemps sous une bannière quelconque et qu'il sortirait bientôt des rangs pour suivre sa fantaisie ; mais on n'y songea pas. » Ces premières pièces de vers n'ont jamais paru. Musset, encouragé, en écrivit immédiatement d'autres, pour les lire à ses amis; et celles-là, on les connaît : ce sont *le Lever*, *l'Andalouse*, *Don Paëz*, *les Marrons du feu*, *Portia*, *la Ballade à la lune*. Musset avait alors dix-neuf ans, et il était déjà en pleine possession de lui-même. Le cénacle applaudissait toujours les pièces de vers de ce blondin, sans paraître soupçonner la révolution littéraire qu'elles apportaient. Il fallut, pour ouvrir les yeux des romantiques, la publication du premier volume du poète, *les Contes d'Espagne*. Cette publication est toute une histoire qui appartient désormais à nos annales littéraires. Le père de Musset, inquiet de son avenir, venait de le placer dans les bureaux d'un M. Febvrel, qui avait obtenu l'entreprise du chauffage militaire. Naturellement, le poète agonisait dans cet emploi, et il eut l'idée de tenter la fortune des lettres pour toucher sa famille et obtenir sa liberté. Il porta une copie de ses vers à l'éditeur Urbain Canel, qui accepta la publication, mais qui signifia au débutant qu'il lui fallait cinq cents vers de plus, pour faire un volume présentable. Voilà Musset pris d'une rage de travail. Il obtint un congé, partit pour le Mans, où demeurait alors un de ses oncles, et revint trois semaines après avec le poème de *Mardoche*. Les compositeurs, paraît-il, ne travaillaient qu'à leurs moments perdus à cette œuvre d'un poète dont personne ne connaissait encore le nom. Musset fit une lecture de son livre à des amis de sa famille, et le plus grand succès lui fut prédit. En effet, le succès fut énorme. Les *Contes d'Espagne* parurent vers la fin de décembre 1829. On les avait tirés à cinq cents exemplaires, car en ce temps-là on n'achetait pas les livres en France, on les louait aux cabinets de lecture. Les journaux se fâchèrent, le public se passionna, et le cénacle romantique s'aperçut qu'un grand poète dissident avait grandi dans son sein.

La rupture était prochaine entre Musset et les romantiques. Ces derniers affectèrent d'accueillir *les Contes d'Espagne* comme l'œuvre d'un coreligionnaire. Mais les pièces qui suivirent et qui furent publiées dans *la Revue de Paris: les Vœux stériles, Octave*, et surtout *les Pensées de Raphaël*, les blessèrent singulièrement. Je laisse parler le biographe : « On sait que le poète demandait pardon à sa langue maternelle de l'avoir quelquefois offensée. Racine et Shakspeare disait-il, se rencontraient sur sa table avec Boileau qui leur avait pardonné; et bien qu'il se vantât de faire marcher sa muse pieds nus, comme la vérité, les classiques auraient pu la croire chaussée de cothurnes d'or. Ils auraient pu se réjouir d'une amende honorable exprimée avec tant de bonne grâce ; ils ne firent pas semblant de la connaître et revinrent au « point sur un i » de *la Ballade à la lune*, comme le marquis de Molière à son refrain de *tarte à la crême*. Pendant ce temps-là, les romantiques, blessés de la profession de foi de Raphaël, se plaignirent de la désertion et ne manquèrent pas de dire que le poète des *Contes d'Espagne* avait faibli et ne tenait point ce que ses débuts avaient promis. Alfred de Musset se trouva isolé tout à coup, ayant tous les partis à la fois contre lui ; mais il était jeune et superbe... » Peu à peu, la rupture devint complète. Les romantiques se fâchèrent tout à fait et traitèrent Musset en gamin révolté. Ce qu'il y a de curieux, c'est qu'aujourd'hui encore, dans l'entourage de Victor Hugo vieilli, on parle du poète des

Nuits avec un dédain stupéfiant. On lui reproche de mal rimer et de ne pas savoir faire les vers. J'ai entendu dire par un romantique impénitent cette parole prodigieuse : « Musset est un poète amateur. » Jamais les rhétoriciens de 1830 ne lui ont pardonné d'être un homme avant d'être un écrivain. En outre, on le traite en disciple révolté, on l'accuse d'avoir été d'abord un élève de Victor Hugo, puis de s'être élevé à côté de lui à un rang au moins égal. C'est là un de ces crimes qu'on ne se passe pas entre poètes.

D'ailleurs, Musset a subi tous les outrages que la sottise garde aux hommes de génie. Ce qui dut le toucher le plus, ce fut la conspiration du silence que la presse organisa longtemps contre lui. En France, le fait s'est répété pour tous les hommes de grand talent, qui grandissent isolés, sans appartenir à une coterie. Quand un nouveau venu paraît gênant, on se contente de ne jamais prononcer son nom, quel que soit le chef-d'œuvre qu'il produise. De cette façon, on espère que le public l'ignorera et que, de désespoir, il cessera peut-être de produire. Voici la page très instructive que M. Paul de Musset écrit : « Il commençait à s'apercevoir qu'au moment de leur apparition ses poésies les plus remarquables semblaient tomber dans le vide. Depuis que son génie avait pris un vol plus élevé, depuis que ses vers étaient à la portée de tout le monde, puisqu'il ne fallait que du cœur pour en sentir les beautés, la presse feignait de ne pas en avoir connaissance, et, lorsqu'elle prononçait par hasard le nom de l'auteur, c'était pour citer, avec une légèreté blessante, le poète des *Contes d'Espagne* ou de *l'Andalouse*, comme si, depuis 1830, il n'eut pas fait un pas. » Heureusement, cette conspiration du silence est aussi maladroite que sotte. Il vient une heure où la moindre circonstance délie la langue des adversaires les plus sournois. Le poète que l'on voulait supprimer, apparaît alors plus grand, et c'est comme si une digue crevait, les paroles retenues sortent quand même des bouches et emplissent le monde. Pour Alfred de Musset, ce qui rompit la conspiration, ce fut le succès à la Comédie-Française du *Caprice*, dont je m'occuperai tout à l'heure.

J'ai déjà parlé de la paresse de Musset. Il appartenait à une génération d'écrivains qui affectaient le dédain du travail. Les travailleurs puissants, en 1830, se cachaient pour produire ; la mode était de laisser croire qu'on ouvrait la fenêtre et que l'inspiration entrait, comme un oiseau divin. Cela nous étonne un peu aujourd'hui, nous autres qui mettons toute notre force dans le travail et qui nous honorons d'avoir du talent à force de patience. Le type le plus parfait du poète de 1830 est le Chatterton, d'Alfred de Vigny, ce jeune sot qui sanglotte parce qu'il écrit pour de l'argent et qu'il fait commerce de son génie. Eh bien ! Musset avait cette maladie curieuse. Il entendait travailler selon son bon plaisir, n'avoir rien de commun avec le fabricant qui doit livrer à jour fixe une commande pressée. Son frère nous donne là-dessus des renseignements. Musset a publié dans la *Revue des Deux Mondes* presque tout ce qu'il a écrit. Seulement, il a souvent souffert de ses engagements vis-à-vis de cette Revue. Un jour que le poète, écoutant les conseils de son frère, s'était décidé à écrire des nouvelles en prose, pour faire face à certains embarras d'argent, Félix Bonnaire, qui représentait la Revue, lui rendit justement visite. « Il venait à tout hasard demander quelque morceau, vers ou prose, et il s'attendait à la réponse habituelle : « Je n'ai rien pondu, ni ne veux « rien pondre, ô Bonnaire ! » Ce fut donc une surprise agréable pour lui d'apprendre les projets de travail en question. Alfred se croyait si sûr de ses bonnes dispositions, qu'il s'engagea par écrit à livrer trois nouvelles en trois mois. » Mais cet engagement fut le point de départ de tout un drame. Dès le lendemain, il apostrophait son frère en termes violents et lui criait : « Vous avez fait de moi un manœuvre de la pensée, un serf attaché à la glèbe, un galérien condamné aux travaux forcés. » J'insiste sur cette façon de comprendre le travail, car il y a là la caractéristique de toute une période littéraire. A plusieurs reprises, Musset tenta de se mettre à la besogne, pour satisfaire à son engagement. Il commença une œuvre étrange, qu'il voulait intituler *le Poète déchu*, et dans laquelle il disait toutes ses amertumes, ses désillusions poétiques et amoureuses ; mais cette œuvre ne fut pas terminée, et il fit promettre à son frère de ne jamais publier ce qu'il en avait écrit. M. Paul de Musset se contente d'en donner, dans sa *Biographie*, quelques fragments qui sont très intéressants. Enfin, le poète put se délivrer, à la suite d'un arrangement, de sa promesse envers la Revue, et seulement alors il respira. Tout travail forcé lui était odieux. Certes, nous entendons les choses autrement, car les plus grands écrivains de notre époque se vantent de travailler dix heures par jour et ne craignent pas de signer à l'avance des traités avec les journaux et les éditeurs.

Alfred de Musset, dans sa haine du travail réglé, avait, paraît-il, pressenti le succès formidable du roman-feuilleton. Voici ce que dit son frère : « Avec une sagacité dont je m'étonne encore aujourd'hui, il devina trois ans à l'avance que cette littérature nouvelle amènerait bientôt une révolution, et qu'elle corromprait profondément le goût public. » Le roman-feuilleton resta sa bête noire. Il l'accusait de détourner les lecteurs des belles œuvres, et quand il se défendait d'être paresseux, il s'écriait : « Je serais curieux de savoir si Pétrarque avait incessamment à ses trousses une dizaine de pédagogues ou de sergents de ville, pour le forcer, l'épée sur la gorge, à chanter les yeux bleus de Laure, quand il avait envie de se tenir en repos... Parmi ceux qui m'appellent paresseux, je voudrais savoir combien il y en a qui répètent ce qu'ils ont entendu dire, combien d'autres qui n'ont jamais lu un vers de leur vie et qui seraient bien attrapés si on les obligeait à lire autre chose que les *Mystères de Paris*. Le roman-feuilleton, voilà la vraie littérature de notre temps. »

Dans cet écrivain si fier, si jaloux de sa liberté, il y eut cependant une heure de faiblesse. Je veux parler de l'heure où il consentit à solliciter les suffrages de l'Académie et à adorer ce qu'il avait brûlé. Toutes les personnes qui ont assisté à sa réception, disent qu'elles ont eu le cœur serré par son attitude humble, par les excuses qu'il sembla présenter pour se faire pardonner son libre génie.

M. Paul de Musset glisse rapidement sur cet épisode de la vie de son frère. Voici la page qu'il a écrite à ce sujet, et qui contient quelques renseignements curieux « Alfred de Musset se croyait trop peu apprécié des classiques de l'Académie française pour pouvoir leur demander à faire partie de leur compagnie. Il s'y décida pourtant, encouragé par M. Mérimée... L'auteur des *Nuits* parut plus sensible que je ne l'aurais cru à cette marque de distinction, qu'il regarda comme une consécration nécessaire de son talent. Le jour qu'il prononça l'éloge de M. Dupaty, dont il occupait le fauteuil, j'entendis, parmi le public élégant *des petits nez rosés*, un murmure de satisfaction et d'étonnement causé par l'air de jeunesse et la chevelure blonde du récipiendaire. On lui aurait donné trente ans... Son élection ne s'était pas faite sans difficulté. De tous les graves personnages qui l'entouraient ce jour-là, une dizaine au plus connaissaient quelques pages de ses poésies. M. de Lamartine lui-même a confessé publiquement qu'il ne les avait pas lues. D'autres les blâmaient sur parole, sans vouloir les connaître. La veille du scrutin, M. Ancelot, qui aimait particulièrement le candidat, bien résolu, d'ailleurs, à lui donner sa voix, disait dans le jardin du Palais-Royal à l'éditeur Charpentier : « Ce pauvre Alfred, c'est un aimable garçon et un homme du monde charmant; mais, entre nous, il n'a jamais su et ne saura jamais faire un vers. »

On peut donc conclure de là que Musset fut nommé académicien à titre d'homme du monde. L'Académie ignorait ses œuvres et ne le choisit qu'à la suite d'une intrigue de salon. Il appartenait à une bonne famille, cela parut suffisant. Eh bien ! un hommage décerné dans de telles conditions est indigne d'un écrivain.

IV

Une des parties les plus intéressantes de la *Biographie* publiée par M. Paul de Musset est celle où il donne l'historique des principales pièces de vers de son frère.

Le poète travaillait à ses heures, et il avait besoin de toute une excitation préparatoire. Il ne se mettait généralement à la besogne que sous le coup d'une forte émotion. Quand il se sentait pris du besoin de produire, il attendait le soir, s'enfermait avec un petit souper dans sa chambre, allumait une douzaine de bougies, puis travaillait ainsi jusqu'au matin. C'était une fête qu'il se donnait, ou plutôt qu'il donnait à sa Muse, comme on disait en ce temps-là. La Muse se trouvait traitée en véritable maîtresse. Musset lui assignait rendez-vous, préparait sa chambre pour la recevoir ; et la nuit se passait en tête-à-tête. Charmante illusion pour embellir le dur travail de l'écrivain ! Nous retombons là dans la croyance à l'inspiration, sous la forme d'un ange qui attend les heures nocturnes pour entrer à tire-d'ailes par les fenêtres ouvertes des poètes.

Voici, par exemple, l'historique de la *Nuit de mai*. « Un soir de printemps, en revenant d'une promenade à pied, Alfred me récita les deux premiers couplets du dialogue entre la Muse et le Poète, qu'il venait de composer sous les marronniers des Tuileries. Il travailla sans interruption jusqu'au matin. Lorsqu'il parut à déjeuner, je ne remarquai sur son visage aucun signe de fatigue. La Muse le possédait. Pendant la journée, il mena de front la conversation et le travail. Par moments, il nous quittait pour aller écrire une dizaine de vers et revenait causer encore. Mais, le soir, il retourna au travail comme à un rendez-vous d'amour. Il se fit servir un petit souper dans sa chambre. Volontiers, il aurait demandé deux couverts, afin que la Muse y eut sa place marquée. Tous les flambeaux furent mis à contribution ; il alluma douze bougies. Les gens de la maison, voyant cette illumination, durent penser qu'il donnait un bal. Au matin de ce second jour, le morceau étant achevé, la Muse s'envola ; mais elle avait été si bien reçue qu'elle promit de revenir. Le poète souffla les bougies, se coucha et dormit jusqu'au soir. A son réveil, il relut la pièce de vers et n'y trouva rien à retoucher. Alors, du monde idéal où il avait vécu pendant deux jours, l'homme retomba brusquement sur la terre, en soupirant comme si on l'eût tiré violemment d'un rêve délicieux et féerique. »

J'ai cité toute cette page, qui indique nettement les procédés de travail d'Alfred de Musset. Il travaillait comme il vivait, par caprice et dans l'illusion continuelle d'une jouissance, qu'il voulait épuiser d'un coup. Aussi, après cet emportement, était-il pris d'un dégoût profond. On comprend qu'il se soit vite lassé de la poésie, comme il se lassait de l'existence. Quand la vie lui parut vide, il tomba dans l'inconduite ; quand le travail lui parut menteur, il tomba dans la paresse.

L'historique de la *Nuit de décembre* est aussi fort intéressant. On a cru jusqu'ici que les imprécations contre une amante, contenues dans cette pièce, s'adressaient à George Sand. Il n'en est rien, paraît-il. M. Paul de Musset raconte que son frère écrivit ces vers à la suite d'un nouveau désespoir d'amour. « Un soir, en rentrant vers minuit, par un temps affreux, j'aperçus dans la chambre de mon frère tant de lumière, que je le crus en nombreuse compagnie. Il écrivait la *Nuit de décembre...* Je sais que beaucoup de lecteurs ont cru voir, dans la *Nuit de décembre*, un retour vers les souvenirs d'Italie et une sorte de complément à la *Nuit de mai*; c'est une erreur qu'il importait de rectifier... Connaissant la vérité, je ne pouvais point permettre de confusion entre deux personnes très différentes... » On voit par là comment les légendes se font. Alfred de Musset s'était parfaitement consolé de l'abandon de George Sand, et lui qui ne pouvait vivre sans aimer, avait pleuré, depuis la rupture, bien d'autres tendresses mortes.

Les admirateurs de Musset ne se doutent guère qu'ils ont failli avoir une « Nuit » de plus, la *Nuit de juin*. Voici l'anecdote, et en outre quatre vers inédits du poète.

« Un jour, je le regardais se promener de long en large, tantôt fredonnant, tantôt murmurant des mots qui se groupaient en hémistiches. Il s'arrêta enfin devant sa table de travail, et prit une grande feuille de papier sur laquelle il écrivit ce qui suit :

LA NUIT DE JUIN

LE POÈTE

Muse, quand le blé pousse il faut être joyeux.
Regarde ces coteaux et leur blonde parure.
Quelle douce clarté dans l'immense nature!
Tout ce qui vit ce soir doit se sentir heureux.

Le moment du dîner approchait. Comme je savais que la Muse aimait à descendre à l'heure du Berger, je ne doutai point qu'au jour du lendemain la pièce de vers ne fût à moitié faite. Par malheur, Tattet (un ami intime de Musset) entra; il venait chercher Alfred pour l'emmener dîner chez le traiteur. Je le suppliai de ne pas interrompre un travail de cette importance... Tattet me promit qu'on se séparerait de bonne heure. Alfred partit... » Bref, la pièce ne fut jamais faite.

Enfin, pour terminer l'historique des *Nuits*, il faut parler de la *Nuit d'août* et de la *Nuit d'octobre*. « La nuit d'août fut réellement pour l'auteur une nuit de délices. Il avait orné sa chambre et ouvert les fenêtres. La lumière des bougies se jouait parmi les fleurs qui emplissaient quatre grands vases disposés symétriquement. La Muse arriva comme une jeune mariée. Il n'y avait ni amusement ni fête qui pût soutenir la comparaison avec ces belles heures d'un travail charmant et facile; et comme, cette fois, les pensées du poète étaient sereines, son cœur guéri, son esprit ferme et son imagination pleine de sève, il goûta un bonheur que le vulgaire ne soupçonne pas. » Quant à la *Nuit d'octobre*, elle a été écrite entre deux nouvelles. « Tout en racontant les amourettes de Valentin et de madame Delaunay, l'auteur se mit à rêver à d'anciens souvenirs et à des chagrins passés. Ces souvenirs devenant plus vifs, il conçut l'idée d'un supplément et d'une conclusion à la *Nuit de mai*. Il sentait dans son cœur comme une marée montante. Sa Muse lui frappa tout à coup sur l'épaule. Elle ne voulait pas attendre ; il se leva pour la recevoir, et fit bien, car elle lui apportait la *Nuit d'octobre*, qui est, en effet, la suite nécessaire de la *Nuit de mai*, le dernier mot d'une grande douleur et la plus légitime comme la plus accablante des vengeances : le pardon. »

Je me suis appesanti sur les *Nuits*, mais il est une autre pièce qui date également, dans l'œuvre d'Alfred de Musset. Je veux parler de l'*Espoir en Dieu*, ce cri de foi échappé dans un sanglot des lèvres du plus sceptique des poètes. L'histoire de cette pièce de vers a un dessous assez singulier. Musset écrivait alors sa nouvelle de *Frédéric et Bernerette*. Il avait pris le sujet dans ses souvenirs, une courte liaison nouée par lui avec une grisette sa voisine. Seulement, en poète idéaliste, il s'était bien gardé de copier la vérité toute nue. Au lieu de la véritable Bernerette, une jolie fille qui était passée sans grande tristesse à d'autres amours, il avait inventé une Bernerette sympathique et touchante, qui mourait à vingt ans. Or, pendant qu'il arrangeait de la sorte cette aventure, il eut une crise de curiosité philosophique, comme cela lui arrivait parfois ; il était tourmenté par le problème de la destinée de l'homme et du but final de la vie. Son frère dit l'avoir surpris souvent la tête dans les mains, voulant pénétrer le mystère, demandant des preuves. Il avait lu tous les philosophes imaginables, sans parvenir à se contenter. Ici, je laisse la parole à M. Paul de Musset : « Il fermait le volume et reprenait, où il l'avait laissée, l'histoire de la pauvre Bernerette. Mais le jour même où il coucha son héroïne dans la tombe, comme les larmes lui venaient aux yeux en écrivant la dernière page, sa défaillance avait cessé. Il me dit ce mot que je n'ai jamais oublié : « J'ai assez lu, assez cherché, assez regardé. Les larmes et la prière sont d'essence divine, c'est un Dieu qui nous a donné la faculté de pleurer, et puisque les larmes viennent de lui, la prière retourne à lui. » Dès la nuit suivante, il commença l'*Espoir en Dieu*.

Je raconterai encore, d'après la *Biographie*, comment le *Rhin allemand* fut composé. Je trouve un charme profond à pénétrer ainsi dans l'intimité du génie et à saisir à leur source ces inspirations qui ont bouleversé tant de cœurs. Ce fut un jour, en déjeunant avec sa mère et son frère, que Musset feuilleta le numéro de la *Revue des Deux Mondes*, dans lequel se trouvait la chanson de Becker contre la France et une réponse de Lamartine : la *Marseillaise de la paix*. Aux insultes sanglantes du poète allemand, Lamartine avait répondu par une thèse humanitaire, une pièce sur la fraternité des peuples. C'était une façon trop supérieure et trop désintéressée d'envisager la question. Aussi Musset conçut-il immédiatement le projet de répondre lui aussi à Becker. Il s'animait, il criait en donnant des coups de poing sur la table. Brusquement, il courut s'enfermer dans sa chambre et en ressortit deux heures plus tard avec le *Rhin allemand*. On sait quel retentissement énorme eut cette chanson, si fière et si méprisante dans sa familiarité affectée. Plus de cinquante compositeurs la mirent en musique. On la chanta dans toutes les casernes. Enfin, détail curieux, un grand nombre d'officiers allemands envoyèrent des cartels à Musset. Le poète disait en riant : « Pourquoi Becker ne m'écrit-il pas ? C'est à lui que je donnerais volontiers un coup d'épée. Quant à mes jeunes Prussiens, qu'ils aillent se battre avec les officiers français qui ont défié Becker, s'il y en a. »

V

Il y a un auteur dramatique dans Alfred de Musset, mais l'auteur dramatique le plus original et le plus exquis qu'on puisse voir. Ainsi rien n'est caractéristique comme l'histoire de ses pièces et de ses rapports avec les théâtres. Je vais résumer cette histoire.

Tout jeune, il pensa au théâtre, et plusieurs fois il songea à y chercher des ressources. Il avait à peine vingt ans, lorsque, pour la première fois, il voulut tenter la fortune des planches. Justement, il venait d'obtenir de son père l'autorisation de quitter son emploi, et il désirait lui prouver qu'il saurait bien gagner sa vie. Ce fut alors qu'il écrivit une pièce en trois tableaux, intitulée *la Quittance de minuit;* chaque tableau ne contenait qu'une scène, en vers. L'œuvre fut présentée et reçue au théâtre des Nouveautés, qui prit quelques années plus tard le nom de théâtre du Vaudeville. Les répétitions durent même commencer, mais la tentative en resta là, et M. Paul de Musset pense que ce fut la révolution de juillet qui empêcha la représentation. La pièce, dit-il, est encore dans un tiroir. La conclusion de cette anecdote est donc qu'il existe une comédie inédite d'Alfred de Musset. Naturellement, cette comédie doit être médiocre, et elle ne verra sans doute jamais le jour.

Mais le théâtre gardait au poète un ennui plus vif. La même année, vers l'automne, le directeur de l'Odéon vint demander au poète des *Contes d'Espagne*, alors dans tout son triomphe de débutant audacieux, une pièce neuve et hardie. Il voulait un coup d'éclat. Musset lui donna la *Nuit vénitienne*, qui fut répétée vivement et jouée le 1ᵉʳ décembre 1830. Jamais chute ne fut plus bruyante. Dès la seconde scène, les sifflets coupèrent la voix aux acteurs. Des cris s'élevaient, on tapait des pieds, on ricanait aux meilleurs endroits. L'intention bien arrêtée du public paraissait de ne rien entendre. Aujourd'hui encore, on s'explique difficilement un acharnement pareil. Et ce qu'il y a de surprenant, c'est que le bruit recommença tout aussi violent à la seconde représentation. Cette seconde représentation fut marquée par un de ces petits malheurs qui ont au théâtre des conséquences incalculables. L'héroïne devait s'appuyer, à un moment donné, contre un treillage vert ; or, ce treillage n'avait pas eu le temps de sécher, et lorsque l'actrice, qui portait une robe de satin blanc superbe, se retourna vers le public, celui-ci put apercevoir les carreaux du treillage marqués en vert sur le satin. Cet accident acheva le désastre, la salle prise d'un fou rire ne voulut pas en entendre davantage. Alfred de Musset dut retirer la pièce

On pense qu'il garda une longue rancune au théâtre. Il venait d'être blessé trop cruellement pour être tenté de recommencer l'expérience. Pendant longtemps, il déclara que le métier d'auteur dramatique était le dernier des métiers. Il avait d'ailleurs juré, s'il écrivait encore une pièce, de l'écrire selon sa fantaisie, sans se préoccuper le moins du monde de l'optique de la scène. Et il tint parole, quand il écrivit la *Coupe et les lèvres*. C'était après la mort de son père, il venait de s'apercevoir qu'il n'avait pas de fortune, et il avait même songé à se faire soldat. Pourtant, avant de s'engager, il voulait encore tenter la fortune avec un volume de vers. Après la *Coupe et les lèvres*, il écrivit *A quoi rêvent les jeunes filles*. L'éditeur Renduel accepta de publier le volume, mais avec assez de mauvaise grâce. Pendant qu'on l'imprimait, il trouva ce volume trop court et exigea une nouvelle pièce. Musset dut écrire *Namouna*, qui n'était pas dialogué. Cependant, l'ouvrage garda le titre d'*Un spectacle dans un fauteuil*, qui indique la rancune de Musset contre le théâtre et sa ferme résolution de ne plus composer de pièces que pour les publier directement en librairie. Le recueil, d'ailleurs, eut beaucoup moins de retentissement que les *Contes d'Espagne et d'Italie*.

Alfred de Musset avait donc renoncé au théâtre et gardait toujours saignante la blessure faite à son orgueil par la chute brutale de la *Nuit vénitienne*. De temps à autre, lorsqu'il avait à écrire une nouvelle en prose, au lieu de prendre la forme du récit, il prenait la forme dialoguée, qu'il maniait à ravir. Mais, je le répète, en composant ces adorables petites pièces, il ne songeait nullement à la scène, à l'adaptation dramatique, et on l'eut beaucoup surpris et même effrayé, si on lui avait dit que ces pièces verraient un soir la lumière de la rampe. Les choses en étaient là, il souffrait déjà et venait de passer quelque temps aux bains de mer du Croisic, lorsque, en revenant à Paris, il apprit une nouvelle stupéfiante : la Comédie Française allait jouer le *Caprice*. On était alors en 1847. Voici l'histoire très étonnante de cette pièce : « Madame Allan-Despréaux, oubliée des Parisiens, jouissait d'une grande faveur à la cour de Russie. Admise dans la plus haute société, elle y avait pris le ton et les manières des femmes du grand monde. Un jour, à Saint-Pétersbourg, on lui conseilla d'aller voir une pièce qui se jouait sur un petit théâtre... Madame Allan-Despréaux en fut si contente, qu'elle en demanda une traduction en français, pour la jouer devant la cour. Or, cette pièce était le *Caprice*, et peu s'en fallut qu'on ne la traduisît dans la langue où elle avait été écrite. L'empereur Nicolas aurait certainement commandé ce travail, si une personne au courant de la littérature française, comme il s'en trouve beaucoup en Russie, — plus même qu'en France, — n'eut averti madame Allan que la pièce russe, dont le mérite l'avait tant frappée, n'était elle-même qu'une traduction. » Quand madame Allan revint en France, elle rapporta avec elle le *Caprice*. La stupéfaction fut grande à la Comédie Française, lorsqu'elle parla de jouer cette pièce. Tout le monde s'attendait à une chute piteuse. Les hommes de théâtre, forts de leur prétendue expérience, déclaraient doctement qu'il n'y avait pas de pièce dans le *Caprice*. Aussi Alfred de Musset, inquiet, se rappelant les deux soirées de la *Nuit vénitienne*, avait-il au fond l'envie d'empêcher la représentation. Cependant, le *Caprice* fut joué le 27 novembre 1847. Et le succès fut colossal.

Mais ce qu'il y a de prodigieux, c'est que le *Caprice* fit plus de bien à Musset que toutes les œuvres importantes publiées par lui jusque là. M. Paul de Musset dit avec raison : « Le succès du *Coprice* a été un événement dramatique, et la vogue extraordinaire de ce petit acte a plus fait pour la réputation de l'auteur que tous ses autres ouvrages. En quelques jours, le nom du poète pénétra dans ces régions moyennes du public, où la poésie et les livres n'arrivent jamais. L'espèce d'interdit qui pesait sur lui se trouva levé comme par enchantement, et il n'y eut plus de jour où la presse ne citât ses vers. » Oui, la conspiration du silence dont j'ai parlé, cessa seulement le jour où Musset obtint un succès dramatique. Lui qui avait produit tant de chefs-d'œuvre, et que la gloire bornait, ne devint un grand homme que grâce à ce joli rien du *Caprice*. Toute la puissance d'expansion du théâtre est dans ce fait si caractéristique.

Ainsi donc voilà un écrivain qui n'entend pas écrire des pièces jouables, qui met même quelque affectation à laisser courir librement sa fantaisie dans les nouvelles dialoguées qu'il écrit ; et il arrive ce miracle que ces nouvelles dialoguées sont merveilleuses à la scène et qu'elles y enterrent gaillardement les comédies et les drames charpentés en vue des planches par des faiseurs. Après cet exemple éclatant, qui oserait encore parler sérieusement de l'optique du théâtre, des nécessités d'un code dramatique ? N'est-il pas évident que tout peut se jouer, pourvu que l'œuvre soit une œuvre de talent ?

Après le succès du *Caprice*, Alfred de Musset écrivit plusieurs pièces, qui furent représentées avec des succès plus ou moins vifs. Mais son continuel rêve fut d'écrire un rôle pour Rachel, alors dans son triomphe. Le malheur fut que le poète et la tragédienne ne s'entendirent jamais ensemble. M. Paul de Musset conte pourtant une bien jolie anecdote. Dans un dîner, donné par Rachel, en 1846, les convives remarquèrent au doigt de leur hôtesse une bague superbe. L'actrice, en voyant leur admiration, s'écria : « Messieurs, puisque cette bague vous plaît, je la mets à l'enchère. Combien m'en donnez-vous ? » La bague, en quelques instants, fut poussée jusqu'à trois mille francs. Comme Musset restait silencieux, Rachel se tourna vers lui. « Et vous, mon poète ? Voyons, que me donnez-vous ? — Je vous donne mon cœur, répondit Musset. — La bague est à vous ! dit Rachel. » Et, avec une impétuosité d'enfant, elle jeta le bijou dans l'assiette du poète. Elle ne voulut jamais le reprendre, malgré les efforts de Musset, et elle consentit seulement à ce marché : elle lui donnait la bague en remerciement du rôle qu'il devait écrire pour elle, et lui la gardait comme un gage de sa promesse. Plus tard, lorsque, après plusieurs brouilles, ils rompirent définitivement, Musset renvoya la bague à Rachel qui la reprit, sans qu'il eût besoin d'insister. La vérité était que ces deux natures si libres et si primesautières ne pouvaient s'entendre. Après quinze jours de grande amitié, ils se blessaient mutuellement pour un mot. Musset n'avait pas le tranquille courage de supporter les caprices d'une comédienne et d'aller quand même son chemin d'auteur dramatique convaincu. Il aurait dû parler en maître, Rachel aurait fini par plier; mais il obéissait à ses susceptibilités nerveuses, il rêvait une interprète qui fût en même temps une esclave aimante et soumise.

Le théâtre de Musset est devenu classique aujourd'hui. La plupart de ses pièces sont au répertoire de la Comédie-Française. Rien n'est adorable comme *On ne badine pas avec l'amour*, *le Chandelier*, *Il ne faut jurer de rien*. Le malheur est qu'on n'a pas encore osé mettre à la scène la pièce la plus complète et la plus profonde de Musset : *Lorenzaccio*. Il y a là un drame digne de Shakspeare. On a reculé jusqu'ici devant l'audace de certaines situations et devant des difficultés matérielles de mise en scène. Mais il est évident qu'un jour ou l'autre l'aventure sera tentée.

En finissant cette étude biographique sur Musset, je ne puis résister au désir de citer encore une anecdote. Elle sera comme la conclusion de la vie glorieuse du poète. J'ai dit que Musset avait eu pour condisciple au collège le duc d'Orléans, fils du roi Louis-Philippe. Plus tard, les deux jeunes gens se retrouvèrent, et le duc témoigna au poète une durable amitié. Il poussa même les choses jusqu'à vouloir faire admirer au roi Louis-Philippe un sonnet d'Alfred de Musset. Mais le roi, qui n'avait pas le goût littéraire très développé, se montra assez brutal. J'arrive à l'anecdote.

« Une circonstance singulière vint prouver qu'au

moment où le sonnet avait été communiqué au roi, le duc d'Orléans, voyant que l'impression n'avait pas été favorable, avait eu le bon goût de ne pas nommer l'auteur. Le jour qu'il fut présenté, Alfred de Musset, quand on prononça son nom, vit Louis-Philippe s'approcher de lui en souriant : « Ah ! dit le roi, comme s'il eut été agréablement surpris, vous arrivez de Joinville ; je suis bien aise de vous voir. » Alfred avait trop l'usage du monde pour témoigner le moindre étonnement. Il fit un salut respectueux, et tandis que le roi passait outre pour aborder une autre personne, il chercha dans sa tête ce que pouvaient signifier les paroles qu'il venait d'entendre et le sourire qui les accompagnait. Il se souvint alors que nous avions à Joinville un cousin, homme d'un esprit charmant et très cultivé, parfaitement digne de cet accueil bienveillant, et qui était inspecteur des forêts du domaine privé. Le roi avait oublié le temps où il envoyait son fils au collège et les noms des enfants qu'il avait reçus à Neuilly ; mais il connaissait à fond l'état et le personnel de son domaine. Ce nom de Musset lui représentait un inspecteur, gardien vigilant de ses bois et dont il faisait grand cas, avec raison. Pendant les onze dernières années de son règne, une fois ou deux par hiver, il revit, toujours avec le même plaisir, le visage du prétendu inspecteur de ses forêts ; il continua de lui accorder des sourires capables de faire envie à plus d'un courtisan, et qui passèrent peut-être pour des encouragements à la poésie et aux belles-lettres ; mais il est certain que jamais Louis-Philippe n'a su qu'il avait existé sous son règne un grand poète du même nom que son inspecteur des forêts. »

Il est inutile d'ajouter un commentaire qui gâterait l'histoire. Cela est tout simplement énorme.

VI

Alfred de Musset est le poète aimé dont les fautes elles-mêmes passionnent ceux qui l'admirent. Souvent l'écrivain diminue, lorsqu'on connaît l'homme. Lui, peut impunément laisser dire tout haut quel homme il a été, on ne le comprend que mieux. Les plus grosses accusations ont été portées contre lui, et la force de sa séduction est telle, qu'on n'éprouve pas le besoin de voir un avocat prendre sa défense. Qu'on nous le laisse avec son cœur et ses faiblesses : son génie, si douloureusement trempé de larmes, suffira toujours à nous le faire absoudre.

C'est pourquoi j'ai envisagé simplement la *Biographie*, publiée par M. Paul de Musset, comme un recueil de documents d'un vif intérêt, que les lecteurs de Musset devront consulter avec fruit. Ils y trouveront certains éclaircissements, l'historique des principales pièces de vers, l'explication des allusions qu'elles peuvent contenir, toutes ces indiscrétions si recherchées sur la vie intime des grands écrivains. Quant au plaidoyer que l'ouvrage contient, il était inutile, je le dis une fois encore. Personne aujourd'hui n'attaque plus l'homme dans Musset, parce l'écrivain est entré dans l'immortalité.

Musset a continué la grande race des écrivains français. Il est de la haute lignée de Rabelais, de Montaigne et de La Fontaine. S'il semble s'être drapé à ses débuts dans les guenilles romantiques, on croirait aujourd'hui qu'il a pris ce costume de carnaval pour se moquer de la littérature échevelée du temps. Le génie français, avec sa pondération, si logique, sa netteté si fine et si harmonique, était le fond même de ce poète aux débuts tapageurs. Il a parlé ensuite une langue d'une pureté et d'une douceur incomparables. Il vivra éternellement, parce qu'il a beaucoup aimé et beaucoup pleuré.

THÉOPHILE GAUTIER

I

M. Émile Bergerat, qui a épousé la fille cadette de Théophile Gautier, et qui est resté près du poète, pendant les derniers mois de son existence, a publié un livre, sous ce titre : *Théophile Gautier, entretiens, souvenirs et correspondance*. Il s'est trouvé merveilleusement placé pour nous parler de l'homme et nous dire quels ont été ses pensées et ses projets suprêmes. Son livre est donc composé de ses souvenirs, des entretiens qu'il a eus avec le poète agonisant, et des quelques lettres qu'il a pu réunir, en très petit nombre. Il y a là, en tous cas, des documents fort intéressants.

Je voudrais dire nettement ce que nous pensons de Théophile Gautier. Pour M. Bergerat, non seulement le poète, mais le critique tient une place considérable. Il écrit : « Un temps viendra où la critique aura besoin d'une étude complète sur la Vie et l'OEuvre de Théophile Gautier. Cette étude nécessaire à l'histoire littéraire du dix-neuvième siècle, qui l'écrira ? Quelque Sainte-Beuve de l'avenir. Mais aujourd'hui, elle n'est pas possible, et voici pourquoi. Théophile Gautier n'est pas encore assez mort pour qu'on juge de la grande place qu'il mesurait sur notre ciel littéraire. » Et M. Bergerat continue en expliquant qu'on publie encore aujourd'hui des livres, ou plutôt des recueils dans lesquels on classe ces innombrables articles que Théophile Gautier écrivait au jour le jour. Si l'on voulait tout donner, on arriverait à un chiffre colossal de volumes. D'ailleurs, je cite : « Il a été établi un catalogue de l'œuvre complète de Gautier qui fournit à lui seul la matière d'un gros volume. La partie critique de cette œuvre, réunie en livres, dépasserait certainement en nombre la collection des *Lundis*, de Sainte-Beuve ; et je ne parle que de la critique littéraire, dramatique ou bibliographique. Quant à la critique artistique proprement dite, salons, musées, expositions en France et en Europe, j'estime qu'elle irait au double. La somme des romans, poésies, contes, nouvelles, voyages, pièces de théâtre et œuvres d'imagination équivaut à peu près à l'œuvre de Balzac. Si l'on voulait éditer complètement tout Théophile Gautier, on ne s'en tirerait pas à moins de trois cents volumes (il a donné lui-même ce chiffre effrayant), mais l'on aurait dressé l'*Encyclopédie du dix-neuvième siècle.* »

M. Bergerat parle là en disciple religieux. N'est-ce pas aller un peu loin pourtant que de déclarer ainsi que l'œuvre complète de Théophile Gautier dressera. l'encyclopédie du dix-neuvième siècle ? Nous examinerons ce point. Mais, avant tout, je tiens à établir qu'on peut très bien juger le poète, le romancier, le critique, dès aujourd'hui, sans attendre qu'on achève de réunir ses articles épars. Tous ces articles sont connus, et, il faut bien le dire, quiconque en a lu un, les a tous lus ; car leur mérite n'est que dans la langue, et non dans la méthode critique ni dans les jugements personnels. Pour me mieux faire entendre, j'indiquerai d'abord à grands traits la personnaité de Théophile Gautier.

On peut le juger d'une phrase, en disant qu'il a été un admirable grammairien et un admirable peintre. Il apportait avec lui, comme un don, son style correct et imagé. Une page parfaite ne lui coûtait aucun effort. D'autres suent sang et eau pour balancer leurs phrases, pour limer leurs mots et arriver à la musique, à la couleur, au mouvement ; lui, laissait courir sa plume, et il n'en tombait que des perles tout enfilées. Des anecdotes singulières courent sur ce don vraiment prodigieux. M. Bergerat raconte comment le *Capitaine Fracasse* fut écrit, sur un coin de table de la librairie Charpentier. Les manuscrits de Théophile Gautier ne portent pas une rature. Il pouvait interrompre une phrase et la reprendre plusieurs jours après, sans se relire. Enfin, il disait que quiconque n'avait pas à l'instant même le mot nécessaire pour peindre une idée ou une sensation, n'était pas un écrivain. Notez ce don du style correct et imagé, notez surtout cette façon égoïste de ramener une littérature à la pure expression plastique. Théophile Gautier est tout entier là dedans.

M. Bergerat nous parle d'une époque où Théophile Gautier exprimait des opinions, et il explique la longue indifférence qu'il montra ensuite, en disant qu'il était entré malheureusement au *Moniteur universel*, alors journal officiel, où il n'était pas libre de juger comme il l'entendait. Est-ce bien là la véritable cause ? J'en doute. Quand il le voulait, il imposait parfaitement sa volonté ; ainsi il louangea souvent Victor Hugo, malgré l'empire. Selon moi, la véritable cause de la belle insouciance critique où il avait glissé, c'était qu'au fond la vérité ne le touchait guère. Il vivait pour le monde extérieur : il décrivait les tableaux dont il avait à parler, au lieu de les juger ; il rendait compte d'un drame ou d'une comédie, comme il aurait raconté une course de taureaux ou un feu d'artifice ; dans un livre enfin, il voyait matière à des digressions poétiques, à des symphonies de phrases. Je veux dire que le mécanisme intérieur du tempérament d'un artiste ou d'un écrivain, que la construction d'une œuvre, que la quantité de mensonge ou de vérité contenue dans un livre ou un tableau, selon la méthode employée, le laissaient à peu près indifférent. Il s'en tenait à la draperie, il la trouvait belle ou laide, et le disait. Ce grammairien, ce rhétoricien, ce peintre n'était fatalement remué que par les questions de grammaire, de rhétorique et de peinture.

Certes, je n'entends pas en faire simplement une machine à bonnes phrases, bien que lui-même poussât les choses jusqu'à déclarer qu'en dehors des bonnes phrases il n'y avait pas de salut. Il possédait une intelligence très vive ; seulement, la folle du logis l'emportait dans des caprices extraordinaires. Tous ceux qui l'ont entendu causer, disent qu'il était absolument merveilleux. Écoutez M. Edmond de Goncourt,

qui a écrit une préface pour le livre de M. Bergerat :
« Cette langue originale, ce parler imagé, ce verbe peint donnait à les écouter, quand Gautier était en verve, une jouissance que je n'ai rencontrée dans la conversation d'aucun autre homme. Ce n'était pas ce sourire intérieur que produit l'étincelle d'un joli esprit, c'était un grandissement, une lubréfaction de tout votre être artiste, un plaisir touchant presque aux sens, une joie intellectuelle qui avait un rien de matériel, quelque chose de comparable au bonheur physique d'une rétine dans la contemplation du tableau d'un des maîtres de la pâte colorée. » Et M. de Goncourt conclut en disant que le causeur était encore supérieur à l'écrivain. M. Bergerat, de son côté, insiste sur l'universalité de ses connaissances ; il revient plusieurs fois sur le côté encyclopédique de son esprit, il déclare qu'aucun sujet ne lui était étranger et qu'un mot, jeté au hasard, suffisait pour le lancer dans des dissertations intarissables. Mais au fond, — les preuves sont là indéniables, — ce n'était jamais que de brillantes variations. Il était un simple virtuose, selon moi ; il ressemblait à un instrument exquis et bien accordé qui résonnait au moindre contact extérieur. Aujourd'hui, dans ses œuvres, quelles qu'elles soient, critiques, romans, poésies, dans les entretiens que M. Bergerat rapporte avec une minutie religieuse, dans les morceaux les plus étonnants qu'on cite de lui, on reste un peu surpris de trouver uniquement des airs de musique. Aucune idée nouvelle apportée, aucune vérité humaine de quelque profondeur, aucune prescience de l'évolution des siècles ; rien que des symphonies exécutées sur les lieux communs qui

courent nos ateliers et nos cabinets d'artistes depuis 1830. Toute l'œuvre écrite ou parlée de ce poète a été une gymnastique étourdissante sur le terrain du paradoxe.

Oui, voilà le grand mot lâché, le paradoxe est l'élément propre dans lequel Théophile Gautier s'épanouissait. Ce n'est pas être un esprit encyclopédique que de tout effleurer en plaisantant, en substituant aux vérités les fantaisies d'une imagination toujours en branle. Il partait bien de tous les sujets, mais non pour les approfondir par l'observation et l'analyse, pour procéder du connu à l'inconnu, en s'appuyant sur une série de faits; il en partait pour lâcher immédiatement la bride à son caprice de poète, pour juger dans la fantaisie et conclure en voyant, dédaigneux du solide terrain de la science. Il était encyclopédique à la façon des brillants causeurs, qui ne sont jamais à court de phrases, qui parlent aussi bien de tout et sur tout; seulement, la conversation finie, l'air achevé, il ne reste absolument que du vent dans les oreilles des auditeurs. On a été charmé peut-être, mais on n'a pas été instruit. De là, le vide absolu de son œuvre, au point de vue des vérités acquises. On peut lire tout ce qu'il a écrit, les phrases coulent et s'épuisent; on emporte la seule impression d'une chanson sonore, entendue sur un grand chemin. Parler sur toutes choses et ne rien laisser de concluant, de définitif, telle a été la besogne laborieuse de Théophile Gautier.

Bien que je ne puisse me lancer dans les citations, il m'est facile d'appuyer mon jugement sur des exemples. Je les choisirai dans l'œuvre de de Bergerat. J'estime que le livre de M. Bergerat va contre le désir de ce disciple fidèle : il montre très clairement le paradoxe triomphant chez Théophile Gautier. Ces fameux entretiens, donnés comme des documents exacts, loin de grandir la figure du poète mourant, sont comme les preuves décisives du caprice de sa méthode, des sauts fantaisistes de son esprit, de sa qualité unique de mélodiste jouant un air romantique, sous la pression de la première question venue.

Voici, par exemple, une de ses idées favorites, celle de créer une école de style, comme il existe des écoles d'orthographe. « Quand Saint-Victor est venu à moi, disait-il, je lui ai donné mes gaufriers. Maintenant, c'est Paul de Saint-Victor. Est-ce que vous croyez qu'il y aurait en France une école de style comparable à celle que je tiendrais ici, chez moi, au milieu de mes Ingres, de mes Delacroix et de mes Rousseau? En un an, j'aurais fait le vide à la Sorbonne, et l'herbe pousserait au Collège de France. Les peintres mettent au bas de leur nom : élève de Gérome ou de Cabanel ; pourquoi les poètes ne seraient-ils pas, eux aussi, élèves de Victor Hugo ou de Théophile Gautier ? Je ne demande qu'une table et un tapis vert, quelques encriers et des plâtres, pour doter mon pays d'une génération de bons écrivains, romanciers, critiques, dramaturges et polémistes de premier ordre. » Cela est bien typique. Si ce rêve avait été réalisable, quelle triste génération auraient faite ces élèves apportant tous le même procédé de style, ayant la religion des mêmes épithètes ! On voit là l'unique préoccupation de la forme qui hantait Théophile Gautier, en dehors de l'idée. Il était, comme je l'ai dit, un grammairien, un rhétoricien, et rien autre chose. Son continuel effort a été de réduire la pensée écrite à la matérialisation de la forme peinte ; et c'est ce qui explique son souhait d'une école d'écrivains, comme il a existé des écoles de peintres.

Je prends un autre exemple. Théophile Gautier veut fixer la langue dans une immobilité hiératique. Plus de mots nouveaux, dit-il, parce qu'il n'y a pas de choses nouvelles. Le voilà parti, écoutez-le. « Archimède avait très certainement trouvé l'application de la vapeur à la locomotion bien avant Fulton et Salomon de Caus. Si les Grecs ont dédaigné de s'en servir, c'est qu'ils avaient leurs raisons pour cela. Ils trouvaient qu'on allait bien assez vite et que l'homme n'avait le temps de rien voir sur ce globe terraqué, ce qui est, hélas ! trop vrai, même en patache. Non, je ne sens pas impérieusement la nécessité de mots nouveaux, dût-on pour cela me traiter de birbe et de ganache. D'ailleurs, ils sont jolis vos néologismes ! Des mixtures de grec et d'argot, des infusions d'anglais et de latin ! Le jargon de Babel ! Ce sont les herboristes et les apothicaires qui les font, les néologismes ! » On peut sourire en entendant ces choses, et même admirer la verve avec laquelle elles sont dites ; mais quel jeu enfantin, quel vide sonore, quelle parfaite inutilité ! Les langues marchent d'un mouvement continu, perdant des mots en chemin, s'enrichissant sans cesse de termes nouveaux ; et ce n'est pas un paradoxe de plus ou de moins qui arrêtera ce mouvement. Les apothicaires et les herboristes ne sont pas en jeu ; le peuple tout entier fait la langue, dont il prend à chaque heure les éléments dans l'usage.

Telle est la vérité bien simple. Vouloir immobiliser une langue, prétendre qu'il suffît de ressusciter de vieux mots, est un caprice de poète. Quant à la diatribe contre les inventions ou plutôt contre le mouvement scientifique du siècle, elle est d'un symptôme plus grave encore. Cela est certainement très drôle d'affirmer que les Grecs auraient pu établir des chemins de fer, mais qu'ils ne l'ont pas voulu. Seulement, il y a derrière cette bonne plaisanterie, une haine très évidente contre les temps modernes. J'ai retrouvé cette haine chez tous les romantiques ; ils se fâchent par exemple contre les chemins de fer parce qu'ils gâtent le paysage, disent-ils, et parce que la patache avait plus de fantaisie. Au fond, ils sont contre le siècle, contre le milieu nouveau qui se forme, contre tout ce que la science détermine actuellement dans nos habitudes et dans nos mœurs. Au nom du pittoresque, ils condamnent le nouvel âge qui s'ouvre. Mais aussi comme cet âge se vengera d'eux ! comme il vieillira vite leurs œuvres ! comme il dédaignera leurs imaginations si chétives, à côté du solide et large monument que l'esprit scientifique construit depuis une centaine d'années !

On pourrait croire que les quelques lignes que je viens de citer, sont une boutade passagère, dans l'œuvre générale de Théophile Gautier. Point du tout, c'était là son état normal, sa façon générale de penser. Il ne se trouvait jamais si d'aplomb que sur la corde raide du paradoxe, et il faisait des efforts merveilleux pour y marcher comme sur la terre ferme. Il partait d'un goût personnel, d'une croyance à lui, si absurde qu'elle fût, et il dépensait des trésors de langue pour lui donner une apparence de réalité ; si bien qu'il finissait par se convaincre lui-même.

Faut-il citer encore, donner sa réponse aux critiques qui lui reprochaient si justement, dans ses livres de voyage, de ne voir que les arbres et les pierres des pays qu'il traversait, sans jamais pénétrer jusqu'à l'homme ? Voici son singulier raisonnement : « Un tigre royal est plus beau qu'un homme ; mais si de la peau du tigre l'homme se taille un costume magnifique, il devient plus beau que le tigre et je commence à l'admirer. De même, une ville ne m'intéresse que par ses monuments ; pourquoi ? parce qu'ils sont le résultat collectif du génie de sa population. » Toujours les mêmes sauts ; la confusion la plus complète, des bouts de vérités se terminant par des panaches lyriques. Cela ne peut se discuter. C'est comme son opinion sur notre théâtre. Lisez ces lignes de M. Bergerat : « Il n'admettait pas qu'une comédie fût conçue en dehors des préoccupations de costumes et de décors qui lui sont propres. L'intérêt et la particularité d'une œuvre d'imagination lui semblait résider tout d'abord dans la réalisation des milieux, la reconstitution des époques, l'exactitude artistique du langage et des accoutrements. Quant à la vérité des sentiments mis en jeu, la trouvaille des incidents par lesquels les âmes se heurtent et jettent l'étincelle, et la conclusion même de ces incidents, ce n'était là pour lui qu'un mérite de second plan, un art un peu vulgaire où l'on peut exceller sans sortir de la médiocrité intellectuelle, en un mot une œuvre d'artisan plutôt que d'artiste. » En somme, « la moindre fable

d'amour entravé lui semblait un prétexte suffisant
à faire un chef-d'œuvre. » Arrêtez-vous et étudie.
cela. Est-il au monde rien de plus caractéristique et
qui en dise plus long sur Théophile Gautier ? Le
voilà encore avec son unique souci du monde tan-
gible ; toujours peintre, jamais observateur ni
analyste. Le plus curieux est qu'il se rencontre ici
sur un point avec les écrivains naturalistes, qui ont,
eux aussi, le plus grand respect pour les milieux ;
seulement, eux, ne les étudient soigneusement que
parce qu'ils complètent et déterminent l'homme,
tandis que Théophile Gautier les veut pour eux-
mêmes, en dehors de l'homme. C'est un retour à la
nature morte des didactiques, à l'art pour l'art de
Delille. Rien de plus faux comme système au théâtre, qui ne peut vivre que de l'humanité. Aussi
le théâtre romantique est-il frappé de mort, après
une courte période d'un demi-siècle. Mais quelle
brusque révélation. Songer que Théophile Gauthier
a jugé notre théâtre moderne au jour le jour
pendant de si longues années, avec de pareilles théories ! Il avait la haine sourde de tout ce
qu'on jouait, et s'il ne se battait pas contre le
naturalisme de plus en plus débordant, c'était
qu'au fond une immense insouciance lui était venue,
cette insouciance des virtuoses qui peuvent bien se
griser de leurs paradoxes au dessert, mais qui, ne
sentant pas sous eux le solide terrain de la vérité,
s'abandonnent vite et n'ont pas le courage des longs
combats.

En somme, Théophile Gautier avait l'œil d'un
peintre, et telle était sa qualité maîtresse. Toute sa
vie littéraire, toute son œuvre découlait de là. Il

écrivait comme on peint, avec le seul souci des lignes et des couleurs ; il jugeait un tableau et un drame, d'après la même commune mesure. Ainsi envisagé, en grammairien, en rhétoricien, en peintre, il est dans notre littérature, non plus, grand Dieu ! un esprit encyclopédique, mais au contraire un esprit voyant tout sous le même angle plastique, quelque chose, en un mot, comme l'écrivain classique du romantisme.

II

Je me suis engagé dans cette étude un peu au hasard, sans grande méthode. Je cause plus que je ne juge. Il faudrait établir une charpente solide et logique pour faire toucher du doigt la vraie personnalité de Théophile Gautier et expliquer son rôle réel dans le mouvement romantique.

N'importe, je continue. Voici encore une note bien curieuse donnée par M. Bergerat : « Je lui ai entendu parler à plusieurs reprises, mais assez mystérieusement, d'un recueil de pensées qu'on aurait publié après sa mort. Il aurait révélé là ce qu'il pensait réellement des hommes, des choses, de la vie et du monde. Son grand esprit rêvait de léguer un testament de vérité à l'humanité tout entière. « Ce sera terrible, disait-il, et les cheveux vous dresseront sur la tête ! car je dirai ce qui est ! » Quelle idée vous faites-vous de cet homme qui croit tenir la vérité dans sa main et qui ferme le poing pendant quarante ans ? Remarquez qu'il est encore permis de se taire, lorsqu'on vit à l'écart, sans instrument de publicité à sa portée ; mais lui était journaliste, embouchait chaque sèmaine la trompette, devait par métier donner hautement son opinion ; si bien que, dans son désir de dire la vérité après sa mort, il y a un aveu formel d'avoir menti toute sa vie. Et qu'on ne dise pas que Théophile Gautier se taisait parce qu'il écrivait dans un journal officiel, où il n'avait pas la liberté de tout écrire, et où il devait se montrer très doux, pour que ses jugements ne prissent pas une importance fâcheuse. Ce sont là des raisons puériles. Si le besoin de la vérité avait tourmenté le critique, il aurait quitté le *Moniteur*, en admettant qu'il s'y trouvât enchaîné ; tous les journaux de Paris lui étaient ouverts, on se serait disputé sa collaboration. Non, le vrai est que Théophile Gautier vivait très heureux dans le nid tiède qu'il s'était fait au *Moniteur*. Il sommeillait là d'un sommeil d'artiste, bercé par la musique de ses phrases, ravi de n'avoir pas à se passionner, plein de dédain pour ce qui n'était pas son rêve. Il souffrait même qu'on corrigeât ses feuilletons ; une seule fois, il imposa sa volonté, et ce fut en faveur de son maître vénéré, Victor Hugo. Là, on touchait à ses croyances, il parla de donner sa démission. Il aurait donné sa démission vingt fois, si la vérité l'avait tourmenté. Aussi reste-t-on un peu surpris de ce testament dont parle M. Bergerat, et qui devait faire dresser les cheveux sur la tête. Il est certain que Théophile Gautier avait une longue revanche à prendre ; il lui aurait fallu faire un terrible effort, s'il avait voulu, en quelques pages de sévérité, effacer ses longues années de dédaigneuse mansuétude. Ce désir de dire enfin ce qu'il pense apparaît comme un remords,

dans le poète vieilli. On le voit inquiet de l'énorme
tas d'éloges qu'il a distribués à tout le monde ; il
sent la banalité de cette bienveillance universelle, et
il rêve de ne pas s'en aller, sans avoir prouvé qu'il
voyait et qu'il pensait en homme supérieur. Mais il
était trop tard, il ne pouvait écrire un pareil testament, sans qu'on l'accusât d'avoir longtemps menti ;
et c'était là sa punition. Il a dû rester écrasé sous
cette montagne de feuilletons, qui diront éternellement son mépris de la vérité. A ce propos, je me
souviens d'une anecdote. On raconte que le peintre
Flandrin, après de longs silences désespérés devant
ses tableaux, levait parfois ses mains tremblantes,
en murmurant : « Ah ! si j'osais, si j'osais ! » Quel
superbe cri d'impuissance, quelle cruelle conscience
d'un artiste capable de comprendre et incapable de
réaliser ! Eh bien ! Théophile Gautier semble, lui aussi,
avoir poussé ce cri, le jour où, sentant la misère du
faux, il a fait le projet impossible de dire ce qui est.

Et, d'ailleurs, que de preuves de timidités littéraires, dans cet écrivain si sûr de son métier, dans
ce causeur dont la verve rabelaisienne coulait d'un
tel flot, qu'on ne peut reproduire la hardiesse de ses
improvisations ! Ainsi, M. Bergerat nous affirme que,
s'il n'a pas fait des drames et des comédies, c'est uniquement par peur du public. « L'angoisse de la première représentation est le plus souvent la cause de
l'horreur que les grands écrivains ressentent pour le
théâtre. Tout les froisse dans le jugement de la
masse, et aussi bien la spontanéité des applaudissements que la brutalité des sifflets... Théophile Gautier
redoutait extrêmement ces soirées d'abattoir, et l'on
peut attribuer à cette terreur la rareté des œuvres

théâtrales de cet artiste, doué universellement
comme Gœthe, et apte à tout exercice littéraire,
quel qu'il fût. » M. Bergerat ajoute que Théophile
Gautier avait eu l'idée d'écrire deux ou trois scènes
dans un drame de lui, sans que le secret fût trahi.
« De cette façon, le poète s'entendrait juger sans
crainte, et, pareil à quelque Haroun-al-Raschild dé-
guisé, parcourrait ainsi le pays de la critique dont
il était le prince depuis trente ans. » N'est-ce pas
encore là un bien singulier aveu, qui jette sur
l'homme une lumière imprévue ? Théophile Gautier,
auquel toutes les audaces de langue étaient fami-
lières, répugnait donc à la lutte littéraire, à l'affirmation de ses idées et de sa personnalité. Ce terrible
romantique, dont le gilet rouge, à la première représentation d'*Hernani*, est resté légendaire, paraissait devenu d'une bien grande prudence. En réalité,
il n'avait gardé que la religion d'Hugo ; pour tout le
reste, il le sacrifiait à son plaisir d'artiste, se trouvant libre et trouvant la vérité victorieuse, pourvu
qu'il entendît sonner d'accord les grelots de ses
phrases.

Mais ce qu'il y a de plus curieux, c'est, paraît-il,
qu'il se proclamait infaillible. Cela ne va guère avec
son désir de dire enfin la vérité, ce qui impliquait,
je le répète, qu'il se considérait comme ne l'ayant
pas dite jusque-là. Je ne me charge pas d'expliquer
ces contradictions. Je me contente de citer M. Bergerat. « Cette infaillibilité, — vraiment extraordinaire, — était d'ailleurs sa seule coquetterie, pour
ne pas dire sa seule vanité littéraire. Il aimait à s'en
targuer. Une de ses joies était de nous prouver,
texte et pièces en main, qu'aucun des jugements

signés de son nom, en trente ans de critique universelle, n'avait encore été cassé par le public connaisseur. » Et M. Bergerat se contente d'ajouter que Théophile Gautier avait acclamé à leurs débuts Eugène Delacroix et M. Gérome. Ces deux preuves sont vraiment insuffisantes. Laissons de côté Eugène Delacroix dont le génie s'affirmait assez puissamment pour que tout homme intelligent, surtout pour que tout écrivain romantique, pût lui prédire un bel avenir. Quant à M. Gérome, il a réussi certainement ; mais trente ans de recul ne suffisent pas pour le mettre à sa véritable place ; et je suis certain, personnellement, que les articles enthousiastes de Gautier sur ce peintre, surprendront plus tard. D'ailleurs, la question n'est pas là ; elle est dans les éloges que Gautier a distribués d'une main large à tous les artistes médiocres dont il a parlé. Quand on fouille ses feuilletons, on reste stupéfait de la portion de louanges qu'il sert également à ceux-ci et à ceux-là, à tous ceux qui veulent bien tendre la main. S'il était infaillible, pourquoi n'employait-il pas son infaillibilité à mettre chacun à sa place, à ne pas prostituer ainsi son admiration, en la partageant entre des peintres sans talent dont la plupart ne sont même plus connus du public? Singulière infaillibilité qui crie : « J'ai annoncé Delacroix »; qui ose ajouter: « J'ai mis M. Gérome sur le même rang que lui »; et qui pourrait dire encore : « J'ai trouvé du talent à tout le monde, excepté aux réalistes. »

Ce qui est plus étonnant, c'est que M. Bergerat parle de l'infaillibilité extraordinaire de Théophile Gautier, à propos de l'enthousiasme qu'il montra pour le peintre Fortuny. Je cite : « Le célèbre tableau de M. Fortuny, exposé en 1870 chez Goupil, sous le titre de : *Mariage dans la Vicaria de Madrid*, est peut-être, de toutes les œuvres d'art contemporaines, celle qui avait frappé le plus vivement Théophile Gautier... Elle datait, selon lui, une évolution équivalente à celle dont Delacroix avait jadis planté l'étendard romantique;. **et** il nous prédisait que tous les jeunes peintres allaient se jeter à la suite du jeune maître espagnol. » Après cette citation, voilà du coup l'infaillibilité de Théophile Gautier singulièrement compromise. Dix ans n'ont pas encore passé sur l'œuvre de Fortuny, et il est aisé de juger qu'elle n'aura aucune influence sérieuse sur notre école française. L'engouement, que les articles du critique avaient eux-mêmes déterminé, s'est bien calmé aujourd'hui. L'erreur de Gautier a été ici complète, absolue ; car l'école naturaliste est à cette heure en plein triomphe. C'était en vérité une stupéfiante fantaisie, d'aller comparer Fortuny à Delacroix, comme influence, une fantaisie de poète qui ne se base pas sur l'observation, qui ne s'arrête pas à la logique des évolutions littéraires et artistiques, qui procède en un mot par prédictions de voyant. Un tel homme ne peut être infaillible, pas plus que Nostradamus, car il n'y a d'infaillibles que les savants appuyés sur l'expérience.

J'arrive aux lettres de Théophile Gautier, que M. Bergerat a données à la fin de son volume. Elles sont d'un intérêt bien médiocre. Il est vrai qu'elles devaient être plus nombreuses. M. Bergerat explique comment madame Carlotta Grisi, après lui avoir communiqué quarante-six lettres du poète, s'est ravisée au dernier moment et lui a fait défense de publier ces lettres. Il paraît qu'elles étaient les plus intéressantes. Le volume n'en contient que trente-neuf ; et, je le répète, M. Bergerat aurait pu les laisser dans un tiroir, sans nuire à la gloire du poète. J'estime même qu'elles montrent un Théophile Gautier inférieur. C'est toujours une grosse épreuve que de mettre sous les yeux du public la correspondance intime d'un grand écrivain. Presque toujours, l'homme en sort diminué. Il faut être Balzac pour grandir encore, en se montrant dans le souci de la vie et dans l'effort surhumain du travail. Les trente-neuf lettres de Gautier ne contiennent que des boutades à des amis et quelques détails d'intérieur que l'on connaissait déjà ; l'homme ne s'y révèle par aucun côté humain et profond, c'est presque toujours l'auteur de la préface de *Mademoiselle de Maupin* qui tient la plume, avec sa verve d'atelier.

Il écrit par exemple à son ami, M. Louis de Cormenin, ce court billet : « Reçois bénignement M. Bourdet, collaborateur à cheval de la *Presse* et mon ami, qui veut confabuler quelques minutes avec toi. Ecoute-le entre la charcuterie et le cigare. » Il écrit encore à M. Maxime Ducamp : « Que puis-je vous écrire sinon que je suis bassement jaloux de votre bonheur et que j'envie le sort de votre domestique. Je claque d'ennui et je me donne des coups de pied au cul toute la journée pour ma lâcheté. Je devrais voler la Banque de France, assassiner quelque bourgeois, étriner un capitaliste et vous aller rejoindre, car on paye si peu les syllabes que ce serait le seul moyen. Louis a l'air de sa propre ombre sur les murs tant il s'embête, et sans les quatre mois d'Italie nous serions crevés comme des chiens. de page, ou comme des

Anglais, de spleen. On vit ici entre la double vase du ciel et de la terre, aussi crottés l'un que l'autre, avec des bourgeois étroniformes et plus laids encore en dedans qu'en dehors. — Il faudra décidément que je me fasse valet de chambre ou courrier d'un nabab ou d'un boyard, car le séjour d'un endroit quelconque m'est impossible et je ne peux plus vivre que sur les grands chemins. Je me sens mourir d'une nostalgie d'Asie Mineure, et, si je ne faisais quelques vers, je m'abandonnerais aux asticots, quoique je trouve la mort plus hideuse encore que la vie. Quand je songe que nous aurions pu nous trouver à Naples; quelle belle quadrinité cela aurait faite! Mille compliments pour Flaubert. » J'ai donné cette lettre en entier parce qu'elle est un échantillon de toutes les lettres que Théophile Gautier adressait à ses amis. Les lettres à ses filles, Estelle et Judith, moins libres de mots, sont pourtant écrites sur le même ton de plaisanterie; deux ou trois s'attendrissent un peu; mais elles n'en affectent pas moins la goguenardise d'un esprit qui aimait à jouer avec les mots. Enfin, la rareté des lettres de Théophile Gautier est caractéristique. Si l'on excepte Balzac, qui se plaignait d'ailleurs amèrement d'avoir à tant écrire, les hommes qui ont produit un nombre considérable de volumes, n'ont laissé que peu de lettres, de simples billets, très courts. Et cela s'explique. On prend l'horreur de l'encre, à mettre du noir sur du blanc, selon l'expression de Gautier lui-même. Aussi, quand on a fourni à l'imprimerie le nombre de pages voulu, répugne-t-on à reprendre la plume. On écrit les lettres strictement indispensables.

Maintenant, je puis conclure sur Théophile Gautier, bien que cette étude ne soit pas aussi complète que je l'aurais voulu. Pour moi, comme je l'ai dit, il a poussé du premier coup le romantisme à la perfection classique, je parle au simple point de vue de la langue. Cela est capital. Comparez-le à Victor Hugo, dont l'œuvre, touffue et confuse, a des sauts et des duretés de forme. On pouvait croire que cet outil romantique apporté par le grand poète, ce dictionnaire élargi, ces mots exhumés et ce flot d'adjectifs, allaient demander au moins un siècle pour se polir et se fixer dans des phrases parfaites. Et point du tout, voilà que Théophile Gautier, presque parallèlement à Victor Hugo, se produit et fait tout de suite le travail d'ajustage et de polissage. Le romantisme n'a pas de jeunesse, il devient mûr, il se fige dans l'art pour l'art, qui est sa forme classique. On ne saurait trop insister là-dessus, car il y a certainement là une cause de la prompte agonie de la formule. Dès qu'une littérature ne vit plus que par les mots, elle meurt. Avec Théophile Gautier, le romantisme, né de la veille, en est à la phrase parfaite, vide et sonore, qui annonce l'écroulement. Il n'y a plus d'idée dessous, plus de base humaine, plus de logique ni de vérité. L'école n'aura bientôt qu'à se faisander avec les Parnassiens et à mourir de sa belle mort. Telle est la caractéristique de Théophile Gautier, dans la littérature du siècle.

Il est bien entendu que Théophile Gautier, poète et prosateur, est un artiste hors ligne. Je tâche simplement ici de déterminer son influence et son rôle. Nous lui avons tous pris plus ou moins de sa rhétorique, qui n'est en somme que la rhétorique de Victor Hugo raffinée et ciselée. Seulement, s'il a eu sur notre génération une influence certaine comme styliste, il n'a soufflé son esprit à aucun de nous. En dehors des poètes parnassiens, dont quelques-uns sont directement issus de lui, il n'a laissé qu'un seul élève, comme prosateur, M. Paul de Saint-Victor. Celui-là, à son exemple, est critique dramatique de profession et s'occupe en outre de critique d'art. C'est le même style superbe, d'une couleur éclatante, d'un relief d'expression singulier ; Gautier se vantait de lui avoir prêté ses « gaufriers », et l'expression est jolie, car c'est en effet un style gaufré, relevé d'or. Mais il est arrivé à M. de Saint-Victor l'aventure la plus cruelle du monde. A la mort de son maître, il espérait prendre sa place dans les tendresses du public et passer à son tour prince de la critique. Et pas du tout, c'est M. Sarcey, un pataud de lettres, un gâcheur de copie disant rondement ce qu'il pense, qui est devenu le prince de la critique. Le public, las de phrases, pris d'un besoin de vérité, a préféré les jugements du gros bon sens à de beaux airs de musique. Voilà où en est l'unique élève de Théophile Gautier. Il continue dans l'isolement ses variations de virtuose. On va peut-être l'embaumer à l'Académie, où son maître n'est pas entré ; et cela achèvera d'enterrer l'école, de la raidir dans cette perfection classique du romantisme, plus vide et plus insupportable que la perfection des Campistron et des Delille.

Qu'on réfléchisse à ces choses. La lecture du livre de M. Bergerat a été pour moi ce coup de lumière qui éclaire définitivement un sujet. Jamais je n'ai si bien compris cette école mort-née du romantisme, qui a été une émeute de rhéteurs, se battant pour la forme, sans chercher à asseoir sa conquête sur l'évolution scientifique du siècle. Les romantiques, cela ressort clairement de l'ouvrage que je viens de lire, haïssaient l'âge actuel, plus que les classiques eux-mêmes ne le détestaient. S'ils se produisent comme une réaction contre l'esprit classique agonisant, ils n'entendent pas triompher pour marcher avec l'époque ; ils nient l'époque au contraire, ils veulent retourner en arrière, au delà du dix-septième siècle, dans le seizième et le quinzième. C'est une victoire à reculons que la leur. Aussi leur verve s'exerce-t-elle contre ce qui les entoure ; ils refusent le terrain solide de l'observation et de l'analyse, et dès lors ils ne peuvent bâtir que sur le rêve et le paradoxe. Voyez Théophile Gautier, avec sa facilité prodigieuse d'écrivain : il passe sa vie à sauter par-dessus l'évidence et la simplicité, pour se perdre dans les plus étranges imaginations. De tout cela, il ne doit rester que la carcasse du style ; le rêve qui est dessous s'en va en fumée, le paradoxe tombe en poussière, il n'y a plus que des mots. Aujourd'hui, le déchet est déjà grand. Quand on lit Gautier, on en est réduit à admirer le grammairien et le rhétoricien ; car on trouve chez lui moins d'humanité encore que chez Victor Hugo, ce qui n'est pas peu dire. Je crois que son œuvre vieillira vite, si l'on admet que les livres vivent uniquement par leur humanité. En tous cas, la postérité garderait au plus quelques pages, des trois cents volumes dont parle M. Bergerat, simplement à titre d'échantillon de style. Lorsque la langue seulement est en jeu, une page suffit. Ce sont les idées multiples, l'évolution d'un esprit élargissant ses trouvailles à chaque œuvre nouvelle, qui obligent la postérité à tout conserver de lui. Mais, quand on a lu *Mademoiselle de Maupin*, il est inutile de lire le reste ; cette œuvre, la première, est aussi parfaite, aussi définitive que la dernière. Je ne parle pas du bagage considérable du critique qui, pour moi, n'a qu'une valeur médiocre.

Enfin, Théophile Gautier a contre lui sa production hâtive. Il avait beau être outillé d'une façon merveilleuse pour ce labeur quotidien ; on n'écrit pas impunément des feuilletons pendant près de quarante ans. Cette besogne courante a dû augmenter encore la facilité de son style, qui devient parfois comme mécanique. C'est à ce labeur qu'il a fini par tout prendre en mépris. Il se mettait à sa machine et tournait la manivelle. La phrase sortait toujours proprement construite, colorée selon le procédé ; mais elle sentait la fabrication, on voyait bien que le feuilletonniste débitait ses lignes à la douzaine. Les jours où il était pressé, il ne mettait pas même dessous un caprice ou un paradoxe : on trouvait, en le lisant, le vide complet. C'était le romantisme triomphant et acclamé qui s'embourbait de lui-même dans ses pots de couleur étiquetés, pour l'enluminure de chaque genre de phrase.

Mon dernier mot sera celui-ci. Je crois qu'on rend le plus mauvais service à la mémoire de Théophile Gautier, en voulant réunir en volumes la masse énorme de prose qu'il a produite au jour le jour. On noie son talent d'écrivain, on montre le vide absolu du penseur et du critique. Sa famille et ses amis devraient plutôt travailler à une édition définitive de ses œuvres choisies. Ils légueraient ainsi à la postérité un poète merveilleux qui vient immédiatement au-dessous d'Hugo, un prosateur admirable de correction et de verve colorée, une virtuose hors ligne qui a tiré de la langue romantique, pour la première moitié du siècle, la plus belle musique qu'on puisse entendre.

III

Une dernière conclusion. Il ressort clairement du livre de M. Bergerat que Théophile Gautier n'aimait ni le siècle où il était né, ni le pays où il avait grandi. A chaque ligne, on constate une révolte devant nos temps modernes, notre milieu naturel et notre milieu social. C'est continuellement une protestation contre nos mœurs, nos arts, nos sciences ; c'est une aspiration vers les siècles morts et les pays lointains. Je pourrais établir ce singulier sentiment sur de nombreuses citations. Je me contenterai de rappeler la lettre dont j'ai tout à l'heure donné un extrait : « Que puis-je vous écrire, sinon que je suis bassement jaloux de votre bonheur et que j'envie le sort de votre domestique... » Il faut, bien entendu, dans cette lettre, faire la part de la fantaisie de l'expression. Mais elle exprime un sentiment qui a été celui d'une génération d'écrivains. Et ici je ne m'occupe plus de Théophile Gautier, que j'ai simplement pris comme exemple, je parle de tout le groupe romantique. Les écrivains de 1830 posaient en principe que nous étions laids, que notre temps et notre pays étaient affreux à voir et à analyser. C'était encore le dédain du moderne, si longtemps pratiqué par l'école classique. Seulement, au lieu de nous ramener dans l'antiquité, de nous faire vivre à Athènes ou à Rome, l'école romantique nous promenait en Orient et nous enfermait dans les villes du moyen âge.

J'insisterai, parce que cela est extrêmement typique et explique aujourd'hui bien des choses. Qu'on se reporte aux manifestes littéraires d'il y a cinquante ans. Ce qui domine, c'est la révolte contre l'âge actuel. A-t-on assez crié contre le bourgeois? L'a-t-on assez raillé, assez écrasé? Il était laid, il était bête, il manquait de lignes et de panache. On l'égorgeait, on le supprimait, sans vouloir même admettre qu'il pouvait être intéressant à étudier et à peindre. C'était pourtant un homme, ce bourgeois ; et jamais, certes, la bourgeoisie n'a offert une étude plus intéressante que de nos jours. Depuis la Révolution, c'est elle qui est aux affaires et qui mène l'histoire. Le romantisme n'a pas paru s'en douter, il écrasait le bourgeois sous le regret lyrique des anciens âges.

D'ailleurs, il faut remarquer que la haine de la société contemporaine, si marquée dans le mouvement romantique, s'adressait surtout à l'homme extérieur, au bourgeois vêtu d'une redingote et portant un chapeau de soie. Dès que le bourgeois était mis aux modes de Louis XIII, il n'était plus un bourgeois, il devenait un personnage très présentable, qu'un artiste pouvait faire profession d'aimer, sans déchoir. La redingote, l'habit noir, la calotte de velours, le manque de plumes et de galons, voilà ce qui condamnait irrémissiblement notre société aux yeux des romantiques. Il y avait bien aussi le train-train ordinaire de la vie qui les horripilait. Les affaires d'argent, le négoce, le pot au feu, toute la petite vie courante et journalière, était pour eux le comble de l'ennui ; et ils semblaient croire que les siècles morts n'avaient pas connu ces petitesses. En un mot, il leur fallait des âges dépouillés des réalités de l'existence, des âges assez morts pour qu'on pût les ressusciter dans un carnaval de mœurs, de langue et de costume.

Comme tout se tient, il en était de même pour les milieux. Si le public qui se presse sur nos trottoirs dégoûtait les romantiques, nos rues, nos villes elles-mêmes, les fâchaient peut-être davantage. Les constructions modernes leur paraissaient le comble de la laideur et de l'absurde. Ils ont épuisé tous les mots du mépris contre l'alignement correct des grandes voies. Lorsqu'on a mis la pioche dans le vieux Paris, qui empoisonnait et qui tombait en pourriture, ils ont poussé des cris de désespoir ; c'était une abomination, une profanation ; et ils criaient d'autant plus fort que, vaguement, ils avaient conscience que chaque coup de pioche emportait un pan de leur littérature. La France comptait à peine, elle manquait de couleur locale. Il y avait une poussée extraordinaire vers les contrées lointaines, l'Afrique, l'Asie, la Russie. Il a fallu le siège, avec son pittoresque terrible, pour que Théophile Gautier daignât parler de Paris, lui qui avait consacré des ouvrages entiers à la Russie, à la Turquie et à l'Espagne. Plus les contrées étaient lointaines, et plus elles devenaient dignes d'être peintes. Quant à nos horizons, on y crevait d'ennui. C'était l'opinion courante.

Mais cela ne s'arrêtait pas aux personnages et aux décors. Les romantiques abominaient jusqu'à l'esprit du siècle. Le large mouvement scientifique et industriel était leur bête noire. Pour eux, un chemin de fer, un télégraphe électrique, gâtaient le plus beau paysage. Ils n'avaient pas assez de moqueries contre les découvertes modernes, regrettant la patache comme plus aventureuse, déclarant que les machines allaient rendre l'homme moins intéressant. Même c'était là le point grave de la querelle. Les romantiques sentaient que l'esprit scientifique refoulait un peu chaque jour l'esprit idéaliste. Leur formule lyrique se trouvait compromise. Aussi, plus ou moins ouvertement, se fâchaient-ils des progrès croissants de la science. Selon eux, la poésie était menacée, la poésie allait mourir. Au lieu de marcher avec le siècle, de chercher l'expression littéraire du siècle, ils se raidissaient, regrettaient le passé, niaient l'avenir, se lamentaient d'être emportés, en prophétisant les temps les plus sombres.

Telles sont les raisons pour lesquelles j'ai souvent dit que le romantisme était un arrêt, ou même un recul, dans la marche fatale de notre littérature. Tous les écrivains de l'école sont caractérisés par cette haine de l'âge actuel ; tous protestent et, ne pouvant rien changer aux choses, s'échappent dans l'histoire des siècles morts ou dans des voyages aux pays étrangers. Il leur faut le tralala de la légende, les pétards de la couleur locale, l'Orient immobile dans sa crasse, qu'ils opposent, avec des admirations d'enfant pour l'enluminure, aux efforts si grands, aux conquêtes prodigieuses de notre siècle de science. Et veut-on savoir le sentiment continu qui s'exhale de la protestation des romantiques ? l'ennui. Oui, ils ne comprenaient pas et ils s'ennuyaient. Voyez Gautier. Le gigantesque Paris l'écœure, parce qu'il y pleut. « Je claque d'ennui, écrit-il ; j'ai une nostalgie d'Asie Mineure. » Et le pis était qu'il s'ennuyait réellement. Il ne voyait pas le spectacle énorme de Paris ; il avait besoin d'un chameau et de quatre Bédouins sales pour se chatouiller la cervelle. Quant à nos machines, à notre labeur immense, à l'évolution actuelle de l'humanité, telle qu'aucun siècle n'en aura vu de pareille, ces choses ne le touchaient pas. Il les plaisantait légèrement, il les criblait de paradoxes.

Eh bien ! je le dis, les romantiques ont peu vécu et disparaîtront vite, parce qu'ils n'ont pas compris et qu'ils n'ont pas aimé leur temps. Là est leur faiblesse irrémédiable. Il ne faut pas chercher d'autres raisons à la vie courte de cette école, qui a compté de si puissants rhétoriciens, des hommes si admirablement doués sous le rapport de la forme. Aujourd'hui, on est tout surpris de les trouver vides. Brusquement, ils nous deviennent étrangers, nous ne les sentons pas nos frères, nous nous étonnons que ces maîtres, qui ont apporté l'émancipation littéraire, ne soient au fond que des virtuoses dont le premier besoin a été de s'isoler de l'époque afin de jouer des airs de flûte. C'est là, pour nous, les nouveaux venus, une véritable tristesse, d'avoir rêvé tout l'agrandissement du monde moderne en lisant certains de nos aînés, et de ne plus trouver, dans la fréquentation de leur mémoire, que des adversaires de notre âge, que des instrumentistes de première force, qui n'ont absolument rien déchiffré sur le livre du siècle ouvert devant eux.

Le cas est grave. Étudiez de près ce cas de plusieurs de nos écrivains. On éprouve un malaise à les lire ; on sent comme un néant sous la riche étoffe de leur style. Ils ne touchent bientôt plus ; leurs belles pages sont toujours des bijoux qu'on admire ; mais on reste froid, aucune chaleur ne monte de l'œuvre et ne vous prend aux entrailles. C'est que, tout bonnement, ils n'ont pas aimé leur temps. Ils ne nous passionnent plus parce qu'ils n'ont pas en eux les passions qui nous animent. La grande force du génie est d'être à la tête de son siècle, d'aller dans le même sens que lui, de le devancer même. Par exemple, aujourd'hui, quiconque n'est point avec la science, paralyse ses forces. On ne se doute pas de la puissance invincible que donne à un homme l'outil de l'époque, lorsqu'il le tient en main et qu'il aide à l'évolution naturelle des faits. Alors il est porté. S'il va si vite et si loin, c'est qu'il a les passions de son temps, c'est que sa besogne est multipliée par le travail de l'humanité en enfantement.

Oui, pour être vraiment fort, à cette heure, il faut ne plus plaisanter les bourgeois, qui sont des sujets d'étude profondément intéressants ; il faut connaître la France, avant d'aller fumer de l'opium en Chine ; il faut aimer le nouveau Paris, une ville superbe, où les imbéciles seuls peuvent s'ennuyer, et dont la transformation a amené, en moins d'un demi-siècle, des changements considérables dans les mœurs ; il faut enfin ne plus combattre la science, au nom de je ne sais quelle fantaisie étroite, de quel besoin d'oripeaux et de peinturlurages. Quiconque ira contre la science sera brisé. Nos fils verront cela. C'est dans la science, ou plutôt c'est dans l'esprit scientifique du siècle, que se trouve la matière géniale, dont les créateurs de demain tireront leurs chefs-d'œuvre.

Nous devons accepter l'architecture de nos Halles et de nos Palais d'exposition, les boulevards corrects et clairs de nos villes, la puissance géante de nos machines, de nos télégraphes et de nos locomotives. Tel es: le cadre où l'homme moderne fonctionne, et il ne saurait y avoir une littérature, une expression sociale, en dehors de la société dont on fait partie et du milieu où l'on s'agite.

LES POËTES CONTEMPORAINS

I

Les romanciers tiennent à cette heure le haut du pavé littéraire. Mais les poëtes, pour mener moins de bruit et avoir une place plus restreinte dans la faveur publique, ont ceci d'intéressant qu'ils occupent presque tous des situations nettes, et qu'ils sont faciles à classer. En les étudiant, on étudie le mouvement de la poésie française depuis le commencement du siècle.

Le caractère général des poëtes actuels, je parle des poëtes qui ont entre trente et quarante ans, est en effet de manquer d'originalité. Tous sont des reflets de leurs aînés; c'est à peine si quelques-uns ont apporté une note qui leur appartienne. Le romantisme se prolonge démesurément en eux; ils en restent la queue attardée. On sait quelle évolution s'est produite dans le roman. A la suite de Balzac, les jeunes romanciers se sont lancés dans l'enquête universelle, et chacun d'eux a fait des découvertes pour son compte, en se servant du même outil, l'analyse exacte. Aussi sommes-nous singulièrement loin de *Notre-Dame de Paris* et des autres romans de la période romantique. Pour des causes qu'il est aisé de dire, la poésie au contraire est restée stationnaire ; nous en restons toujours au lendemain des *Feuilles d'automne* et des *Orientales*.

Qu'on songe un instant au merveilleux éclat que jetèrent à leur apparition les vers de Victor Hugo. C'était comme un épanouissement nouveau dans notre littérature nationale. Le lyrisme nous était nconnu, nous n'avions que les chœurs de Racine et les odes de Jean-Baptiste Rousseau, qui aujourd'hui nous semblent si froids et si guindés. Aussi la secousse reçue par la jeunesse lettrée fut-elle immense, et cette secousse persiste-t-elle encore. Il semble impossible que d'ici à longtemps aucune plante nouvelle pousse dans notre sol littéraire, à l'ombre du chêne immense que Victor Hugo a planté. Ce chêne du lyrisme romantique étend ses branches à l'infini, mange toute la terre, emplit le ciel, et il n'est pas un poète qui, en venant rêver sous lui, n'ait emporté dans l'oreille la musique de ses oiseaux. Fatalement, toutes les voix répètent cette musique. Il ne paraît plus y avoir de place pour d'autres chants dans l'air. On croirait, depuis quarante ans, que la seule langue poétique est la langue des lyriques de 1830. Lorsqu'une époque a reçu une empreinte si profonde, les générations qui suivent en souffrent, font de longs efforts avant de pouvoir se dégager et retrouver le libre usage de leurs facultés créatrices.

C'est uniquement dans la poésie, je le répète, que Victor Hugo règne ainsi en maître souverain. Il est lui-même exclusivement un poète lyrique ; son génie, son titre d'éternelle gloire est là. D'ailleurs, si la prose a une souplesse qui lui permet de devenir l'outil par excellence de nos civilisations modernes, la poésie est d'essence stationnaire. En dehors des deux formules connues, la formule classique et la formule romantique, on ignore encore ce qu'elle pourrait être. Quelles sont les causes du long règne de Victor Hugo? On ne peut guère revenir aux vers pompeux et froids de la tragédie, on préfère rester dans la fantaisie superbe de l'ode. Et c'est à peine si quelques dissidents cherchent des sentiers, pour s'échapper du cortège qui suit docilement l'auteur de la *Légende des siècles*.

Cependant, il serait faux de croire que l'influence de Victor Hugo agit seule et avec une autorité incontestée. Alfred de Musset, lui aussi, a des fervents. Je ne parle pas des lecteurs, mais des disciples. On sait quel succès obtinrent les poésies d'Alfred de Musset, il y a une vingtaine d'années, après la mort du poète. De son vivant, il était surtout connu des délicats. Plus tard, ce fut parmi les femmes et les jeunes gens comme une révélation. La vente des *Premières poésies* et des *Poésies nouvelles* fut énorme. En province surtout, dans les plus petites villes, il n'y eut pas une jeune femme ni un échappé de collège qui ne possédât ces deux volumes. On explique aisément cette popularité du poète : il répondait à un état d'esprit général, à un besoin de vivre et d'aimer. Les personnes qu'inquiétaient les solennités et les perpétuels grossissements de Victor Hugo, trouvaient dans

Alfred de Musset un écho charmant et profond des drames de leur cœur ; et je ne parle point ici du génie si finement français du poète, de son bon sens attendri, ni de ses sanglots si vrais et si simples. Cependant, les disciples furent rares d'abord. Victor Hugo, alors en exil, sur le piédestal gigantesque de son rocher de Guernesey, l'emportait. On lisait beaucoup Musset, on l'imitait peu. Ce fut seulement plus tard que des disciples de Musset plantèrent leur drapeau, en face de l'étendard des disciples d'Hugo. Aujourd'hui, le champ clos est ouvert.

Un de mes étonnements est l'oubli où, peu à peu, Lamartine semble tomber tout entier. Lui, était venu le premier. Lorsque les *Méditations* parurent, il sembla qu'une voix descendait du ciel. Véritablement, la poésie romantique date de ce jour. Il était le précurseur, le vrai générateur. Et quel enthousiasme ! Je n'ai qu'à évoquer mes souvenirs de jeunesse pour retrouver la place que Lamartine occupait dans les cœurs. Il y était le bien-aimé, celui avec lequel on rêvait. On admirait Hugo, mais on aimait Lamartine. Il avait pour lui toutes les femmes ; on le laissait même entrer dans les pensionnats et dans les maisons religieuses. Il couchait sous l'oreiller, ouvrait aux âmes les plus honnêtes le ciel des amours idéales. Son nom même, si doux aux lèvres, paraissait être une caresse. On peut dire qu'il a été de moitié dans tous les amours de son temps, car il avait créé une façon de rêver et d'aimer, et les amants de l'époque se servaient de ses vers comme d'interprètes. Eh bien ! c'est cet homme qu'on ne lit presque plus. Lui qui semblait si profondément entré dans le cœur de la nation, il en est sorti en moins de trente ans, un

peu chaque jour, si insensiblement, qu'on éprouve
une véritable surprise à constater le fait. J'ignore
s'il a conservé la tendresse des toutes jeunes filles,
dans les pensions et les familles ; il n'y a pas dix ans,
son nom s'était réfugié là, il avait encore des autels
dans des coins d'innocence ; mais je soupçonne
qu'aujourd'hui il a même perdu ces asiles. Il n'est
plus dans les conversations littéraires, je ne lis pas
une fois en un mois son nom dans les journaux, ses
livres enfin se vendent très mal. Je ne fais que constater, je ne juge pas cette ingratitude du public.
D'ailleurs, cet oubli s'explique. La poésie de Lamartine était simplement une musique, une phrase
mélodique qui coulait de source. Cela berçait et
charmait. Au fond, il n'apportait qu'une plainte,
une désespérance résignée, au lendemain du grand
bouleversement de la Révolution et des guerres
du premier empire. On sent combien cette musique dut toucher les contemporains. Seulement,
les temps ont changé, on est entré dans une époque d'action ; aussi n'est-il pas étonnant qu'on ne
goûte plus aujourd'hui la rêverie flottante de ses
vers. Il est trop loin de nous, trop perdu dans son
nuage ; en un mot, il ne correspond plus à notre
état d'esprit. De là le silence qui se fait sur son
nom et sur ses œuvres. Je ne lui connais pas de disciples.

Voilà donc les trois grands générateurs. Cependant, avant de conclure, je veux dire un mot des
autres poètes qui ont jeté un éclat dans la première
moitié du siècle. Alfred de Vigny est pour sûr oublié
autant que Lamartine. Ses vers, si travaillés et si
purs, ne se lisent plus que très peu. On a repris

dernièrement à la Comédie-Française son drame de *Chatterton*, et cette reprise a été accueillie d'une façon glaciale ; le drame est en prose, il est vrai, mais je cite le fait comme un simple indice. Nous comprenons difficilement, à cette heure, cette production de 1830, dont les amertumes byroniennes, les mélancolies romantiques, les élans vers un idéal qui n'est plus le nôtre, nous déroutent et nous blessent. J'ajouterai que, d'ailleurs, Alfred de Vigny n'est jamais allé à la foule. On sait que son rêve était de s'enfermer dans une tour d'ivoire ; il s'y est enfermé véritablement, et il y restera.

Je nommerai seulement Auguste Barbier, l'auteur des *Iambes*, qui vit encore, dans un fauteuil de l'Académie. Ce poète, qui eut un éclair de génie dans son existence et qui tomba ensuite à une production médiocre, est un des cas caractéristiques de notre littérature. Beaucoup de personnes s'imaginent que l'auteur de la *Curée* et de l'*Idole* est mort depuis longtemps ; et il est mort, en effet, bien qu'Auguste Barbier vive toujours.

Mais un cas plus caractéristique encore est le silence qui s'est fait autour du nom de Béranger. S'il fut un poète populaire, c'est bien celui-là. Dans ma jeunesse, pendant les dernières années du règne de Louis-Philippe, je me rappelle qu'on chantait ses chansons partout. Sous le second empire, cette mode vieillit, et aujourd'hui elle est complètement passée. Sans doute, cela devait arriver, car les chansons de Béranger, presque toutes rimées sur des actualités, devaient fatalement disparaître avec l'époque qui les avait fait naître. Mais ce qui est plus étonnant, c'est que Béranger n'ait pas laissé d'élèves. Après lui, nous avons eu Pierre Dupont, qui n'a pas duré. Puis, la lignée des chansonniers s'est brusquement interrompue. De nos jours, la chanson est aux mains de vaudevillistes, de faiseurs, qui ne savent même pas l'orthographe. Cela explique la qualité de nos refrains populaires. Toute la bêtise de Paris s'y étale.

Ainsi donc, il n'y a que trois générateurs : Lamartine, Victor Hugo et Musset. Ce sont les trois astres de notre ciel poétique, toute lumière leur est fatalement empruntée. Mais il faut distinguer. Lamartine n'exerce plus aucune influence appréciable, tandis que Victor Hugo continue à être le souverain maître de la jeune génération. La royauté ne lui est disputée que par Musset, qui compte quelques disciples fervents. C'est justement les petits-fils de ces poètes que je veux étudier, ce qui me permettra d'indiquer nettement le mouvement de la poésie en France, pendant ces vingt dernières années.

On remarquera que le romantisme, même avec les disciples de Musset, règne dans l'école. Sans doute, Musset a plaisanté les romantiques, et son scepticisme plein de bon sens le sauvait des ridicules de 1830. Mais il n'en a pas moins respiré les souffles lyriques de cette époque, et aujourd'hui encore les poètes qui procèdent de lui, tiennent quand même et malgré eux à la queue romantique. Peut-on espérer que bientôt une nouvelle formule poétique se développera ? C'est ce que j'examinerai dans la conclusion de cette étude, après avoir constaté les diverses tentatives de poésie moderne que l'on a faites dernièrement.

II

Mais avant d'arriver aux poètes de la génération actuelle, il me reste à examiner quelques figures intermédiaires, les enfants directs des chefs de 1830, dont nos poètes d'aujourd'hui ne sont en réalité que les petits-fils. Il faut connaître ces figures, si l'on veut comprendre le mouvement dans son ensemble. Je citerai deux poètes morts, Théophile Gautier et Charles Baudelaire, et deux poètes vivants, M. Théodore de Banville et M. Leconte de Lisle.

J'ai dit qu'il faut voir surtout en eux des intermédiaires, entre les poètes illustres du commencement du siècle et nos poètes contemporains. Cela est d'une justesse absolue. Ils ont eu sur ceux-ci une influence décisive. Nos poètes, en effet, ne procèdent pas directement de la pléiade romantique ; ils ne voient Hugo et Musset qu'à travers Baudelaire et M. Leconte de Lisle. Nous en sommes à la troisième période du romantisme.

Théophile Gautier commença le premier à figer la forme dans un travail d'orfèvrerie. On connaît ses *Émaux et Camées,* une suite de courtes pièces, taillées comme des pierres précieuses, ayant l'éclat et la transparence cristalline des agates et des améthystes. La pensée n'importait plus, les *Orientales* étaient dépassées par l'insouciance du fond et le mépris du sens commun. Il s'agissait simplement d'obtenir des bijoux de langue et de rhythme. L'école romantique devait en venir là, à la musique pure, sans paroles. Je dois ajouter pourtant que Théophile

Gautier, peintre merveilleux, mais homme d'équilibre en somme, et n'ayant aucune note extrême, n'a jamais exercé une influence souveraine.

Le poète dont l'influence a été considérable, c'est M. Leconte de Lisle. Je parlerai tout à l'heure d'un groupe de jeunes poètes qui, sans oser le déclarer tout haut, le mettent bien au-dessus de Victor Hugo, pour la beauté et la correction de la forme. M. Leconte de Lisle, qui a aujourd'hui cinquante-huit ans, est né à l'île Bourbon. Il a débuté tard, après trente ans. Mais, dès ses premiers recueils, les *Poèmes antiques* et les *Poèmes barbares*, il souleva une grande admiration dans la jeunesse lettrée. Sa force venait de ce qu'il avait trouvé une attitude. Après les échevèlements du romantisme, la frénésie du lyrisme à outrance, il arrivait en proclamant la beauté supérieure de l'immobilité. Être impassible, ne pas se laisser entamer par la passion, rester à l'état correct et pur d'un marbre devint d'après lui le suprême idéal. Il professa qu'une expression quelconque du visage, joie ou douleur, en déforme les lignes d'une façon hideuse. Dès lors, il rompit avec le moyen âge, il se réfugia surtout en Grèce et dans l'Inde. Ce fut une haine encore plus grande du monde moderne. Victor Hugo souvent daigne rester parmi nous, prendre sur ses genoux des petits enfants, décrire un coin de Paris. M. Leconte de Lisle se croirait déshonoré, s'il s'intéressait à de pareilles actualités. Il vit avec Homère, qu'il a traduit en rétablissant les noms grecs dans leur orthographe ; il est biblique, il connaît à fond les dieux indiens, il se complaît dans les coins les plus obscurs et les plus solennels de l'histoire du monde. Et, comme il est merveilleusement doué du côté de la forme, il a écrit des vers qui ont vraiment une superbe allure. Nous n'avons pas, dans notre langue, des morceaux plus irréprochables ni plus sonores. Quelques pièces, entre autres celle intitulée : *Midi*, sont admirables de netteté et de largeur. Seulement, M. Leconte de Lisle est souvent illisible, et je dirai tout à l'heure le mal qu'il a fait à notre poésie. Ce n'est pas, il est vrai, le romantisme fulgurant et emporté de Victor Hugo ; c'est un romantisme plus dangereux encore, tournant à la perfection classique, devenant dogmatique, se glaçant pour imposer une formule de beauté parfaite et éternelle.

Baudelaire est, lui aussi, un maître très dangereux. Il a, aujourd'hui encore, une foule d'imitateurs. Sa grande force a été qu'il apportait également une attitude personnelle très accentuée. Il faut voir en lui le romantisme diabolique. M. Leconte de Lisle s'était raidi dans une pose hiératique, il restait à Baudelaire le rôle d'un démoniaque ; et il a cherché le beau dans le mal, il a, selon une expression de Victor Hugo, « créé un frisson nouveau ». C'était, au fond, un esprit classique, de travail très laborieux, ravagé par une monomanie de purisme. Aussi n'a-t-il laissé qu'un recueil de poésies : les *Fleurs du mal*. Je ne parlerai pas des étrangetés voulues de sa vie ; il avait fini par être la propre victime de ses allures infernales ; il est mort jeune, d'une maladie nerveuse qui lui avait enlevé la mémoire des mots. Au demeurant, il s'est fait dans notre littérature une place originale qu'il gardera. Certaines de ses pièces sont absolument superbes de forme, et j'en connais peu qui soient d'une imagination plus sombre et plus saisissante. On comprend quelle admiration il souleva parmi les jeunes gens, qui aiment les audaces. Après lui, tout un groupe a raffiné sur l'horreur. C'est toujours du romantisme, mais du romantisme aiguisé d'une pointe satanique.

A côté de Baudelaire, je mettrais M. Théodore de Banville, qui est resté un romantique pur. Celui-là est le barde par excellence ; il chante pour le plaisir de chanter. On se le représente avec une lyre comme Apollon, couronné d'étoiles, jetant autour de lui une lueur d'astre. Il prend toutes choses en poète, avec un dédain suprême du réel, ne croyant qu'à la réalité de l'impossible, vivant dans l'azur, se nourrissant de paradoxes et de rimes. Chez lui, l'imitation de Victor Hugo est immédiate. De travail aisé, il a beaucoup produit. Je citerai les *Cariatides*, les *Stalactites*, les *Occidentales*, surtout les *Odes Funambulesques*, un recueil qui a plus fait à lui seul pour sa réputation que tous les autres réunis. Il s'y est livré à une fantaisie de rhythmes très curieuse, il y a parodié en poète exquis les plus célèbres pièces de Victor Hugo. Ce livre seul suffirait à caractériser son talent, qui est surtout fait de souplesse et d'abondance. On sent chez lui l'amour des vers pour leur musique et leur éclat. Ses rimes sont toujours d'une richesse superbe. La versification ainsi entendue devient un art délicat, très compliqué et très charmant, qui se suffit à lui-même en dehors de l'idée. J'insiste, parce que tout à l'heure, nous allons voir la grande majorité des poètes contemporains entendre la poésie à la façon de M. de Banville, comme un arrangement savant de syllabes chantant des airs sur des motifs donnés.

Maintenant, j'arrive à la génération actuelle. Nous

pouvons constater où le romantisme de Victor Hugo, de Musset et de Lamartine, en est arrivé aujourd'hui, après avoir passé par Théophile Gautier et Baudelaire, par MM. Leconte de Lisle et Théodore de Banville.

III

Vers 1860, sous le second Empire, la poésie n'était pas en grand honneur. La vogue des journaux à informations, le succès de la littérature courante et facile, semblaient avoir détrôné les vers pour longtemps. Seule, la *Revue des Deux Mondes* osait publier de loin en loin un court poème, et encore choisissait-elle le poème le plus incolore et le plus médiocre possible. En un mot, le mouvement poétique, après l'éclat superbe de 1830, paraissait arrêté.

Ce fut alors qu'un groupe de jeunes poètes inconnus commença à se réunir chez M. Xavier de Ricard ; lui-même écrivait et songeait à fonder une Revue. Mais le groupe ne tarda pas à prendre pour lieu de réunion le salon d'un autre poète, M. Catulle Mendès, qui plus tard épousa la fille aînée de Théophile Gautier. M. Mendès arrivait de Bordeaux avec une activité toute méridionale, un besoin de se produire et de produire les autres. Il ne tarda pas à être en quelque sorte le chef de tous les rimeurs de Paris. On se voyait chez lui presque chaque soir, son salon était un refuge ; il y a certainement reçu, pendant dix années, tous les poètes qui ont débarqué de la province. D'ailleurs, ce rôle s'expliquait, M. Mendès ne s'en tenait pas aux théories, il fondait des

Revues pour publier les vers du groupe ; sans doute ces Revues ne vivaient pas, on était bien content quand elles duraient six mois; mais, comme elles se succédaient, la petite armée qui marchait derrière M. Mendès, ne perdait point courage et emboîtait le pas avec conviction. Ajoutez que M. Mendès était un agréable compagnon, très sympathique et très lettré, faisant les vers avec une habileté prodigieuse, et vous vous expliquerez la réelle influence qu'il a exercée sur le mouvement poétique contemporain.

Cependant, ce groupe de poètes avait besoin d'une étiquette. On les baptisa d'abord les Impassibles, faisant allusion à la rigidité marmoréenne de la beauté plastique qu'ils poursuivaient. Mais ce mot ne tint pas; et bientôt ils furent connus sous le nom de Parnassiens. Il faut dire qu'un éditeur, M. Alphonse Lemerre, qui débutait alors, voulut bien publier un recueil de vers intitulé : le *Parnasse contemporain*, et dans lequel chaque poète du groupe donna une pièce. Ce fut ainsi que l'appellation se trouva consacrée.

Naturellement, ces jeunes poètes faisaient bande à part. Se sentant entourés d'indifférence et de railleries, ils devaient se cloîtrer dans le coin où ils se réunissaient, fermer les portes et les fenêtres, faire de la poésie une véritable religion. Les pratiques idolâtres, les entêtements de sectaires, les exagérations de fanatiques, allaient trouver là un excellent terrain. Toujours la persécution appelle la dévotion outrée. Aussi le mouvement poétique qui se déclara, eut-il tous les côtés étroits d'une chapelle fermée. Ce n'était plus la belle évolution de 1830 s'accomplissant au grand soleil, au milieu d'une époque folle de poésie ; c'était une conspiration d'illuminés, se reconnaissant à des gestes franc-maçonniques, à des formules bizarres. Comme les fakirs de l'Inde qui s'absorbent dans la contemplation de leur nombril, les Parnassiens passaient des soirées à s'admirer les uns les autres, en se bouchant les yeux et les oreilles, pour ne pas être troublés par le milieu vivant qui les entourait.

Alors, un nouveau romantisme fut créé, ou plutôt la queue romantique s'allongea d'un nouvel anneau. Victor Hugo, pour le grand public, restait bien toujours le chef indiscuté. Mais, pour les initiés, il n'était vraiment que le chef honoraire. Les Parnassiens avaient adopté le rite plus pompeux et plus correct de M. Leconte de Lisle. Quelques-uns faisaient leurs dévotions à Baudelaire. Tous reconnaissaient la souveraineté de la forme, tous juraient de bannir les émotions humaines de leurs œuvres, comme attentatoires à la majesté des vers. Il fallait être sculptural, sidéral, se placer en dehors des temps et de l'histoire, mettre son génie à trouver des rimes riches et à aligner des hémistiches aussi durs et aussi éclatants que le diamant. Aussi les Parnassiens allèrent-ils choisir leurs sujets dans les époques mythologiques, dans les pays les plus lointains et les moins connus. Chacun d'eux prit une spécialité. Il y en eut qui habitèrent les contrées du Nord, d'autres, l'Orient, quelques-uns, la Grèce ; enfin, d'autres campèrent parmi les étoiles. Pas un, au commencement, ne parut s'apercevoir que Paris existait, qu'il y avait des fiacres et des omnibus dans les rues, que le monde moderne, si puissant et si large, les coudoyait sur les trottoirs.

Avec des théories si étranges, le mouvement que les Parnassiens voulaient déterminer, était à l'avance frappé de mort. Ce ne pouvait être là qu'une fleur artificielle qui se fanerait vite, parce qu'elle ne poussait pas dans le terrain de l'époque. Il faudrait avoir assisté aux réunions des Parnassiens pour se douter des ambitions folles et puériles qui les gonflaient. Ils croyaient fermement qu'ils allaient révolutionner les lettres. La vérité est qu'ils n'ont pas tardé à se débander, et qu'aujourd'hui leur groupe n'est plus qu'un souvenir.

Je leur rends justice, d'ailleurs. Ils aimaient la poésie avec une passion très noble, et c'était déjà une chose fort recommandable que de ne pas céder aux succès faciles du journalisme et de s'enfermer pour faire leurs dévotions aux Muses. Leurs pratiques étaient enfantines, dangereuses même ; ils n'en conservaient pas moins le culte de la littérature, au milieu d'un âge qui se précipitait à toutes les jouissances immédiates. D'autre part, on ne saurait leur refuser un don merveilleux, celui de la forme. Ils ont poussé la science des vers à une perfection incroyable. Jamais, à aucune époque, on n'a rimé avec une largeur plus grande. La langue française, sous leurs doigts, a été travaillée comme une matière précieuse. Les plus médiocres sont parvenus à laisser des pièces d'une facture irréprochable.

Je ne puis tous les nommer, mais j'indiquerai les principaux d'entre eux. D'abord, je parlerai de M. Mendès, qui a apporté le talent d'assimilation le plus extraordinaire que je connaisse. Il a fait successivement du Victor Hugo et du Leconte de Lisle, d'une beauté magistrale; les deux maîtres auraient pu reconnaître et signer ses vers. Malheureusement, l'originalité lui a toujours manqué. Il semble trop intelligent et trop souple. Il n'a pas su trouver une note personnelle, peut-être à cause de son talent de versificateur: Lorsqu'on possède la forme à ce point, lorsqu'on a un si merveilleux doigté du clavier poétique, il arrive qu'on est condamné à d'éternelles variations sur des airs connus.

Je nommerai ensuite M. Dierx, qui a été, jusque dans ces derniers temps, un des fidèles compagnons de M. Mendès. Son bagage de poète est assez considérable. Il plane toujours, et sur des sommets inconnus des hommes. Les moindres idées avec lui, les plus vulgaires et les plus accessibles, s'habillent d'expressions bibliques, s'expriment par des images solennelles et interminables.

M. Anatole France s'est réfugié en Grèce. Le recueil qu'il a publié s'appelle les *Noces corinthiennes*. C'est un Chénier, moins la grâce. Il croit nous rendre l'antiquité. Je le nomme, parce qu'il représente toute une espèce, celle des romantiques qui ont rompu avec le moyen âge pour inventer une poésie néo-classique, d'une vérité aussi discutable, d'ailleurs, que la poésie classique du dix-septième siècle.

M. Verlaine, aujourd'hui disparu, avait débuté avec éclat par les *Poèmes saturniens*. Celui-là a été une victime de Baudelaire, et l'on dit même qu'il a poussé l'imitation pratique du maître jusqu'à gâter sa vie. Un moment pourtant, il s'est posé en rival heureux de M. Coppée, auquel je consacrerai tout à l'heure une étude spéciale. On les suivait l'un et l'autre, on se demandait lequel des deux emporterait la palme.

M. Mallarmé a été et est resté le poète le plus typique du groupe. C'est chez lui que toute la folie de la forme a éclaté. Poursuivi d'une préoccupation constante dans le rhythme et l'arrangement des mots, il a fini par perdre la conscience de la langue écrite. Ses pièces de vers ne contiennent que des mots mis côte à côte, non pour la clarté de la phrase, mais pour l'harmonie du morceau. L'esthétique de M. Mallarmé est de donner la sensation des idées avec des sons et des images. Ce n'est là, en somme que la théorie des Parnassiens, mais poussée jusqu'à ce point où une cervelle se fêle.

M. Jose Maria de Heredia a écrit des sonnets d'une beauté de forme incomparable. Les Parnassiens le reconnaissent volontiers comme celui qui a poussé la facture le plus loin. Son vers est retentissant, les syllabes rendent une sonorité de bronze. On ne saurait tirer d'une langue une musique plus triomphante. Cependant, le poète est peu connu du public, qui demande à la poésie autre chose qu'un bruit de cymbales.

Un autre poète de grand talent, M. Armand Silvestre, se rattache aussi au groupe parnassien. Il a écrit un recueil, la *Gloire du souvenir*, où il y a de beaux morceaux, dans une forme irréprochable. Je le goûterais davantage, s'il consentait à être plus humain. Mais je constate qu'il a su se dégager de l'école et se faire une place à part.

Je citerai encore : M. Mérat, dont les *Chimères* ont eu du succès ; M. Valade, qui a écrit un volume en collaboration avec M. Mérat : M. d'Hervilly, un esprit parisien, qui a refusé de s'enfermer tout entier dans la formule parnassienne ; M. Antony Valabrègue, un Provençal qui a publié quelques jolies pièces très travaillées ; M. Bergerat, le second gendre de Théophile Gautier, dont les *Poèmes de la guerre* ont fait quelque bruit. J'en oublie certainement, car il faut compter chez nous les jeunes poètes par douzaines. Mais, en somme, j'ai suffisamment indiqué quel a été, jusqu'à ces dernières années, le groupe parnassien. On l'a beaucoup plaisanté. Il n'en a pas moins joué un rôle dans notre littérature. Pendant toute une période malheureuse, il a tenu en garde le dépôt sacré de la poésie.

IV

Cependant, dans le groupe des Parnassiens, grandissait un jeune poète, M. François Coppée, qui devait un jour combattre victorieusement par ses œuvres la doctrine de l'impassibilité. C'est ainsi que chaque évolution littéraire porte sa réaction en elle. On aurait singulièrement scandalisé M. Mendès et ses amis, si on leur eût dit alors qu'ils réchauffaient un naturaliste dans leur sein. C'était pourtant la stricte vérité, le romantisme allait être trahi, et par un de ses disciples les plus fervents. M. François Coppée ignorait lui-même encore le rôle prépondérant qu'il était appelé à jouer.

D'ailleurs, il ne faudrait pas croire que les Parnassiens s'entendissent absolument ensemble. Ils se serraient les uns près des autres pour lutter contre l'indifférence publique ; mais, entre eux, ils se déchiraient parfois. Leur théorie esthétique n'était qu'un drapeau qu'ils arboraient pour être vus. Lorsqu'on commença à les plaisanter, tous se défendirent d'être Parnassiens ; et ils revendiquèrent avec assez de raison leurs personnalités, qu'on voulait noyer dans l'ensemble du groupe.

M. François Coppée, qui était né à Paris, en 1842, d'une famille d'origine flamande, fit donc, vers 1864, la connaissance de M. Catulle Mendès. Il entra immédiatement dans le cénacle et ne jura pendant longtemps que par Victor Hugo et M. Leconte de Lisle. Lui aussi se flattait d'être un impassible. Il avait accepté l'uniforme de l'école, dont la devise avait été écrite par M. Catulle Mendès : dans *Philomela*,

> La grande Muse porte un peplum bien sculpté
> Et le trouble est banni des âmes qu'elle hante.
> . . . .
> Pas de sanglots humains dans le chant des poètes.

Le poète alors avait une figure très fine et très intéressante. Il reproduisait d'une façon frappante le profil de Bonaparte jeune. Son père était mort, il vivait avec sa mère et deux sœurs dans une grande gêne. On donnait les détails les plus touchants sur sa vie. Presque au sortir du collège, il avait obtenu un emploi au ministère de la guerre, où il resta plus de dix ans. Maladif, d'une pâleur de cire, il paraissait d'un naturel triste, malgré de brusques gaietés nerveuses qui lui échappaient par moments. On ne sentait pas en lui une grande volonté, et il était facile de prévoir, dès lors, qu'il s'abandonnerait à son génie, qu'il suivrait sa pente sans chercher à se corriger en rien.

Dans le groupe parnassien, on lui accordait une facilité remarquable. M. Catulle Mendès l'avait catéchisé, et du premier coup le jeune poète s'était montré un impassible hors ligne. Je pourrais citer de lui des sonnets d'une forme absolument correcte, que M. Leconte de Lisle ne désavouerait pas. D'autre part, il avait déjà une facture d'une aisance extraordinaire. Lorsqu'on possède ainsi un métier parfait, il est toujours à craindre qu'on ne s'y attarde et qu'on ne s'y noie. Heureusement, M. Coppée portait en lui un besoin de passion et de larmes auquel il était incapable de résister.

Cependant, en 1867, — il avait alors vingt-cinq ans, — M. Coppée publia son premier recueil de vers, le *Reliquaire*. Ce recueil portait cette dédicace : « A mon cher maître Leconte de Lisle, je dédie mes premiers vers. » De plus, dans la première pièce intitulée : *Prologue*, le poète disait dédaigner « la douleur vulgaire qui pousse des cris superflus ». C'était là l'étiquette que lui imposaient ses amitiés littéraires. Mais, pour un critique sagace, il était déjà facile de deviner, en lisant le livre, que le poète n'aurait jamais un cœur d'impassible. Des larmes, des plaintes, toute une souffrance humaine imprégnait les moindres pièces d'un frisson amoureux. On y sentait une âme catholique, élevée dans une famille qui pratiquait, mais une âme troublée aussi par l'adoration de la femme, une adoration sensuelle et maladive, qui préparait au poète de grandes joies, de grandes mélancolies.

Une année plus tard, M. Coppée s'affirme tout à fait dans un nouveau recueil : *les Intimités*. Dès lors, le Parnassien a presque complètement disparu, l'amant seul demeure, un amant que la volupté brise et qui aime avec tous les raffinements des tendresses modernes. C'est là qu'il se compare à un page de douze ans, assis sur un coussin, aux pieds d'une princesse souffrante. On sent par moments que ce sont ses propres amours qu'il nous raconte. Il se plaint, à chaque vers, d'avoir été pris trop jeune par la passion, de mourir d'amour, de goûter à aimer « une mort exquise et lente ». Rien ne saurait être plus maladif ni plus charmant. Tout l'amour efféminé et passif de l'époque se trouve résumé dans ces vers.

Mais ce ne fut vraiment qu'après le grand succès du *Passant*, à l'Odéon, que M. Coppée rompit avec les Parnassiens. Sur la demande de la tragédienne Agar, il avait écrit un petit acte qu'elle devait jouer une seule fois, à un bénéfice. Or, ce petit acte assura la fortune du poète. Acclamé le premier soir, il est resté comme un bijou littéraire. C'est une simple scène à deux personnages; une conversation d'amour entre la courtisane Sylvia, qui rêve sur le perron de son château, et le chanteur Zanetto, qui passe par hasard dans le parc. On était alors en 1869, à la veille de l'écroulement de l'empire. Toute cette société française, qui avait bafoué la poésie, fut ravie et se grisa, en écoutant ces quelques vers. Du coup, M. Coppée fut connu. Ses premiers recueils, restés chez le libraire, se vendirent. On le reçut à la cour, l'empereur daigna causer cinq minutes avec lui. Jamais un succès ne fut si prompt.

Naturellement, les Parnassiens voyaient d'un œil inquiet ce compagnon séduire ainsi le public. Je ne les accuse point de jalousie, certes. Je veux dire seulement qu'ils flairaient un faux frère, dans cet amoureux dont la chair frémissait avec de pareils cris de tendresse. Sylvia et Zanetto leur semblaient beaucoup trop humains. D'ailleurs, l'abîme devait se creuser de plus en plus. M. Coppée, jetant tous les voiles, en était arrivé à s'intéresser à la vie moderne, aux humbles personnages qu'il coudoyait tous les jours. La scission était complète, le groupe de M. Catulle Mendès n'avait plus qu'à pleurer cette trahison. Ils s'en vengèrent en traitant M. Coppée de bourgeois. Je rappellerai ici la pièce de vers qui ameuta les Parnassiens et même une partie du public. Cette pièce, qui se trouve dans le recueil des *Humbles*, est intitulée : *le Petit Epicier*. Elle est restée, jusqu'à ce jour, le drapeau du naturalisme en poésie; en la lisant, on est loin de la *Charogne*, de Baudelaire, et des vers bibliques de M. Leconte de Lisle. C'est là une note nouvelle, un écho du roman contemporain. Et l'on aurait tort de croire que la tentative était facile à faire. On ne saurait s'imaginer quelle somme de difficultés vaincues il y a dans cette pièce. Il fallait l'outil si souple et si simple de M. Coppée pour réussir. Rien n'est plus malaisé que d'employer, dans nos vers français, les mots d'un usage courant ; la pompe classique et le lyrisme romantique nous ont habitués à une langue poétique particulière, dont les poètes ne peuvent guère sortir, sans risquer le ridicule.

Selon moi, ce qui distingue M. Coppée, c'est justement le merveilleux outil qu'il emploie. On dirait qu'il n'a passé par le groupe parnassien que pour exercer sa forme et la rompre à toutes les difficultés. Il est le seul qu'aucun mot n'embarrasse ; il fait tout entrer dans son vers. Il a des trouvailles de simplicité adorables, il descend sans platitude aux détails réputés jusqu'ici les moins poétiques.

Sans doute, je voudrais lui voir un peu plus d'énergie et de virilité. Ce qui lui manque, c'est la force. Il s'est trop longtemps oublié dans les plaintes amoureuses, dans des tendresses souffrantes, dont il paraît être sorti épuisé. Les poètes, je le sais, aiment à laisser croire que les femmes ont bu leur vie. Aussi ne veux-je pas conclure. M. Coppée travaille avec facilité, et je crois savoir qu'il rêve un grand poème moderne, où il tâcherait de faire tenir toute la vie actuelle. Lui seul, en ce moment, peut conduire une pareille entreprise à bonne fin. Il est maître de son métier, il n'a qu'à vouloir.

Je n'ai pas cité toutes les œuvres de M. Coppée. Il n'a guère que trente-six ans et il a publié plus de dix mille vers. Aux recueils que j'ai déjà nommés, il faut joindre les *Poèmes modernes*, le *Cahier rouge*, *Olivier*, poème, et des pièces détachées : la *Grève des forgerons*, *Plus de sang*, etc. Au théâtre, le *Passant* a été son seul grand succès. D'autres pièces, les *Deux Douleurs*, l'*Abandonnée*, le *Rendez-vous*, n'ont pas réussi. Pourtant, l'année dernière, au Théâtre-Français, on a vivement applaudi un acte : le *Luthier de Crémone*.

V

La dissidence de M. Coppée ne suffisait pas. D'autres poètes allaient affirmer la passion et la vie, des poètes grandis en dehors du groupe parnassien, inconnus hier et déjà célèbres aujourd'hui. Je nommerai surtout M. Maurice Bouchor et M. Jean Richepin.

C'est en 1874 qu'a paru le premier recueil de vers de M. Maurice Bouchor. Un artiste de la Comédie-Française récita à l'éditeur Georges Charpentier quelques pièces d'une facture charmante et facile, qui frappèrent beaucoup celui-ci. L'artiste apporta d'autres pièces, finit par fournir la matière d'un volume, et nomma l'auteur, un tout jeune homme qui n'avait pas vingt ans. Personne ne connaissait encore M. Bouchor; je crois même qu'il n'avait pas donné un seul vers aux journaux; en tout cas, il était profondément ignoré. Le volume fut mis en vente, et du jour au lendemain M. Bouchor était connu.

Ce prompt succès est aisé à expliquer. Le nouveau poète, au milieu des imitateurs de M. Leconte de Lisle, parmi ces rimeurs glacés qui se faisaient honneur de ne pas rire et de ne pas pleurer, apportait son cœur grand ouvert, riait et pleurait en montrant ses passions saignantes. On entendait enfin un homme, on sentait un frère, on échappait à l'ennui solennel de ces ciseleurs de pierres précieuses. M. Bouchor tenait surtout de Musset. En face de l'école triomphante de Victor Hugo, il con-

tinuait la tradition française, Régnier, La Fontaine
Musset. Et il avait le charmant débraillé du poète
des *Nuits*, il rimait au petit bonheur, il buvait et
mêlait des larmes d'amour à son vin. Le titre même
de son premier recueil fut une trouvaille.

J'ai dit que M. Bouchor n'avait pas vingt ans. Il
en a au plus vingt-trois aujourd'hui. C'est un grand
garçon, d'allure anglaise, qui appartient à une riche
famille. Il vagabonde, presque toujours en voyage.
Il affecte des vices qu'il n'a pas; mais c'est là une
forfanterie de jeunesse qui passera avec l'âge. Sa
grande passion est Shakspeare. Au fond, je lui
soupçonne une médiocre tendresse pour le monde
moderne Il ne faut voir, je crois, dans ses vers libres que la réaction d'un fantaisiste, amoureux
avant tout de la vie. L'inquiétant, c'est qu'il a une
grande facilité. Il fait, dit-on, ses vers un peu partout, excepté dans un cabinet de travail. L'abondance est à craindre à son âge. Son second volume :
les Poèmes de l'amour et de la mer, a été moins bien
accueilli.

Plus récemment encore, l'année dernière, un recueil de vers fit aussi un grand bruit. On connaissait
déjà l'auteur, M. Jean Richepin, comme journaliste
et comme prosateur. Mais on ne s'attendait pas à la
verdeur de sa muse, et le scandale fut tel, que le
parquet s'émut et saisit son livre. Il y eut jugement, quelques pièces durent disparaître; seulement, la vente du livre doubla. Ce livre, la *Chanson
des gueux*, est, en somme, très remarquable. Le
poète s'y affirme comme un réaliste audacieux, qui
ne mâche pas les mots crus, et qui appelle les
choses laides par leurs noms. Certains morceaux

sont même entièrement écrits en argot. Je dois dire
que ce sont ceux qui me plaisent le moins. Il me
semble que M. Richepin fait un effort trop visible
pour s'encanailler. Quand on peint le peuple, il
faut surtout de la bonhomie. Rien n'est criard
comme une note tapageuse, placée dans un tableau
dont toutes les parties ne sont pas équilibrées. On
sent que les détails canailles, chez M. Richepin, ne
sont pas vécus, qu'il les a plaqués là pour faire de
l'effet. Les peintres ont une expression qui exprime
nettement la chose : c'est fait de chic, c'est une
fantaisie qui joue la nature, mais qui n'a pas été
copiée sur elle.

Le grand danger est là. Dans le mouvement naturaliste qui s'opère, on prend trop souvent l'audace
pour la vérité. Une note crue n'est pas quand même
une note vraie. Il faut au contraire un grand talent
pour garder de la mesure et de l'harmonie, lorsqu'on descend à la peinture des classes d'en bas.
Ainsi, M. Richepin, qui se pose en réaliste, me paraît être romantique plus encore. Ses gueux sont
des gueux de Callot, et non des gueux contemporains, tels qu'on en rencontre dans les coins noirs
de Paris. Cela vient de ce qu'il a forcé les ombres et
les lumières de ses figures, de ce qu'il ne s'est pas
asservi à une analyse patiente de ses modèles.

Au fond, chez M. Richepin, l'imitation de Baudelaire est très visible. Il diffère de Baudelaire en ce
qu'il est moins puriste et qu'il risque tout. D'autre
part, il est plus bruyant, d'une ivresse bavarde et
gasconne. J'aimerais mieux, je le répète, un souci
de la note juste. On s'en tire toujours, lorsqu'au
bout d'une strophe on plante le plumet du lyrisme,

Certes, je n'en reconnais pas moins le **grand talent** de M. Richepin. Son recueil est très curieux et rendra le service d'habituer le public aux audaces. Jusqu'à ce jour, on n'a point fait de tentative plus risquée. Le poète est très jeune, et il a tout le temps de comprendre que, lorsqu'on est pris de tendresse pour le monde moderne, il faut avoir la patience de l'étudier avant de le peindre. **En tout cas, nous voilà bien loin des Parnassiens.** C'est évidemment une nouvelle évolution poétique qui commence.

D'ailleurs, certains symptômes ne sauraient mentir. M. Maurice Bouchor et M. Jean Richepin se connaissent et font bande à part ; je pourrais encore nommer M. Paul Bourget, un de leurs compagnons, qui vient de terminer un poème moderne. Il y a donc là un groupe en formation. Mais ce n'est point tout. D'autres poètes poussent isolément. En parcourant les rares journaux littéraires qui publient des vers, je lis parfois des pièces très caractéristiques, annonçant une tendance naturaliste chez beaucoup de débutants. C'est ainsi que je parlerai du poème d'un jeune homme, M. Guy de Maupassant. Ce poème, intitulé : *Au bord de l'eau*, est simplement l'histoire des amours d'une blanchisseuse, rencontrée un soir par un jeune homme, et qui épuise son amant sous ses baisers. La donnée est un peu risquée, mais j'ai rarement vu un tableau plus magistral et d'une vérité plus vraie.

Qui ne comprend que la réalité apporte aux poètes une poésie nouvelle ? Un poète naîtra qui dégagera du milieu contemporain une formule poétique d'une très grande largeur. Une blanchisseuse se rendant au lavoir, un jardin public empli de promeneurs, une forge retentissant du bruit des marteaux, un départ en chemin de fer, un marché même avec la vie grouillante des vendeuses, tout ce qui vit, tout ce qui nous entoure, peut être porté dans les vers et y prendre un charme très grand. Pour accomplir cette évolution, il suffit qu'un poète de génie invente la nouvelle langue poétique. L'obstacle est la forme à trouver. Aujourd'hui, on n'ose pas encore risquer certains sujets. M. Coppée reste timide, et M. Richepin est trop hardi. C'est une harmonie à régler

VI

On peut prévoir déjà quelle sera ma conclusion. Mais, avant de la donner, il me reste à parler de deux poètes qu'il ne m'a pas été permis de faire entrer dans ma classification. Il s'agit de M. Alphonse Daudet et de M. Sully-Prudhomme.

Tous deux ont grandi à part; on ne saurait les rattacher à aucun groupe. Je dois ajouter, pour M. Daudet, qu'il ne fait plus de vers depuis longtemps. Il rimait, et d'une façon fort aimable, lorsqu'il courait encore la bohème, dans le printemps de son âge. On sait quelle place il a su se faire depuis cette époque, déjà lointaine. Il a commencé par des contes délicieux ; il a continué par des romans, dans lesquels il a de plus en plus élargi son cadre ; enfin, il en est arrivé à son dernier volume, le *Nabab*, l'œuvre la plus forte qui soit sortie de sa plume, et qui est une étude parisienne d'une grande largeur. Aujourd'hui, le romancier écrase le poète.

Mais M. Daudet, je le sais, aime à se rappeler le poète qu'il a été. Sans doute, sa place dans la poésie contemporaine est modeste, et ce n'est pas moi qui me plaindrai de le voir s'enfermer dans la prose. Mais il n'en a pas moins été un poète très fin, très délicat, et il mérite, en somme, qu'on ne l'oublie pas.

A cette époque, il marchait en pleine fantaisie. L'amour du Paris moderne, des tableaux de la vie contemporaine, ne l'avait pas encore pris tout entier. Il rêvait aux étoiles, buvait de la rosée, se montrait tendre pour les fleurs et les papillons. Tout frais débarqué de la Provence, avec un rayon de soleil dans les yeux, il n'avait certes pas deux idées esthétiques dans la tête. La note attendrie surtout lui plaisait. Il aimait les vers trempés d'une larme et d'un sourire. On n'aurait pas trouvé en lui une seule des poses olympiennes des Parnassiens, pas plus qu'il ne se serait laissé aller aux crudités et aux joyeuses soûleries de MM. Richepin et Bouchor. Il jouait d'une flûte aux sons purs et un peu grêles, qui lui appartenait bien en propre.

D'ailleurs, il n'a pas écrit plus d'un millier de vers. Il les a tous réunis sous le titre général : *les Amoureuses*. Même, pour compléter le volume, on a dû ajouter quelques contes en prose. Les titres des pièces diront suffisamment le caractère tout fantaisiste de ce recueil : la *Vierge à la crèche*, les *Bottines*, *Clairette*, le *Rouge-Gorge*, les *Aventures d'un papillon et d'une bête à bon Dieu*. Mais il y a surtout une pièce qui est célèbre. Je veux parler des *Prunes*, une suite de triolets que des comédiens ont dits certainement dans tous les salons de Paris. Cette pièce est charmante, et pour connaître M. Daudet poète, il suffit de la lire.

M. Sully-Prudhomme est d'un tempérament tout opposé. On fait un grand cas de lui, il est regardé comme le poète le plus remarquable que nous ayons eu depuis Baudelaire et M. Leconte de Lisle. Seulement, comme il n'appartient à aucune chapelle littéraire, il n'a point la célébrité qu'il mérite. Ce qui le caractérise surtout, c'est une préoccupation des grands problèmes philosophiques. Plus il va, et plus il avance dans l'abstraction, plus il entre dans les formules métaphysiques. De la poésie il tend à la philosophie.

Certes, c'est là une marche périlleuse. On sait combien la philosophie s'accommode mal des images, ou plutôt combien elle prête peu aux images. Aussi les vers de M. Sully-Prudhomme, si solides et si forts, deviennent-ils plus nus et de couleur plus sévère, à mesure que la tension de son esprit est plus grande. On lui reproche donc de nuire au magnifique poète qu'il y a en lui. Mais si, en effet, ses derniers vers sentent l'effort, pour arriver à exprimer des idées qui sont à peu près intraduisibles en poésie, il faut ajouter qu'il y a eu un moment d'une maturité splendide dans son talent. Son besoin de précision, son esprit tourné vers les études graves, ont donné à quelques-unes de ses pièces une solidité incomparable, une correction inconnue depuis notre période classique. Personne mieux que lui n'a enfermé une pensée simple et saisissante dans la forme difficile et compliquée d'un sonnet. Il ne cherche pas l'éclat, le lyrisme, l'imprévu des couleurs étranges et des rimes riches ; il lui suffit de mettre son idée dans une lumière éclatante, si bien qu'on ne saurait plus l'oublier. Dans ce genre, son chef-d'œuvre est la pièce intitulée : *le Vase brisé*. Ce sont des strophes célèbres entre toutes, que chacun sait par cœur, et qui donnent une idée exacte de la manière de M. Sully-Prudhomme.

Il est fâcheux, sans doute, que M. Sully-Prudhomme se perde dans des recherches, dans des efforts où il compromet son don de poète. Mais je suis très frappé de l'obsession que produisent en lui les idées philosophiques, et je vois là le travail sourd de l'esprit moderne. Il ne faut point s'y tromper, la poésie aura un jour à compter avec la science ; j'oserai même dire que la grande poésie de ce siècle, c'est la science, avec son épanouissement merveilleux de découvertes, sa conquête de la matière, les ailes qu'elle donne à l'homme pour décupler son activité. M. Sully-Prudhomme est donc pour moi le poète touché par la science, et qui en meurt. Il s'agite en pleine évolution naturaliste.

Ai-je besoin de conclure, maintenant? J'ai montré le romantisme triomphant. Nous en avons encore pour cent ans, avant de nous débarrasser complètement de cette lèpre, qui s'est attachée à notre littérature et qui a dévoyé notre génie national. Jusqu'à ce jour, ce sont les disciples de Victor Hugo qui tiennent le haut du pavé, les disciples immédiats, tels que Gautier et Baudelaire, MM. de Banville et Leconte de Lisle, et les disciples de deuxième main, tels que M. Catulle Mendès et tous les jeunes poètes qui se sont groupés autour de lui. A la vérité, l'influence de Musset semble vouloir s'étendre aujourd'hui. Il y a là une réaction fatale des poètes passionnistes contre les poètes impassibles. Mais, comme je l'ai dit, ce ne sera qu'une autre forme de la queue romantique. Notre époque continuera à copier 1830. M. Coppée reste malheureusement trop à l'écart du mouvement naturaliste; son outil poétique paraît trop délicat pour la grosse et lourde besogne qu'il y aurait à faire. D'un autre côté, M. Richepin n'est guère bon qu'à effrayer les bourgeois, avec ses crudités inutiles et ses poèmes modernes violemment éclairés à la Rembrandt. L'homme attendu ne semble pas né.

En poésie, aucun véritable créateur ne s'est produit depuis Lamartine, Hugo et Musset. Tous nos poètes, sans exception, vivent sur ces trois ancêtres. On n'a rien inventé en dehors d'eux. Il y a là un fait qu'il faut constater. C'est pourquoi j'imagine que le grand poète de demain devra commencer par faire table rase de toutes les esthétiques qui courent les rues à cette heure. Je crois qu'il sera profondément moderne, qu'il apportera la note naturaliste dans toute son intensité. Il exprimera notre monde, grâce à une langue nouvelle qu'il créera.

GEORGE SAND

I

Le roman moderne français a fait une grande perte. George Sand est morte à son château de Nohant, le jeudi 8 juin 1876, à dix heures et demie du matin.

Pour mettre debout cette haute figure littéraire, il faut avant tout préciser l'heure où elle se produisit. Son premier roman : *Indiana*, est de 1832. Presque au même moment, Balzac publiait *Eugénie Grandet* ; il avait donné le premier ouvrage signé de son nom : *les Chouans*, en 1827. Enfin, Victor Hugo, dont le premier roman : *Han d'Islande*, est de 1824, écrivait *Notre-Dame de Paris*, en 1831. On le voit, George Sand était parmi les ouvriers du commencement de ce siècle ; elle marchait de front avec les inventeurs du roman moderne, elle apportait au même titre qu'eux son originalité à ce large mouvement de 1830, d'où est sortie toute notre littérature actuelle. Pour nous, elle est un ancêtre, et un ancêtre qui ne doit rien aux individualités puissantes parmi lesquelles elle a grandi.

Il faut se souvenir également de ce qu'était le roman, à cette époque de 1830. Le dix-huitième siècle n'avait laissé que *Manon Lescaut* et *Gil Blas*. La *Nouvelle Héloïse* n'était guère qu'un poème de passion, et *René* restait une lamentation poétique, un cantique en prose. Aucun écrivain n'avait encore abordé franchement la vie moderne, la vie que l'on coudoyait dans les rues et dans les salons. Le drame bourgeois semblait bas et vulgaire. On ne s'était pas soucié de peindre les querelles des ménages, les amours des personnages en redingote, les catastrophes banales, mariage ou maladie mortelle, qui terminent d'ordinaire les histoires de ce monde. Sans doute, la nouvelle formule du roman était dans l'air, et elle se trouvait préparée par une transformation lente, depuis les contes épiques de Mlle de Scudéri jusqu'aux premières œuvres non signées de Balzac. Mais, cette formule, il s'agissait de la dégager nettement et de l'appliquer dans des œuvres fortes. En un mot, le roman tel que nous le connaissons, avec son cadre souple, son étude du milieu, ses personnages vivants, était entièrement à créer.

J'ai nommé Victor Hugo, et je veux l'écarter tout de suite, car je ne vois pas en lui un romancier. Il a mis dans le roman ses procédés de poète, la création énorme de son tempérament lyrique. Il demanderait une étude à part. Selon moi, les deux seules figures qui se détachent vigoureusement, au seuil du siècle, à droite et à gauche de cette grande route du roman qu'une foule si considérable d'écrivains a suivie, depuis bientôt cinquante années, sont les figures de Balzac et de George Sand. Ils m'apparaissent comme les deux types distincts qui ont engendré tous les romanciers d'aujourd'hui. De leurs poitrines ouvertes coulent deux fleuves, le fleuve du vrai, le fleuve du rêve. Je ne parle pas d'Alexandre Dumas, qui, lui aussi, a été le père de tout un peuple de conteurs, mais dont la descendance a avili l'héritage, au point d'en faire la monnaie courante de la sottise.

George Sand est donc le rêve, une peinture de la vie humaine, non pas telle que l'auteur l'a observée, mais telle qu'il voudrait avoir la puissance de la créer. Nous restons là dans l'idéalisme de Rousseau et de Chateaubriand. George Sand continue la *Nouvelle Héloïse* et achève *René*. Elle précise simplement la formule du roman que lui transmet le dix-huitième siècle, l'élargit et lui conquiert un monde. Mais c'est tout, elle n'a rien de révolutionnaire, littérairement parlant. Sa méthode, sa phrase sont absolument dans la tradition ; la chaîne ne se rompt pas en passant par ses œuvres. Elle est, en un mot, le développement naturel de ses devanciers. Il faut surtout insister sur sa façon de comprendre le roman et d'en user, car là est la marque caractéristique de son individualité. Certes, il y a un peintre admirable en elle, un observateur très fin par moments, un esprit très délié à saisir le travail sourd et le heurt violent des passions ; seulement, elle n'emploie pas ses facultés sans leur tenir la bride, sans exercer une police sévère. Ainsi, elle ne peint pas tout indifféremment, elle observe plutôt pour guérir que pour constater, elle modère ou précipite les passions selon ses besoins d'écrivain, sans toujours respecter le jeu de la machine humaine. La meilleure comparaison, si l'on veut avoir une idée nette de son tempérament d'écrivain, est encore celle d'un médecin qui, après avoir ausculté son malade évite de s'étendre sur la maladie, parle uniquement du remède et décrit ensuite avec complaisance la santé heureuse qu'il va rendre à ce corps moribond. George Sand, toute sa vie, a souhaité d'être un guérisseur, un ouvrier du progrès, l'apôtre d'une existence de béatitude. Elle était de nature poétique, ne pouvait marcher longtemps à terre, s'envolait au moindre souffle de l'inspiration. De là, l'étrange humanité qu'elle a rêvée. Elle déformait toutes les réalités qu'elle touchait. Elle a créé un monde imaginaire, meilleur que le nôtre au point de vue de la justice absolue, un monde qu'on doit parcourir les yeux fermés, et qui prend alors le charme et la sympathie attendrie d'une vision évoquée par une bonne âme.

Balzac est le vrai, au contraire. Le médecin n'est plus un guérisseur ; c'est un anatomiste et un philosophe, qui écoute la vie pour en compter avec exactitude les battements. Il travaille sur le corps humain, sans pitié pour ces chairs pantelantes, ces secousses nerveuses des muscles, ce craquement de toute la machine. Il constate et il expose, pareil à un professeur de clinique qui décrit une maladie rare. Plus tard peut-être, grâce à ses observations précises, trouvera-t-on la guérison ; mais lui reste dans l'analyse pure. On comprend dès lors que cet observateur puissant dit tout ce qu'il a vu et dans quelles conditions il l'a vu ; avec lui, aucune réserve, aucun voile, l'humanité apparaît toute nue, telle qu'elle est ; avec lui, la bête est libre, il ne gêne pas ses mouvements, il ne cherche pas à corriger ses allures, ne lui fait pas subir une éducation avant de nous la présenter. Il marche à terre, il se hausse seulement sur ses gros membres pour embrasser un plus large horizon. En un mot, c'est un scalpel de praticien qu'il a dans la main, et non un ébauchoir d'artiste idéaliste. De là, son monde si réel qu'on se rappelle l'avoir coudoyé sur les trottoirs, cette création vivante, faite de notre chair et de nos os, qui est à coup sûr le prodige intellectuel le plus extraordinaire du siècle.

Balzac et George Sand, voilà les deux faces du problème, les deux éléments qui se disputent l'intelligence de tous nos jeunes écrivains, la voie du naturalisme exact dans ses analyses et ses peintures, la voie de l'idéalisme prêchant et consolant les lecteurs par les mensonges de l'imagination. Il y a près de cinquante ans que l'antagonisme a été posé et que l'expérience dure ; depuis bientôt un demi-siècle, le réel et le rêve se battent, partagent le public en deux camps, sont représentés par deux formidables champions qui ont tâché de s'écraser réciproquement, sous une fécondité formidable. Je dirai en terminant où en est, selon moi, la question, et lequel des deux est en train de vaincre, de Balzac qui est mort en 1852, ou de George Sand qui vient de s'éteindre en 1876.

Mais, avant d'aller plus loin, je veux saluer cette glorieuse époque de 1830, qui a vu chez nous un si large épanouissement littéraire. En 1857, Théophile Gautier écrivait déjà : « Vingt-sept ans nous séparent de 1830, et l'impression d'enchantement subsiste toujours. De la terre d'exil où l'on poursuit le voyage, gagnant la gloire à la sueur de son front, à travers les ronces, les pierres et les chemins hérissés de chausse-trappes, on retourne, avec un long respect, des yeux mélancoliques vers le paradis perdu. » Notre génération, je parle des hommes qui ont aujourd'hui trente-cinq ans, ne peut voir les années mortes qu'en imagination, lorsqu'on lui raconte ces temps d'enthousiasme et de foi, où l'air grisait. Il nous en arrive un bruit de bataille, des vers et des panaches jetés à tous les vents, des folies de héros qui ne savaient comment dépenser le trop-plein de leur vie. Nous entendons le vacarme épique d'une grande forge, le soufflet rugissant sur la flamme, les marteaux tombant en cadence, les géants de l'époque forgeant, au milieu d'un roulement de tonnerre, les œuvres de feu et de fer qu'ils nous ont laissées. Sans doute, aujourd'hui que nous sommes sceptiques, il faut faire la part de la mode, du carnaval de ces jours de jeunesse et de gaieté. Des vieillards que j'ai interrogés, ont souri, en me disant pour combien la légende entrait dans la levée glorieuse de 1830. Mais ce qu'on ne peut nier, ce sont les œuvres de Balzac, de George Sand, de Victor Hugo, d'Alfred de Musset, de Michelet, de Théophile Gautier, de Lamartine, de Stendhal, pour ne citer que ceux-là. Une époque qui a produit de tels hommes, doit rester dans l'histoire comme féconde et puissante entre toutes.

J'ai souvent rêvé, en lisant les biographies de ces

écrivains. Pour comprendre ma tristesse, il faut connaître notre époque actuelle et la comparer aux années mortes. Les écrivains du commencement du siècle nous apparaissent dans une sorte de camaraderie héroïque, serrés les uns contre les autres, partant en guerre pour la conquête des libertés littéraires. Ils ont des sabres, ils deviennent les rois du pavé de Paris, ils vont jouer de leurs guitares à Naples ou à Venise. Et nous, à cette heure, nous vivons en loups, chacun dans son coin, nous guettant d'un œil louche ; les rues appartiennent aux charlatans ; les guitares sont brisées, et nous ne connaissons guère que les grandes eaux de Versailles. Je sais bien que mes regrets pour toutes ces bamboches du carnaval romantique, ne sont pas d'un homme fort. En somme, l'Italie ne me tient guère au cœur, car je préfère mon grand Paris moderne aux antiquailles des contrées étrangères. Les écrivains sont devenus des bourgeois, ce qui n'est point un mal et ce qui leur permet d'étudier le vrai, avec une passion plus sage et plus constante. Il faut être dans la vie de tout le monde, pour aimer et peindre la vie de tout le monde. C'est notre art nouveau, notre amour du réel, l'horreur de la pose et les nécessités de l'observation continue, qui nous ont embourgeoisés et enfermés dans nos cabinets de travail, comme des hommes de science. Mais ce qu'on peut regretter, ce sont les grandes amitiés, la fraternité des esprits. Nous nous isolons, et nous portons lourdement le poids de notre solitude.

Oui, notre œuvre littéraire manque aujourd'hui de cet éclat de jeunesse qui a laissé un rayonnement aux premières années de la monarchie de Juillet. Certes, je crois que nous continuons dignement la besogne ; mais nous en sommes au moment ingrat de l'âge mûr, lorsqu'il ne suffit plus de chanter et qu'il faut professer le vrai. Voilà pourquoi notre époque paraît triste. Nous marchons au milieu des ruines de la cathédrale romantique. A chacun des maîtres de 1830 qui meurt, c'est comme un nouveau pilier qui s'effondre. Lamartine, Théophile Gautier, Michelet, Edgar Quinet s'en sont allés. Voici George Sand qui vient de partir. Il ne reste plus debout que Victor Hugo, le chef, le géant, dont les fortes épaules suffisent encore à porter tout l'édifice branlant. Mais, après lui, la charrue pourra passer dans le champ désert.

II

George Sand est née à Paris, en 1804. Elle descend par son père de Maurice de Saxe, fils naturel d'Auguste II, roi de Pologne. En 1808, son père meurt, et elle est élevée au château de Nohant, près de la Châtre, dans le Berri, entre sa mère et sa grand'mère, qui se disputent son affection. Elle reste là jusqu'en 1817, c'est-à-dire jusqu'à treize ans. Cette première enfance est caractéristique. Elle vit libre, lâchée en pleine nature, courant les bois avec les petits paysans, prenant des allures garçonnières, se passionnant pour les eaux claires et les grands arbres. Sa bonhomie, sa simplicité, son amour de l'égalité, furent pris par elle à cette source, dans cette belle existence de fille du grand air. Plus tard, quand elle parla de la campagne avec un sentiment si large, c'était qu'elle se souvenait. Même, dès l'enfance, son génie semble se trahir : elle invente aux veillées des histoires interminables ; elle rêve un héros, qu'elle appelle Corambé et auquel elle dresse un autel de pierres et de mousse, dans un coin du jardin ; pendant des années, elle porte Corambé dans son cœur, mûrissant le projet d'écrire un roman, une sorte de poème dans lequel elle contera les aventures extraordinaires de cet illustre personnage de son imagination. Les facultés maîtresses, l'invention et l'idéalisation, se trahissaient déjà.

Mais, à treize ans, un gros malheur la frappa. Sa mère et sa grand'mère ne peuvent décidément s'entendre au sujet de son éducation, et il est résolu qu'elle sera mise au couvent, à Paris. Pensez quelle dut être la tristesse de cet oiseau libre, enfermé dans la cage noire des Augustines anglaises, rue des Fossés-Saint-Victor ! Elle pleure en songeant à sa chère nature, aux bois profonds, aux matinées si limpides de soleil, aux soirées d'un crépuscule si tendre. Cependant, le couvent a un vaste jardin ; elle se console et finit par reprendre sa liberté d'allures. D'abord, elle se montre indisciplinée, elle menace de révolutionner la maison. Puis, brusquement, agenouillée un matin dans la chapelle, elle se croit touchée par la grâce, elle éprouve une telle crise de dévotion, qu'elle parle de se faire religieuse. C'est le roman de cette époque de sa vie ; Corambé était oublié, Jésus le remplaçait. Mais la crise ne fut pas de longue durée. Un vieux confesseur, un jésuite, la tira de la terrible maladie des scrupules, où tom-

bent toutes les jeunes dévotes trop ardentes. Elle
paraît avoir dès lors été très tiède, la religion ne
l'ayant pas contentée. Mais il lui fallait une occupa-
tion, une passion, et elle imagine de monter un
théâtre et de divertir la communauté ; c'est elle
qui arrange les pièces, à l'aide des souvenirs qu'une
ancienne lecture de Molière lui a laissés. A toutes
les époques de sa vie, on retrouve ainsi une flamme
intérieure, un besoin de se dépenser par le travail
ou par la rêverie.

En 1820, à seize ans, elle revient à Nohant, et
perd sa grand'mère l'année suivante. Sa mère restait
seule pour veiller sur elle ; mais c'était un caractère
triste et irritable, dont elle semble avoir eu beaucoup à souffrir. Elle jouit d'ailleurs d'une liberté
complète, reprend ses jeux et ses longues courses.
Elle monte à cheval, bat les chemins, suivie seulement d'un petit paysan. Ce sont alors ses lectures
qui ont sur elle une influence décisive. Elle lit
tout ce qui lui tombe sous la main. Les ouvrages
d'histoire et de philosophie ne lui font pas peur ;
au contraire, elle les recherche. Au couvent, la
Bible et l'*Imitation* la passionnaient. A Nohant,
elle est d'abord enthousiasmée par le *Génie du
christianisme*. Puis, Jean-Jacques Rousseau la frappe
d'un coup de foudre ; elle a trouvé la révélation
cherchée jusque-là, elle se donne tout entière à son
maître. Naturellement, sa religion était fort ébran-
lée ; elle avait lu Mably, Leibnitz, et s'habituait au
libre examen. Elle pratiquait pourtant encore,
lorsqu'une querelle avec son confesseur la sépara
complètement de l'Église. Dès lors, elle est déiste,
ce qu'elle restera toute sa vie ; elle a la religion

des poètes, qui adorent Dieu en dehors des cultes existants. Il faut dire qu'à cette époque la poésie la conquiert, Byron et Shakspeare l'enlèvent dans un élan d'admiration. Elle est fixée, l'art devient sa vraie croyance. Tout cela ne va pas, d'ailleurs, sans une certaine contagion. Elle glisse à la désespérance des grandes âmes du siècle ; elle subit la mode et pleure les larmes de René. Si les poètes lui soufflent la mélancolie, Rousseau lui apprend la révolte. Elle traite la société de marâtre et songe peut-être déjà à la combattre. Même elle pousse le dégoût de la vie si loin, qu'un jour elle rêve le suicide, en lançant son cheval dans un fossé très profond.

Certes, une pareille nature, forte, libre, émancipée de pensée et d'action, semblait peu faite pour le mariage. Quand on déteste les hommes, il est rare qu'on s'entende avec un mari. Cependant, pour échapper aux mauvaises humeurs de sa mère, elle consent, en 1822, à épouser M. Dudevant, fils d'un baron de l'empire. Le ménage va neuf ans, au milieu de querelles croissantes. Enfin, en 1831, un arrangement intervient, une séparation a lieu. Elle avait eu deux enfants ; elle part pour Paris avec sa fille, en laissant son fils à son mari. Elle est alors âgée de vingt-sept ans, et l'heure de sa gloire est arrivée.

A Paris, ses commencements sont fort modestes. Elle gagne quelque argent à peindre de petites compositions sur des étuis à cigares et sur des tabatières en bois de Spa. Mais son intention est surtout d'écrire ; elle cherche d'abord des traductions, puis s'enhardit, va demander conseil à Balzac, qui ne la devine pas et cherche à la décourager. Delatouche, directeur du *Figaro*, finit par lui ouvrir son journal, où ses débuts furent très peu brillants. Enfin, elle publie, en collaboration avec M. Jules Sandeau, son premier roman, *Rose et Blanche*, et donne, quelques mois plus tard, *Indiana*, signé de ce nom de George Sand, qu'elle devait illustrer. Tout le monde sait comment ce nom fut composé : Delâtouche, quand il inséra *Rose et Blanche*, coupa d'abord le nom de M. Jules Sandeau en deux, et le livre fut signé Jules Sand; puis, pour garder cette signature, lorsque parut *Indiana*, il conseilla à celle qui n'était alors que madame Dudevant, de changer simplement le prénom de Jules en celui de George.

George Sand vient au monde. Ici se place la période aventureuse de sa vie, les excentricités qui ameutèrent longtemps contre elle les bourgeois pudibonds. Elle adopte le vêtement d'homme, qu'elle avait d'ailleurs porté à Nohant pour ses longues excursions. Elle a une redingote-guérite en gros drap gris, et une cravate de laine. Elle ressemble à un étudiant de première année. Ses bottes surtout la ravissent. Elle en a parlé elle-même : « J'aurais volontiers dormi avec. Avec ces petits talons ferrés, j'étais solide sur le trottoir; je voltigeais d'un bout de Paris à l'autre. » Ajoutez qu'elle fumait des cigarettes et même des cigares. Le scandale fut au comble. Ses premiers romans, dans lesquels elle s'attaque si âprement au mariage, font d'elle, aux yeux du gros public, un monstre, un révolutionnaire qui vit dans la débauche et qui rêve de démolir la société tout entière. Aujourd'hui, je crois qu'il est inutile de la défendre. On était en plein dans le carnaval romantique; elle portait des culottes comme on porte une cocarde, par amour pour Byron. Les audaces de l'esprit n'allaient pas sans les audaces du costume. Elle voulait être un homme.

Alors, commence sa longue production de quarante années, cette intarissable source d'œuvres qui ne s'est pas ralentie une heure. Elle reste femme fatalement, et femme émancipée, croyant à l'amour libre, à la sainteté de la passion. Je ne veux pas descendre dans les détails d'alcôve et répéter les légendes qui ont couru parmi les bourgeois épouvantés. Mais certaines de ses liaisons appartiennent à l'histoire littéraire, par l'influence qu'elles eurent sur son talent. Il faut absolument rappeler son voyage en Italie avec Alfred de Musset, cet amour sous le ciel bleu de Venise, dont elle a raconté elle-même le tragique dénouement dans *Elle et lui*. Il faut la montrer avec Michel (de Bourges), avec Pierre Leroux, avec Frédéric Chopin, qui façonnèrent tour à tour son âme. Bien d'autres vinrent, que je n'ose nommer, parce que des certitudes seraient nécessaires. Elle semble rester haute et fière, au milieu de toutes ses passions, plus curieuse de l'esprit que de la chair, cherchant peut-être un maître qu'elle ne trouva pas, comme don Juan, passionné de beauté, cherchait inutilement son idéale maîtresse. Elle n'a eu des désirs que devant le talent, et nous verrons tout à l'heure, en étudiant ses œuvres, que le tribun Michel (de Bourges), le philosophe humanitaire Pierre Leroux, le grand compositeur Frédéric Chopin, la possédèrent surtout dans son esprit.

Forcément, elle est républicaine; elle salue la

République de 48 en style lyrique. Mais, dès les journées de Juin, elle reste toute troublée par les massacres ; sa bonté se révolte, elle ne comprend plus la nécessité de la lutte. Une fois encore, elle est là tout entière, avec ses élans de foi et ses indolences naturelles. Elle se retire à Nohant, où elle écrit ses romans champêtres, comme pour se reposer de sa campagne révolutionnaire ; elle avait collaboré à la *Commune de Paris*, avec Barbès et Sobrier ; elle avait même fondé un journal : la *Cause du Peuple*. Et ses romans champêtres resteront ses chefs-d'œuvre, car elle y a mis le meilleur d'elle-même, dans ce besoin de calme et de bonté dont elle fut prise après la lutte, quand le tocsin des journées de Juin sonnait encore à ses oreilles. Alors, son cœur paraît s'apaiser, sa vie s'élargit et prend l'aspect d'une nappe dormante, dont l'eau de cristal reflète le ciel. L'automne pour elle commence de bonne heure et a une douceur, une maturité superbes. Elle devient la châtelaine de Nohant que notre génération a connue, elle appartient toute à ses petites-filles et au travail. Un traité qui la liait à la *Revue des Deux Mondes*, l'a forcée à tenir la plume jusqu'à sa dernière heure. Pendant le second empire, elle produit sans relâche, elle retourne à l'art pur, dégagée des influences philosophiques et humanitaires. C'est comme une seconde jeunesse, plus calme et plus limpide. Il y a deux mois à peine, elle publiait encore un roman, son dernier.

Rien de plus digne que cette haute figure de matrone. Sa vieillesse a inspiré le respect à tous. Les injures avaient cessé autour d'elle. On ne songeait plus aux excentricités ni aux révoltes d'autrefois, on ne voyait que son grand talent, sa virilité dans la production. Elle avait une simplicité de mère de famille, tricotait, soignait ses poules, veillait à l'hospitalité large qui était la vieille règle de la maison. Elle gardait ses nuits pour le travail. Elle devenait de plus en plus silencieuse et grave, parlant peu, répondant par des sourires. Et elle est morte en grande âme simple, elle a voulu être enterrée sans éclat, dans le cimetière de son village, sous cette terre foulée autrefois par ses petits pieds d'enfant.

Il existe des portraits très caractéristiques de George Sand. Le plus ancien est une gravure de Calamatta, d'après le tableau d'Ary Scheffer. George Sand avait alors trente-six ans. Elle était d'épaules puissantes. La tête, un peu forte et allongée, avait une largeur de traits et des yeux magnifiques qui lui donnaient un caractère de beauté énergique et tranquille. Les cheveux, collés aux tempes en épais bandeaux, augmentaient encore cette expression de souveraine paix, dans les audaces de la pensée. Plus tard, Couture fit, d'après elle, un fusain qui la représente épaissie déjà, mais ayant gagné en bonté ce qu'elle avait perdu en beauté romantique. Enfin, tout le monde connaît les dernières photographies qui la montrent simplement vêtue de laine, ayant renoncé à toute coquetterie, ne gardant plus sur son visage de matrone que la bonhomie de son cœur. La face est grosse, les yeux restent beaux, les lèvres se sont avancées dans une moue de tendresse et de douce philosophie. Il semble que l'amour de la nature a fini par donner à ce masque l'expression de gravité attendrie des vieilles paysannes, qui ont vécu continuellement en plein air. Elle avait la vieillesse se

reine des arbres, le front haut, la peau hâlée, avec
des bouffées de jeunesse miraculeuse, pareilles à ces
rejets de verdure, qu'on voit pousser brusquement au
printemps, sur les troncs à demi morts.

III

Dans cette longue existence si bien remplie, j'ai
indiqué les grands faits, les phases générales. Maintenant, je puis avec plus de facilité dégager l'être
même et le tempérament littéraire de George Sand.
On la jugeait bien mal, lorsqu'on voyait en elle un
réformateur, un révolutionnaire entêté dans sa haine
contre la société. Pour moi, elle est simplement
restée femme, en tout et toujours. C'est ce qui a fait
ses faiblesses et son génie. Elle était femme supérieure, femme au cœur de flamme, mais femme attachée fatalement à son sexe, le subissant et découlant
de lui. Sous sa redingote d'étudiant, dans ses passions
les plus fortes, pendant sa campagne républicaine
et socialiste de 1848, elle gardait ses longs cheveux,
sa poitrine qu'une émotion agitait, son cœur de
mère et d'épouse qui obéissait impérieusement aux
lois naturelles. On a trop voulu voir en elle un
homme, on a trop parlé des virilités de sa nature, et
l'on est arrivé à se tromper, à créer une légende, au
travers de laquelle le critique, pour la juger nettement, est obligé de faire un certain effort.
 A mon avis, peu de femmes, au contraire, ont eu
le sens féminin plus développé. Jamais elle n'a toléré
devant elle les conversations risquées. Elle riait
comme une pensionnaire de certaines plaisanteries

gauloises qui font le régal des couvents; mais les obscénités la révoltaient, les moindres allusions scabreuses la rendaient grave et fâchée. Dans sa vieillesse, elle avait contracté mille petites manies pudiques ; elle rangeait son linge elle-même, elle s'enfermait à double tour chez elle pour les moindres soins de toilette; sa chambre était devenue ainsi un sanctuaire où personne n'entrait. Pendant la maladie d'entrailles qui l'a emportée, les médecins ont eu la plus grande peine à la décider aux auscultations nécessaires, et ils devaient employer toutes sortes de périphrases pour l'interroger sans la blesser. Nous sommes loin de l'amazone de la légende, dénouant sa ceinture au moindre caprice. Et il y a ici deux traits caractéristiques qu'il faut noter : le sentiment de pudeur de la femme et la répugnance du poète pour les saletés de la nature humaine. Cette répugnance, au fond, devait être aussi forte, plus forte même que la pudeur, car elle avait le besoin de tout idéaliser, elle n'a jamais conçu les fautes de ses héroïnes, sans les embellir d'un charme poétique, en voilant les infirmités de la chair.

Avec George Sand femme, tout s'explique aisément. Son éducation libre, sa vie en pleine campagne, la disposaient à une grande franchise d'allures, au singulier besoin de rêverie et d'action qui semble avoir caractérisé son tempérament. Il faut surtout songer à l'émancipation précoce de son esprit par la lecture des philosophes et des poètes, qui, dans la solitude de Nohant, étaient devenus ses seuls amis. On la voit ainsi grandir en indépendance et en libre examen, sans autre règle que sa raison et son cœur. Elle fait un mariage malheureux, et dès lors la révolte est fatale. Rousseau, Chateaubriand, Byron, ont fermenté dans cette nature jeune et puissante. Dès qu'elle prend une plume, les premières pages qu'elle écrit sont une protestation contre la loi sociale qui dispose des individus, à l'encontre des lois naturelles. Entendez qu'elle écrit un plaidoyer pour sa propre cause; elle se venge de ses neuf années d'union mal assortie; elle se met tout entière dans son œuvre, avec ses larmes et ses joies. Certes, je ne veux pas rabaisser son bel emportement, en le regardant comme un simple dépit de femme. Mais il est certain que, à chaque page de ses premiers romans, toute la femme vibre en elle, avec la rancune du mariage dans lequel on l'a enfermée. Je ne parle pas des contradictions, des incertitudes dont ses livres sont pleins; elle suit la pente de son rêve et va souvent où elle ne croit pas aller. C'est un être aux sensations vives, qui obéit à sa passion du moment. Elle s'y donne sans se ménager, elle en fait son credo, son acte de foi et d'espérance, jusqu'à ce qu'une autre passion la saisisse et la convertisse à une autre religion. Et rien n'est plus typique que ces engouements, rien n'est plus femme, je le dis encore. Imaginez une âme noble, éprise du beau, toute frémissante aux grandes idées d'humanité, de progrès et de liberté; donnez à cette âme une chaleur d'enthousiasme, une foi de disciple qui se rebute bientôt et qui change de dévotion, à mesure qu'elle rencontre la réalité noire et triste au fond de ses amours les plus idéansés; mettez-la dans une époque de floraison littéraire, de lutte intellectuelle, et vous aurez George Sand avec ses élans et ses retraites, ses campagnes de réformateur forcément stériles, son définitif triomphe de grand écrivain.

Oui, elle-même se trompait, quand elle a pu rêver un instant le rôle de moraliste révolutionnaire. Il lui manquait simplement d'être un homme, pour avoir cette volonté entêtée des sectaires, qui seule met toute une vie au service d'une idee fixe. Si, par exemple, dans les préfaces des premières éditions d'*Indiana*, elle a exposé ses théories sociales, elle a écrit les lignes suivantes, en tête de l'édition de 1852 : « On voulut voir dans ce livre un plaidoyer bien prémédité contre le mariage. Je n'en cherchais pas si long, et je fus étonnée au dernier point de toutes les belles choses que la critique trouva à dire sur mes intentions subversives. La critique a beaucoup trop d'esprit, c'est ce qui la fera mourir. Elle ne juge jamais naïvement ce qui a été fait naïvement. » Et là est la vérité évidente. Plus tard, George Sand, dans d'autres romans, célébra la sainteté, le parfait bonheur du mariage. En dehors de sa fidélité aux beaux et aux grands sentiments généraux, il n'est pas de thèse qu'elle n'ait soutenue, puis combattue. Elle marchait véritablement les yeux fermés au milieu de ses rêves, et rien n'était même plus doux pour elle, que de se confier à un guide en qui elle avait foi. Cela explique son rôle de disciple, auprès de tant d'hommes plus ou moins illustres, que j'ai déjà nommés. La femme, en elle, malgré l'originalité de son talent, avait besoin d'un soutien. Elle s'était émancipée, mais elle restait pareille au fond à la plus faible de ses compagnes, elle aimait à poser la tête sur une forte épaule. Un critique a dit : « Elle n'est qu'un écho qui embellit les voix. » Un autre, plus méchant, a ajouté, parodiant le mot de Buffon : « Chez madame George Sand, le style, c'est l'homme. » Il y a du vrai, dans ces jugements trop sévères. Quand on l'étudie de près, on constate à chaque instant la marque irrémédiable du sexe.

Aussi combien elle est tendre pour ses héroïnes ! La femme, dans ses livres, est presque toujours exaltée, tandis que l'homme d'ordinaire joue le vilain rôle. Elle a un idéal de femme raisonnable et passionnée, chevaleresque et prudente, qui est des plus typiques. Evidemment, elle a rêvé la régénération de la société par la femme, d'une manière purement instinctive; et c'est pourquoi elle a fait défiler ces guerrières si courageuses, si rusées parfois, si belles toujours. Elles sont tout un bataillon d'amazones, et je me lasserai à les dénombrer. L'Edmée, de *Mauprat*, dont je parlerai tout à l'heure, est à la tête de cette phalange; les autres suivent : la petite Fadette, qui accomplit le miracle de devenir jolie pour vaincre ; la Caroline, du *Marquis de Villemer*, que son amour discret et héroïque hausse de sa situation de demoiselle de compagnie à celle de marquise. Je borne là mes exemples. Et c'est ici, je crois, le lieu de montrer l'inanité de cette longue campagne. George Sand n'a point réussi à faire faire un pas à l'émancipation des femmes. L'œuvre du poète seule reste, parce que seul le poète avait la foi. Le moraliste avait trop de bon sens et trop de doute pour s'entêter. On ne regarde plus ce long cortège d'héroïnes que comme des créations touchantes et fières, des filles de la poésie, d'une humanité si raffinée et si peu vivante de la vie réelle, qu'elles ne pouvaient apporter le moindre argument solide à une thèse.

Voici quelques lignes dans lesquelles George Sand s'est jugée elle-même, avec une grande pénétration : « Je suis de nature poétique et non législative, guerrière au besoin, mais jamais parlementaire. On peut m'employer à tout, en me persuadant d'abord, en me commandant ensuite ; mais je ne suis propre à rien découvrir, à rien décider. J'accepterai tout ce qui sera bien. Qu'on me demande mes biens et ma vie, mais qu'on laisse mon pauvre esprit aux sylphes et aux nymphes de la poésie. » Et maintenant, si l'on rapproche de ces aveux les quelques lignes suivantes, qui contiennent sa profession de foi religieuse, on l'aura tout entière : « Ma religion n'a jamais varié, quant au fond ; les formes du passé se sont évanouies, pour moi comme pour mon siècle, à la lumière de la réflexion ; mais la doctrine éternelle des croyants, le Dieu bon, l'âme immortelle et les espérances de l'autre vie, voilà ce qui a résisté à tout examen, à toute discussion et même à des intervalles de doute désespéré. » Elle était contemplative et déiste, on ne saurait la définir plus brièvement.

D'ailleurs, son attitude ordinaire révélait sa vraie nature. Elle manquait d'esprit, au sens léger et brillant du mot. Dans la conversation, elle se montrait pâle, lente, embarrassée. Sa face un peu forte, avec ses grands yeux, gardait une indolence muette, cet air réfléchi et profond des bêtes qui songent. Elle fumait continuellement des cigarettes, soufflant la fumée et s'absorbant à la regarder monter. On ne pouvait lui faire de plus grand plaisir que de l'oublier dans son salon, d'agir comme si elle n'était pas là. Elle écoutait, elle s'endormait bientôt dans un rêve, les yeux ouverts. La vue, chez elle, était intérieure. Elle ressemblait à ces oiseaux de mer qui marchent si difficilement sur le sable, quand ils abordent, et qui retrouvent leur allure puissante et rapide, dès qu'ils battent les eaux immenses de leurs pattes et de leurs ailes. Si elle se traînait lourdement dans le terre à terre de la vie, elle prenait son essor, la plume à la main. La phrase, qui s'embrouillait sur ses lèvres, coulait alors avec une largeur sans pareille. Toute son indolence aboutissait à un travail prodigieux. Elle n'était que poète et ne savait qu'écrire.

Sa façon de travailler achève de la faire connaître. Elle travaillait la nuit, pour être plus tranquille ; elle pouvait cependant travailler très bien au milieu du bruit, sans être incommodée, tant elle avait la puissance de s'absorber et d'oublier le monde existant. A Nohant, elle écrivait sur un petit guéridon du salon, restant là jusqu'à quatre et cinq heures du matin, après que ses hôtes étaient montés se coucher. Elle avait une plume, un encrier, un cahier de papier à lettre solidement cousu, et rien autre, ni plan, ni notes, ni livres, ni documents d'aucune sorte. Quand elle commençait un roman, elle partait d'une idée générale assez obscure, confiante en son imagination. Les personnages se créaient sous sa plume, les événements se déroulaient ; elle allait ainsi tranquillement jusqu'au bout de sa pensée. Il n'y a peut-être pas en littérature un second exemple d'un travail aussi sain, aussi exempt de fièvre. On aurait dit une source d'eau qui coulait toujours, avec un égal murmure. La main gardait un mouvement rhythmé, l'écriture était grosse, calme, d'une régularité parfaite, le manuscrit souvent ne portait pas la trace de la moindre rature. Il semblait que quelqu'un dictait et que George Sand écrivait.

De là, son style. Il est personnel surtout par son manque de personnalité. La phrase est unie, large, d'une correction continue ; elle berce le lecteur avec le bruit profond et puissant d'un fleuve aux eaux claires. Rien n'accroche l'attention, ni un adjectif pittoresque, ni une tournure neuve, ni un rapprochement de mots singuliers. L'écrivain emploie encore la période balancée du dix-huitième siècle, et ne la coupe que rarement par le style haché des romanciers contemporains. C'est un tableau qui se déroule, au dessin propre, à la couleur solide. Il y a des intelligences qui naissent avec le don de la grammaire. Je suis certain qu'elle n'a jamais fait un effort pour bien écrire ; elle écrivait bien naturellement, elle apportait ce purisme de la forme. Quant au coloriste, en elle, il restait relativement sage, par tempérament, parce qu'elle répugnait à tous les excès. Elle a pu écrire des ouvrages emphatiques et déclamatoires comme *Lélia*, mais son ton est habituellement sobre et un peu nu. Cela est à noter, au milieu du flamboiement romantique, à l'heure où chaque écrivain chargeait ses idées d'ornements éclatants et bizarres. L'âme romantique animait ses créations, mais le style restait classique. Et il était le produit presque inconscient de cette nature, le talent même du romancier, le don qui le fera vivre malgré les défaillances de ses conceptions.

On raconte que George Sand, quelque temps avant de mourir, aurait laissé échapper cette parole sur

elle : « J'ai trop bu la vie. » J'ai étudié cette parole
et je n'ai pas compris. George Sand, selon moi, a
toujours passé à côté de la vie ; elle s'est usée dans
son imagination, elle a trouvé dans son imagination
ses joies et ses chagrins. Son existence a été une
course à l'idéal ; si elle s'est élevée très haut et si elle
est souvent retombée, c'est que l'idéal la soutenait
et c'est aussi qu'elle s'est heurtée à l'idéal. Je me l'imagine
plutôt, à la dernière heure, ouvrant les yeux
sur la réalité des choses de ce monde, et s'écriant dans
cette découverte de la vérité : « J'ai trop bu le rêve. »

IV

La fécondité de George Sand a été inépuisable.
Pendant les quarante-quatre années qu'elle a produit,
on peut compter, sans exagérer, qu'elle a écrit
en moyenne deux romans par an, ce qui fait environ
quatre-vingt-dix ouvrages ; et je mets à part les
pièces de théâtre, comédies ou drames, dont le recueil
forme quatre volumes. Je ne puis entrer dans
l'analyse d'un nombre d'œuvres si considérable ;
mais je désire tout au moins en indiquer les divers
groupes et m'arrêter sur quatre ou cinq, qui suffisent
pour donner une idée nette des manières différentes
de l'écrivain.

Les premiers romans sont certainement ceux qui
ont fait le plus de tapage. On a imprimé sur eux bien
des sottises. Je viens d'en relire plusieurs, et je suis
resté stupéfait, en songeant que des œuvres si peu
réelles, si maladroites et si pauvres en arguments
sérieux, aient pu un instant paraître des plaidoyers

redoutables contre le mariage. Certes, ce sont aujourd'hui les moins bons de l'auteur.

Indiana ouvre la série. Il s'agit d'une femme malheureuse et incomprise, mariée à un homme brutal, le capitaine Delmare ; elle aime un jeune homme égoïste, Raymon de Ramière, qui la comprend encore moins que son mari ; et finalement elle vit au désert, dans l'enchantement de la vie libre, avec un cousin, sir Ralph Brown, dont elle a découvert l'amour au moment où ils allaient se suicider ensemble. Quel idéal stupéfiant! Il faut aujourd'hui faire un effort et se reporter aux étranges imaginations de 1830, pour comprendre un tel dénoûment. L'auteur écarte d'abord le mari, comme un maître sans cœur et sans intelligence. Ensuite, il écarte l'amant comme un simple papillon, un insecte joli et de nulle importance, qui cherche uniquement à voler le plaisir. Le mari et l'amant mis à la porte, que reste-t-il ? Il reste sir Ralph, un rêve, une fantaisie sérieuse et puérile, l'homme fort que les petites filles souhaitent toutes au couvent. Imaginez un grand jeune homme, au cœur de flamme, à la chair de glace, toujours maître de lui, impassible, protégeant la femme qu'il aime jusqu'à veiller sur ses rendez-vous avec un autre, ne se déclarant jamais et finissant par régler un suicide en commun, lorsqu'une passion maudite a brisé celle qu'il adore ; il est vrai que le suicide aboutit à une retraite dans un lieu sauvage, au bonheur loin des hommes. Et quel étonnant suicide, prémédité, caressé, cherché à des centaines de lieues, au milieu de la nature vierge ! Sir Ralph en débat longuement les conditions. « Retournons donc au désert, afin de pouvoir prier. Ici, à Paris, dans cette contrée pullulante d'hommes et de vices, au sein de cette civilisation qui renie Dieu ou le mutile, je sens que je serais gêné, distrait et attristé. Je voudrais mourir joyeux, le front serein, les yeux levés au ciel. Mais où le trouver ici ? Je vais donc vous dire où le suicide m'est apparu sous son aspect le plus noble et le plus solennel. C'est au bord d'un précipice, à l'île Bourbon ; c'est au haut de cette cascade qui s'élance diaphane et surmontée d'un prisme éclatant dans le ravin solitaire de Bernica. » On entend dans ces lignes un écho de Byron, on se souvient que George Sand, grisée de poésie mélancolique, a voulu mourir un jour, en poussant son cheval dans un fossé. Mais on ne peut s'empêcher de sourire, tant cette aventure semble à cette heure théâtrale et fausse. Les belles morts sont les morts simples. Les seules bonnes pages du livre, restent les pages de passion.

Dans *Valentine*, qui suivit, George Sand serra de plus près la réalité. Déjà le plaidoyer contre le mariage était moins net, la fatalité intervenait au dénoûment pour empêcher la femme adultère de goûter enfin la tranquillité de son amour, après la mort du mari. Puis, *Lélia* paraît. Ici, je ferai un aveu. Je n'ai jamais pu lire *Lélia* jusqu'au bout. Je ne connais pas de livre plus déclamatoire ni plus ennuyeux. On y patauge en plein romantisme, dans une enfilade de phrases sonores, dont je suis toujours sorti les oreilles bourdonnantes et la tête vide. Lélia, c'est un René en jupon, c'est la mélancolie, le doute et la révolte à l'état d'idée fixe. Cela se passe dans le pays des âmes sans doute, car sur cette terre Lélia serait d'une société exaspérante, une vraie folle à enfermer dans un cabanon de Bicêtre. Quand le roman dédaigne les réalités humaines à ce point, j'avoue ne plus comprendre. On dit que George Sand composa cette œuvre pendant le choléra de 1833, et on explique ainsi les teintes sombres et apocalyptiques du livre. Si le fait est vrai, il est curieux de constater comment les vérités brutales de la mort peuvent tourner dans une cervelle de poète en des rêveries si tranquillement mensongères.

George Sand, au retour de son voyage en Italie avec Musset, publia les *Lettres d'un voyageur*, et donna enfin *Jacques*, le plus typique des romans de sa jeunesse. On sait quelle singulière invention elle trouva comme argument contre le mariage : ayant mis en présence l'éternel trio, le mari, la femme et l'amant, elle dénoua la difficulté de la situation, en montrant le mari se supprimant de son plein gré ; il gêne, il le comprend, il se tue pour laisser la femme et l'amant jouir en paix de leur amour. Entendez que, si les liens du mariage n'étaient pas éternels, Jacques ne se tuerait pas et se contenterait d'abandonner la place à l'homme qui a su se faire aimer. Je ne veux pas discuter la thèse, je ne crois pas, d'ailleurs, que les romans soient faits pour soutenir des thèses. Mais quels personnages extraordinaires George Sand a créés là ! Les plus raisonnables sont encore la femme et l'amant, Fernande et Octave ; ceux-là ont quelque chose de notre pauvre humanité dans la poitrine ; ils marchent sur la terre, ils aiment comme on aime, ils gardent les faiblesses et le langage d'à peu près tout le monde. Avec Jacques, nous remontons en plein rêve. Jacques est une nouvelle incarnation de l'homme fort, il ressuscite sir

Ralph Brown. Il est grand, silencieux, digne, plein de mépris pour la société, ayant le seul respect des lois naturelles ; il fume à la vérité, mais avec une gravité de jeune dieu indien. Avec cela, supérieur, aimant sa femme d'un amour plein de condescendance, se fâchant de ne pas trouver en elle une Junon ou une Minerve. Ah ! comme je comprends que sa femme le trompe ! Comme il est insupportable, ce monsieur monté sur les échasses de sa raison, régentant l'amour de l'air blême d'un pion qui exige le silence de ses élèves ! Si un tel homme existe, il doit faire le malheur de sa famille. Le rire est si bon, la tolérance si douce ! La prose, dans la vie du ménage, a un tel charme ! Et ce n'est pas tout, George Sand a voulu la paire dans son roman, elle a créé la femelle de ce mâle, une Lélia en raccourci : la belle et hautaine Sylvia, qui donne la réplique à Jacques. Celle-là aussi lance l'anathème contre la société et semble croire que la terre est trop petite, qu'elle n'y trouvera jamais un coin pour être heureuse. Je ne saurais exprimer l'effet que me produisent de pareilles figures : elles me déconcertent, elles me surprennent, comme si elles avaient fait la gageure de marcher la tête en bas et les pieds en l'air. Je n'entends rien à leurs lamentations, à leurs éternelles amertumes. De quoi se plaignent-elles, que veulent-elles ? Elles prennent la vie à l'envers, il est tout naturel qu'elles ne soient pas heureuses. La vie, par bonheur, est meilleure fille. On s'accommode toujours avec elle, quand on a assez de bonhomie pour en supporter les heures fâcheuses. Tout cela est faux, maladif, malsain, grotesque ; le mot est lâché, et je le maintiens. Ce continuel besoin d'idéalisme, cet envolement perpétuel vers les libertés du cœur et de l'esprit, cette façon de rêver une vie plus large, plus poétique, plus éth ée, aboutit en somme à une débauche d'imagination enfantine, à la création d'un monde où l'on périrait d'ennui et d'orgueil. Combien les réalités, même grossières, sont p.us saines !

Les romans continuent à tomber dru comme grêle. *André* est une simple histoire d'amour qui ne conclut ni contre ni pour le mariage ; là, le héros a la faiblesse d'une femme, car George Sand n'a longtemps compris que deux sortes d'hommes, ceux qui ont la force des lions et ceux qui ont la grâce des gazelles. *Leone Leoni* est un pendant à *Manon Lescaut*. *Simon* se termine par un mariage, comme le premier roman bourgeois venu. Puis, nous entrons dans la série interminable des romans à titre italien : *Lavinia, Metella, Mattea, la Dernière Aldini*, et plus tard encore *Isidora, Teverino, Lucrezia Floriani, Piccinino*. Le romancier inaugure là une deuxième manière ; il ne plaide plus, il lui suffit de conter, parfois avec un charme pénétrant.

C'est surtout à cette époque de sa vie que George Sand subit l'influence des hommes pour lesquels elle se passionne. Elle écrit *Spiridion, les Sept Cordes de la Lyre, le Compagnon du Tour de France, le Meunier d'Angibaut*, pendant sa liaison avec Pierre Leroux. *Les Lettres à Marcie* ont presque été écrites sous la dictée de Lamennais. Dans *Consuelo* et dans *la Comtesse de Rudolstadt*, on retrouve les conversations sur la musique qu'elle dut avoir avec Frédéric Chopin, pendant les années qu'ils passèrent ensemble. On pourrait indiquer encore d'autres influences, moins nettes, mais qui la montrent comme un instrument d'une sensibilité exquise, vibrant au moindre souffle. Ce qui m'a toujours beaucoup surpris, c'est que Musset ait passé en elle, sans laisser aucune trace profonde. Le seul homme de génie qui l'ait aimée, n'a pas été compris d'elle, et elle s'est abandonnée comme une cire molle, entre des mains relativement plus grossières. Musset n'était pas assez grave pour elle, pas assez apôtre. Il chantait seulement, et cela ne suffisait pas; s'il avait prêché, il l'aurait domptée. J'insiste, parce que tout le tempérament de George Sand est là. Quand elle peignait Jacques, elle se peignait un peu elle-même, avec sa gravité, son besoin de corriger et de voir l'humanité en beau. Elle semble avoir mis longtemps à comprendre qu'une chose est belle par sa beauté et non par son utilité morale. Il lui fallait des chrétiens retournés à la foi simple et exaltée des martyrs, des philosophes humanitaires jouant des rôles de prophètes, des musiciens dans les cheveux desquels soufflait le vent de l'inspiration. Quant aux simples poètes de génie, mettant leur cœur à nu et pleurant des larmes vraies, ils n'étaient pas son affaire. Elle les traitait en enfants.

Je saute forcément beaucoup d'ouvrages : *le Secrétaire intime, la Marquise, les Maîtres mosaïstes, l'Uscoque, Pauline, Horace, Jeanne, le Péché de monsieur Antoine*, etc. J'ai gardé *Mauprat*, pour indiquer les traits caractéristiques de la seconde manière. Ce roman eut un succès énorme, et il est resté un des plus populaires. Aujourd'hui encore, on l'indique aux personnes qui veulent se faire une idée nette du talent de l'auteur. Le héros du livre, Bernard de Mauprat, fait le récit de sa vie à deux jeunes gens, qui sont ses hôtes. Et, à ce propos, je ferai remarquer avec quel soin le romancier tâche de varier son cadre: tantôt, comme dans *Jacques*, il prend la forme épistolaire, le livre n'est qu'une suite de lettres échangées entre les personnages ; tantôt, il adopte le récit autobiographique, ou encore la supercherie littéraire de mémoires retrouvés. On sent que le roman n'est pas pour lui le procès-verbal impersonnel d'un événement quelconque, et qu'il tâche de lui ajouter du charme par un artifice de mise en scène.

Avec *Mauprat*, nous quittons le grand procès du mariage, nous entrons dans l'imagination pure. Cela, cependant, n'est pas très exact, car le sujet du roman pourrait se résumer ainsi : étant donné un jeune homme dépravé, brutal, grandi en dehors de toute civilisation, le faire dompter par une jeune fille, qui le transformera à la longue en un mari instruit, doux et bon. On voit tout de suite percer la thèse, on devine l'intention plus ou moins consciente de poser la supériorité morale de la femme. D'autre part, on entend, au fond du roman, gronder la Révolution ; on assiste à la dernière lutte de la féodalité contre l'esprit moderne, et certains personnages sont même chargés de représenter les hommes des champs, intelligents et bons, supérieurs en un mot, comme Rousseau les entendait. Mais ce sont là des détails de second plan, l'œuvre reste tout entière dans les amours de Bernard et d'Edmée, des amours traversées par les drames de la passion. C'est pourquoi l'on peut dire que l'imagination règne là en maîtresse.

On connaît cette histoire : Bernard de Mauprat,

élevé par ses oncles, dans un petit manoir solitaire et farouche; un repaire de brigands ; sa cousine Edmée, amenée par trahison, livrée à Bernard qui veut la violer et qui finit par la sauver, pendant que la maréchaussée s'empare du château et tue ses oncles ; les premières violences de Bernard recueilli chez son oncle, le père d'Edmée ; la lente éducation de ce sauvage, les efforts d'Edmée pour le vaincre et le réduire à un amour tendre et respectueux ; la campagne de Bernard en Amérique, à la suite de Lafayette, et au retour le drame, le coup de feu tiré sur Edmée par un Mauprat qui a survécu au massacre du château, l'accusation portée contre Bernard, que l'on condamne à mort et dont l'innocence est seulement proclamée, lors de la révision du procès; enfin, le mariage et la vie heureuse de ces deux amants qui se sont mérités l'un l'autre, par leurs tendresses et par les victoires remportées sur leurs natures.

La création d'Edmée est une des plus fières et des plus touchantes de George Sand. Edmée est supérieure par son courage, sa dignité, sa volonté; mais elle reste femme, elle aime, elle a ses heures de frisson et de puérilité; ce n'est plus une Lélia qui déclame et qui pose pour la mélancolie des grandes âmes incomprises. La scène où elle se trouve pour la première fois enfermée avec Bernard, ivre et fou de désir, reste aujourd'hui encore une excellente page, d'une audace souple et très étudiée ; toute la femme s'est éveillée en elle, le danger qu'elle court, sans faire plier sa fierté, lui donne la force de jouer un rôle ; elle va jusqu'à embrasser Bernard, en lui jurant de n'être jamais à un autre homme. Et, plus tard, l'amour de cette jeune fille pour ce garçon si mal élevé, est raconté avec une adresse extrême, peu à peu, de façon à laisser le lecteur en suspens jusqu'à la dernière page, sans qu'il sache au juste à quoi s'en tenir, tout en devinant que le noble cœur de Bernard, enfoui sous une rude enveloppe, a touché Edmée. Ajoutez que l'amant est ici enveloppé d'une poésie sombre qui le fait préférer aux jeunes gens mieux peignés et parfaitement civilisés. Avec George Sand, on est toujours certain que l'homme de la nature l'emportera sur les hommes de la civilisation. Edmée est donc la femme énergique et romanesque qui adore les bêtes féroces et qui les épouse, après les avoir domptées.

Je dois aussi signaler, dans *Mauprat*, une création dont le romancier a fait ensuite souvent usage. Je veux parler du bonhomme Patience, une sorte de paysan du Danube, qui vit en solitaire dans une ruine, la tour Gazeau. Il sait à peine lire, mais il n'en a pas moins l'intelligence et la sagesse d'un philosophe. Il représente, j'imagine, la nature, la santé des campagnes, l'homme nouveau poussant aux champs comme un chêne vigoureux. Avec un peu de culture, Patience deviendrait un grand homme. L'auteur s'est surtout appliqué à en tirer un effet pittoresque. Au dénouement, quand Bernard est accusé de tentative de meurtre sur la personne d'Edmée, c'est Patience qui apparaît devant le tribunal, vêtu de haillons, la barbe inculte, la peau brûlée par le soleil, et qui gourmande les juges avec une rudesse d'homme libre. Puis, il apporte les preuves qui font acquitter Bernard.

Certes, aucun tribunal ne tolérerait le langage de
Patience. On appellerait immédiatement deux gen-
darmes pour s'emparer de l'insolent. Mais l'effet
pittoresque est obtenu, et c'est en somme ce que le
romancier a souhaité. Je dois confesser pourtant
que j'ai souri, en lisant les cinquante dernières pages de *Mauprat*. Cela est trop loin de nous, dans
les décors de carton, au milieu des poupées idéales
du roman d'autrefois.

D'ailleurs, comme on comprend aisément le succès d'une pareille œuvre ! Quel mélange heureux de
terreur et de douceur ! Tout y est : le manoir si-
nistre où des revenants se promènent la nuit, la
tour en ruine habitée par un philosophe rustique,
la scène de débauche que termine la victoire de
l'innocence sur le vice, l'héroïne superbe et ten
dre, le héros violent et noble. On sent passer dans
la forêt le souffle romanesque de Walter Scott. Des
clairs de lune blanchissent le perron du château.
Un rossignol chante, pendant les longues conversations des amants. Le lecteur entre dans le monde
charmant du rêve, des aventures impossibles, des
désirs vagues qui tourmentent les cœurs ; et la
mode romantique aidait encore à enflammer le public, en face de ce carnaval adorable de la belle
nature et des beaux sentiments. Certes, aujour-
d'hui, nos romans n'ont plus le charme de *Cendril-
lon* et de *Barbe-Bleue*. Nous dressons simplement
des procès-verbaux, et je comprends que les vieillards regrettent les contes dont on a bercé leur
enfance. Il devait être si doux de s'endormir, loin
des réalités répugnantes de ce monde, en écoutant
des histoires de bonnes femmes, pleines de bri-

gands très noirs et d'amoureux tout blancs de lumière !

V

George Sand, retirée à Nohant après les massacres de 1848, se reposa dans l'églogue. Elle écrivit ses romans champêtres, *la Petite Fadette, François le Champi* et *la Mare au Diable,* qui resteront ses œuvres les plus pures et les plus originales.

Elle vivait en plein Berri, au milieu des paysans ; toute jeune, elle avait entendu leur langue et étudié leurs mœurs ; le jour devait fatalement venir où elle serait poussée à les chanter. J'emploie à dessein cette expression, car elle n'a pas raconté les paysans berrichons, elle les a bien réellement chantés, comme les poètes chantent leurs héros. On a parlé de Virgile, à propos de ces romans champêtres, et l'on a eu raison ; il s'agit ici, non d'une peinture exacte, mais d'une bergerie poétique, dont le seul tort est de manquer de rimes. Les paysans de George Sand sont bons, honnêtes, sages, prévoyants, nobles ; en un mot, ils sont parfaits. Peut-être le Berri a-t-il le privilège de cette race de paysans supérieurs ; mais j'en doute, car je connais les paysans du midi et du nord de la France, et j'avoue qu'ils manquent à peu près complètement de toutes ces belles qualités. Chez nous, rien n'est plus simple ni plus compliqué à la fois qu'un paysan. Il faut vivre longtemps avec lui pour le voir dans sa ressemblance et le peindre. Balzac a essayé et n'a réussi qu'en partie. Aucun de nos romanciers, jusqu'à présent, ne s'est hasardé à écrire les vrais drames du village, parce que nul d'entre eux ne s'est senti en possession de toute la vérité

Ce qu'il y a de particulier encore, dans les églogues de George Sand, c'est le langage. Elle a senti la nécessité d'abandonner le style emphatique de Lélia, elle a adopté un style simple, correct, d'une naïveté cherchée. Rien de plus agréable en somme, mais rien de plus faux. On sent l'auteur à toutes les lignes, la langue est celle des contes d'enfants, cette langue d'une puérilité affectée que les mères croient devoir zézayer. Aucune énergie, aucune tournure vraiment forte, aucune expression qui soit vécue. C'est une large coulée de style, limpide, fort belle en elle-même, dont le seul défaut est de ne pas traduire la vie des campagnes. Et le pis est que George Sand fait parler ses paysans pendant des pages entières; les conversations abondent, sont interminables, montrent les interlocuteurs comme des maîtres de beau langage qui luttent de phrases bien faites. Je le répète, je ne connais pas les paysans du Berri, j'ignore s'ils sont bavards à ce point; mais à coup sûr, dans les autres contrées où j'ai vécu, le paysan est généralement muet, très prudent et très réfléchi; le travail de la terre l'a rapproché de la bête, qui est maladroite de sa langue et qui n'aime pas à s'en servir.

Maintenant, quand il est bien convenu que George Sand se moque complètement de la vérité de ses peintures, qu'elle idéalise jusqu'aux chiens et aux ânes, qu'elle fait un choix dans la nature et qu'elle a la seule ambition de nous toucher et de nous instruire en nous montrant l'homme sous les beaux côtés, rien ne devient d'une lecture plus aimable ni plus émue que ses romans champêtres. Elle a trouvé là une troisième manière d'un charme infini, où toute velléité de thèse a disparu. Nous n'avons plus en face de nous que l'artiste, un cœur très bon, un esprit très sain, dégagé des fumées philosophiques, ne prêchant plus, ne jouant plus la désespérance, se contentant de faire rire et de faire pleurer.

Je rappellerai seulement l'églogue adorable de la *Mare au Diable*. Le laboureur Germain, un veuf de vingt-huit ans, qui a déjà trois enfants, va dans un village voisin demander une seconde femme. Il emmène la petite Marie en croupe, une fille de seize ans, qui s'est louée comme gardeuse de moutons, pour venir en aide à sa mère. Pierre, l'aîné de Germain, un bambin de quatre ans, les attend dans un fossé et veut aussi être du voyage. La nuit tombe, ils se perdent dans les bois, ils rôdent pendant des heures autour de la Mare au Diable, sans pouvoir sortir des buissons. Alors, ils campent là, et la petite Marie se montre si avisée, si savante à coucher Pierre dans le bât de la jument, à allumer du feu et à inventer un repas, que Germain peu à peu s'aperçoit de son charme et finit par lui proposer de l'épouser. Mais elle croit qu'il veut rire, puis elle refuse, en le trouvant trop vieux. Rien n'est charmant comme cette longue causerie dans la nuit fraîche, sous les grands arbres, en face du feu qui flambe. L'amour pousse comme une fleur de la forêt, au milieu de cet entretien si sage et si fraternel. Il y a là une grande paix, une largeur de nature superbe. Naturellement, Germain refuse la femme qu'on lui destinait, Marie ne reste pas chez son maître, qui l'avait louée pour en faire sa maîtresse; et, au dénouement, la petite Marie ne trouve plus Germain trop vieux, elle l'aime et elle l'épouse.

Si l'art est tout entier dans l'imagination, si le talent du romancier est de créer un beau mensonge, s'il s'agit avant tout d'accommoder la réalité pour le plaisir de l'esprit et du cœur, *la Mare au Diable* est certainement un chef-d'œuvre, car ce court récit a une grandeur de poème, et une émotion profonde y donne un frisson à chaque page. On y sent l'âme même de George Sand, son tempérament prudent et sage, sa nature raisonneuse, habile aux développements des moindres sentiments. Lorsqu'on a oublié que ce laboureur et cette gardeuse de moutons parlent trop correctement, qu'ils déduisent de longs discours avec une habileté d'avocat, on se laisse aller au charme tout-puissant du souffle d'honnêteté, de raison et de plein ciel qui souffle dans ce récit.

George Sand a eu une quatrième manière, plus humaine. Après avoir publié ses mémoires, *Histoire de ma vie*, dans lesquels on chercha inutilement des révélations d'alcôve, et où l'on ne trouva que quelques détails biographiques et beaucoup de psychologie, elle produisit toute une nouvelle série de romans, exempts des plaidoyers sociaux et des discussions philosophiques de sa jeunesse. Pendant ces vingt années de production, elle n'écrivit guère que deux œuvres regrettables, *Elle et lui*, dans laquelle elle raconta ses amours et sa rupture

avec Musset, et *Mademoiselle de la Quintinie*, où elle
soutint une polémique religieuse qui glace tout le
roman. Je ne puis dénombrer cette longue suite
d'ouvrages parus dans la *Revue des Deux Mondes*, qui
s'était attaché George Sand par un traité. Je citerai
les principales : *le Château des Désertes, la Daniella,
les Beaux messieurs de Bois-Doré, les Dames Vertes,
l'Homme de neige, Jean de la Roche, Constance Verdier, la Famille de Germandre, Valvèdre, Tamaris, la
Ville-Noire, Laura, Nanon, Malgré tout,* etc. Enfin,
cet hiver, a paru encore un volume d'elle : *Flamarande;* et l'on dit que la mort l'a surprise, au moment où elle terminait un dernier manuscrit.

Dans les romans de son splendide automne,
George Sand a certainement subi l'influence du
naturalisme moderne, de l'esprit réaliste qui grandissait autour d'elle. Certes, elle reste le romancier
idéaliste qu'on connaît, elle persiste à écouter son
imagination et à embellir le vrai ; seulement, ses
compositions se dégagent le plus souvent des allures romantiques, restent plus à terre, usent moins
du pittoresque facile obtenu avec des tours ruinées,
des souterrains, des bois hantés par les revenants
et les fées. Par exemple, on y chercherait vainement
le suicide extraordinaire d'*Indiana*, le décor fantastique de *Mauprat*, toutes ces imaginations compliquées et emphatiques, si à la mode vers 1830. Malgré
elle, George Sand a dû se soumettre à plus de
vraisemblance et à une étude plus serrée de la
vie. Les œuvres qu'elle lisait, l'air d'analyse exacte
dans lequel elle vieillissait, modifiaient ainsi à son
insu son tempérament de poète. J'insiste sur ce
fait, qui est très important, parce qu'il démontre la

force des nouvelles formules, qui s'imposent même aux écrivains du passé.

Parmi les romans de cette quatrième manière, un surtout a eu le plus grand succès. Je veux parler du *Marquis de Villemer*, qui résume admirablement les qualités offertes par les dernières œuvres du romancier. C'est la simple histoire d'une jeune fille pauvre et de petite noblesse, mademoiselle Caroline de Saint-Geneix, qui entre comme demoiselle de compagnie chez la marquise de Villemer, où elle se trouve entre les deux fils de cette dame, le duc d'Aléria, un bon vivant qui a mangé sa fortune, et le marquis de Villemer, un être nerveux et souffrant, studieux et taciturne, qu'elle finit par aimer et épouser, après des obstacles et tout un drame. Le grand intérêt naît de l'opposition des caractères des deux frères et des péripéties qu'éprouvent les amours de Caroline et du marquis, avant qu'ils tombent aux bras l'un de l'autre. George Sand a toujours excellé dans la peinture de ces passions, d'abord naissantes et comme inconscientes, ensuite traversées de mille difficultés, de malentendus et de raccommodements, enfin triomphantes, aboutissant au bonheur, malgré les préjugés et les conventions. Cela lui sert merveilleusement pour mettre en actions ses trois ou quatre héros et héroïnes de prédilection, des amants et des amantes d'une nervosité de malade ou d'un tempérament tendrement raisonnable, presque maternel. Quand son héros est une femme, elle fait un homme de son héroïne. C'est le cas de Caroline et du marquis de Villemer. Cette Caroline est la jeune fille parfaite, si souvent rêvée par l'auteur : une demoiselle bien élevée, pure, d'une raison droite, spirituelle, affectueuse, un peu raisonneuse. Quant au marquis, il a une maladie d cœur, je crois ; mais son cas est surtout d'être timide, gauche, sensitif et passionné comme une vierge qui sort du couvent. Aussi, au dénouement, est-ce Caroline qui le sauve de la mort, en le cherchant au milieu des neiges et en le ramenant sur une charrette chargée de paille. Le roman est un des plus touchants et des plus honnêtes qu'on puisse lire. Et surtout il a un air vécu, ce qui est rare dans les œuvres de George Sand. Comme je l'ai dit, le romanesque y est discret, l'action marche sans inventions extraordinaires, sans décor de mélodrame. On est bien loin des imprécations byroniennes de Lélia et des clairs de lune poétiques, qui éclairent les amours de Mauprat et d'Edmée.

Pour être complet, je dois dire ici un mot du théâtre de George Sand. Longtemps on lui a refusé tout talent dramatique, comme on en refuse d'ordinaire chez nous aux romanciers ; pour la critique, quiconque écrit un livre ne peut écrire un drame. Seulement, après de grands succès, George Sand dut être reconnue pour un dramaturge, sinon très habile, du moins très large de facture et d'une émotion profonde. Elle triompha au théâtre par son honnêteté, le sentiment calme et tendre qu'elle avait des passions. *Cosima, le Roi attend, le Drac, les Beaux messieurs de Bois-Doré* ne réussirent pas. Mais ses autres œuvres eurent un grand nombre de représentations, entre autres *François le Champi, Claudie, le Mariage de Victorine, le Pressoir, Mauprat, Fran-*

çoise, etc. A l'Odéon, *le Marquis de Villemer*, le plus grand triomphe dramatique de George Sand, tint l'affiche pendant tout un hiver. Paris entier alla voir la pièce, qui reproduisait le roman fidèlement, avec sa sérénité de tendresse, son analyse tranquille et épurée. Depuis ce succès, George Sand parla souvent de revenir au théâtre, sans paraître pouvoir s'y décider. A la vérité, elle se sentait beaucoup plus à l'aise dans le roman ; sa nature rêveuse, la pente contemplative de son esprit, la disposait peu au travail raccourci et heurté de la scène.

VI

Il me faut conclure et dire lequel reste aujourd'hui le plus grand et le plus influent, des deux maîtres romanciers du commencement du siècle, de George Sand ou de Balzac.

Mais, auparavant, je tiens à laver le roman naturaliste moderne du reproche d'immoralité qu'on lui fait ; et je trouve, pour ce plaidoyer, des arguments dans l'œuvre de George Sand. Certes, je ne dirai point que cette œuvre est immorale, car j'estime qu'en littérature il n'existe que deux sortes d'ouvrages, ceux qui montrent du talent et ceux qui n'en montrent pas. Seulement, il y a des lectures plus ou moins troublantes, et les livres romanesques me semblent particulièrement faits pour pervertir les intelligences. Mettez les romans de George Sand dans les mains d'un jeune homme ou d'une femme : ceux-ci en sortiront frissonnants, en garderont tout éveillés le souvenir d'un rêve charmant. Dès lors, il est à craindre que la vie ne les blesse, qu'ils ne s'y montrent découragés, dépaysés, prêts à toutes les naïvetés et à toutes les folies. Ces livres ouvrent le pays des chimères, au bout duquel il y a une culbute fatale dans la réalité. Les femmes, après une pareille lecture, se déclareront incomprises comme les héroïnes ; les hommes chercheront des aventures, mettront en pratique la thèse de la sainteté des passions. Combien est plus saine la réalité, la rudesse des peintures vraies, l'analyse des plaies humaines ! Ici, point de perversion possible. Faites lire les procès-verbaux d'un romancier naturaliste : si vous épouvantez les lecteurs, vous ne troublerez ni leur cœur ni leur cerveau. Ces livres ne laissent pas de place à la rêverie, cette mère de toutes les fautes. Les scènes les plus audacieuses, la peinture des nudités, le cadavre humain disséqué et expliqué, ont une morale unique et superbe, la vérité. Voilà pourquoi, à mon sens, si l'immoralité pouvait exister dans les œuvres d'art, j'appellerais immorales les histoires inventées pour troubler les cœurs, et j'appellerais morales les anatomies pratiquées sur l'humanité, dans un but de science et de haute leçon.

D'ailleurs, qu'on ne s'y trompe pas, il y a beaucoup d'hypocrisie dans le fait des critiques qui regrettent le temps où les romanciers mentaient. Elles ne chatouillent plus, les terribles œuvres qui ont la loyauté de parler franc ; elles dégoûtent et épouvantent, elles ne permettent pas la débauche solitaire de la rêverie, le plaisir sensuel qu'on prenait à se donner des amours idéales. Combien de femmes ont trompé leur mari avec le héros du dernier roman qu'elles avaient lu ! Les romans alors étaient des

rendez-vous d'amour, où l'on avait raison de ne pas
laisser aller les âmes faibles. On comprend que les
esprits habitués à ces écoles buissonnières du sentiment, soient très chagrins de ne plus trouver de
livres pour échapper au ménage et se perdre dans
l'illusion d'un adultère imaginaire. Mais, au moins,
faudrait-il quelque franchise. Au lieu de reprocher
aux romanciers naturalistes d'être immoraux, on
devrait leur dire : « De grâce, ne soyez pas si rudes
ni si vrais ; vous nous glacez, vous nous empêchez de
courir le guilledou des amours idéales ; quand on
vous a lus, on est tout froid, on ne songe plus à baiser
ses rêves. Par pitié! rendez-nous l'immoralité per-
mise de nos débauches romanesques. »

Je crois que les cœurs sensibles peuvent faire leur
deuil, le roman de fiction pure se meurt. Et ici j'arrive à ma conclusion. A cette heure, dans la lutte du
vrai et du rêve, c'est le vrai qui l'emporte, après
quarante ans de production littéraire. Chaque jour,
Balzac a grandi davantage. Discuté et nié par ses
contemporains, il est resté debout après sa mort, et
il apparaît aujourd'hui comme le maître incontesté
de la presque totalité des romanciers contemporains.
Sa méthode a prévalu, des tempéraments nouveaux
ont pu se produire et apporter des notes originales,
ils n'en sont pas moins des rameaux de ce tronc
puissant. Je me lasserais à nommer les disciples de
Balzac; ses œuvres disparaîtraient, son nom s'effa-
cerait, que son influence continuerait à régir les
lettres françaises, parce qu'il a été l'homme de la
science moderne, parce qu'il s'est rencontré avec le
mouvement même du siècle. Il allait en avant, quand
George Sand restait stationnaire. De là sa victoire.

Certes, George Sand est aujourd'hui bien grande encore. Mais on ne doit que la vérité à cette illustre morte. Dans les dernières années de sa vie, elle avait déjà perdu beaucoup de sa popularité. Elle n'existait plus pour la génération nouvelle, qui la lisait peu et ne la comprenait pas. Ses romans, qui paraissaient dans la *Revue des Deux Mondes*, allaient à un public spécial, de plus en plus restreint, et ne soulevaient aucune émotion. C'est à peine si la critique s'en occupait. Elle était d'un autre âge, elle se trouvait véritablement dépaysée au milieu du nôtre. Mais un symptôme plus décisif encore est la dispersion et la disparition de son école. Elle a pu avoir des disciples, elle n'en compte plus que deux ou trois. Il faut nommer M. Octave Feuillet, qui reste le soutien le plus ferme du romanesque. Ensuite vient M. Victor Cherbuliez, auquel George Sand a légué sa fameuse tour, la tour ruinée et couverte de lierre, où les amants bien nés se rencontrent à minuit. Enfin, on peut nommer encore M. André Theuriet, un esprit très fin et très tendre, qui invente des histoires charmantes. Ces romanciers sont les fournisseurs habituels de la *Revue des Deux Mondes*, qui n'a plus qu'eux, et qui ne sait où trouver des conteurs de la même école, pour continuer les traditions de la maison. Et c'est là toute la descendance de George Sand ; elle ne peut opposer à l'armée des disciples de Balzac que ces trois écrivains.

Telle est la vraie situation. Le roman naturaliste a vaincu, il y a là un fait évident qui ne peut être nié par personne. George Sand représente une formule morte, voilà tout. C'est la science, c'est l'esprit moderne qu'elle a contre elle et qui, peu à peu,

1.

font pâlir ses œuvres. Il faut attendre vingt ans pour la souméttre à l'épreuve que Balzac subit victorieusement aujourd'hui, à cette terrible épreuve de la postérité. La passion vivante seule rend les œuvres éternelles, l'humanité retient uniquement les ouvrages au fond desquels elle se retrouve avec ses joies et ses douleurs. D'ailleurs, George Sand a une place marquée dans notre littérature; on pourra ne plus lire ses livres, que son nom restera le représentant d'une forme littéraire, dans la première moitié du dix-neuvième siècle. Il est des écrivains, comme Chateaubriand, par exemple, qu'on ne lit plus et qui demeurent de hautes et de belles figures. Ils ont marqué en leur temps, ils ont creusé un profond sillon dont la trace reste ineffaçable dans le champ d'une nation. Plus tard, comme ils n'ont pas travaillé pour la vie, la vie les dédaigne.

RÉCEPTION DE M. DUMAS FILS

A L'ACADÉMIE FRANÇAISE

M. Dumas occupe dans notre littérature une large place, dont les circonstances ont encore exagéré l'importance. A l'étranger surtout, il est regardé comme l'expression du génie français moderne, dans ce que ce génie a de hardi et de distingué. Il y a là une erreur très explicable. M. Dumas n'est point un artiste, je veux dire qu'il n'a pas le souci des curiosités du style; d'autre part, il est de talent bourgeois, il reste de plain-pied avec la foule des lecteurs et des spectateurs; enfin, et c'est là surtout ce qui explique ses succès extraordinaires, il a tout juste assez d'audace pour paraître en avoir beaucoup, sans pourtant en avoir au point de scandaliser son public. Il est moyen en toutes choses, même lorsqu'il semble crever d'originalité, voilà son grand secret. Paraître original et ne l'être pas, c'est le triomphe.

Ceci demande sans doute à être développé. J'ai dit que M. Dumas n'était pas artiste. Il n'a pas, en effet, l'heureux choix du mot, la trouvaille de l'adjectif pittoresque, l'image vive qui évoque un personnage ou un paysage, brusquement. Il écrit d'une plume lourde, qui s'embarrasse dans les tournures les plus fâcheuses de la langue. Ses phrases sont longues, filandreuses, toutes hérissées de *qui* et de *que*, toutes noyées d'incidentes inutiles. Rien n'est plus exaspérant que de l'entendre traiter de grand écrivain. C'est au contraire l'écrivain qui pèche en lui. Il a donné le change aux critiques de nos petits journaux par le ton cassant et doctoral de tout ce qu'il écrit; il a lancé des « mots », des phrases paradoxales, sur le tour desquelles on s'est extasié. Cela a suffi, personne ne s'est encore avisé de prendre une page de lui et de l'étudier, au point de vue de la simple facture du style.

J'ai ajouté qu'il était de talent bourgeois, et que ses prétendues audaces allaient tout juste assez loin pour attrouper la foule, sans nécessiter l'intervention des sergents de ville. En France, il suffit d'annoncer quelque chose d'extraordinaire; les gens s'imaginent avoir vu ce qu'on leur a promis, et ils se retirent enchantés. Je connais un romancier qui allèche les acheteurs, en faisant courir le bruit que son dernier volume contient des tableaux très risqués; les tableaux en question sont parfaitement absents; mais le volume ne s'en enlève pas moins à vingt éditions. Certes, M. Dumas ne se livre pas à ce trafic. Seulement, il s'est fait sur son compte une légende d'audace qui le donne comme un aute fouillant sans peur le cadavre humain, jusqu'aux entrailles. Naturellement, cela tente les curieux ; et les curieux sont d'autant plus ravis que, s'ils lisent un de ses ouvrages, ils y trouvent uniquement des thèses très morales. Toute l'audace consiste dans certaines expressions un peu crues, qui détonnent au milieu de la lourdeur des phrases. Ajoutez à cela une façon de résoudre les problèmes sociaux par des mots à effet et des expédients d'auteur dramatique. M. Dumas ne se doute guère que la véritable hardiesse, en littérature, est d'aborder la nature humaine telle qu'elle est, de l'étudier patiemment, de ne pas vouloir la faire entrer dans le moule étroit d'une utopie. Lui, en pontife, commente la Bible, parle de la femme comme il parlerait d'une machine dont on change à volonté les rouages ; et il tranche, il prophétise, il accommode la nature à la plus étrange sauce philosophique qu'on puisse goûter. Son « Tue-la ! » est fameux. Après avoir écrit trente pages apocalyptiques sur la femme adultère, il crie au mari trompé : « Tue-la ! » Il est tout entier dans ce cri si longtemps préparé, si faux, si injuste, si peu digne d'un véritable docteur ès sciences sociales, comme aurait dit Balzac. On ne tue pas les femmes, même les plus coupables, quand on est romancier et dramaturge : on les étudie.

Le grand mal, en ce moment, chez nous, c'est que nous n'avons pas de critique. Sainte-Beuve a été le dernier juge autorisé qui faisait et défaisait les réputations. Beaucoup de gens se mêlent de parler littérature ; il faut bien emplir les journaux. Mais les articles qui paraissent ne sont guère que des annonces délayées. Cela explique les dimensions énormes que la personnalité de M. Dumas a pu prendre. On

commence, il est vrai, à sourire, derrière lui, en
haussant les épaules. Je sais des salons où il est
traité fort cavalièrement. Il n'en jouit pas moins
d'une telle célébrité, que ses confrères ne se hasardent plus à l'attaquer, de peur d'être taxés de jalousie. Les choses en sont venues à ce point : un
éditeur ayant à lancer une nouvelle édition de *Manon Lescaut*, à demandé une préface à M. Dumas,
et s'est avisé de mettre son portrait en tête de
l'œuvre de l'abbé Prévost. Maintenant, on parle
d'une préface de lui pour l'*Imitation de Jésus-Christ*.
Mettra-t-on aussi le portrait ?

Certes, je ferais ici une besogne peu patriotique,
si je ne réclamais pas de l'étranger une admiration
plus juste pour tout un groupe d'écrivains, qui sont
beaucoup moins bruyants que M. Dumas. Je veux
parler de l'école naturaliste qui procède de Balzac,
et dont font partie M. Flaubert et MM. de Goncourt.
C'est dans les ouvrages de ces romanciers qu'il faut
aller chercher le génie français moderne, avec sa
passion de l'analyse, son souci de la vérité, son
amour du style. On me dit qu'en Russie M. Dumas
est acclamé, et que c'est à peine si l'on y connaît la
Madame Bovary, de M. Flaubert, et la *Germinie Lacerteux*, de MM. de Goncourt. Eh bien ! cela est vraiment humiliant pour un Français. On ne goûte, en
ce cas, notre littérature contemporaine que dans ses
côtés médiocres. Nous avons des tempéraments originaux, d'une réelle hardiesse, qui méritent tous les
éloges accordés si libéralement à M. Dumas. La
vérité est que l'engouement du public ne va pas à
eux. Ils sont trop âpres, trop vraiment terribles dans
la façon magistrale dont ils dissèquent le cadavre

humain. Et je comprends que l'étranger les ignore, car il doit trouver rarement leurs noms dans les journaux de nos boulevards, si dévots aux modes du jour.

Toutefois, l'entrée de M. Dumas à l'Académie a été une chose heureuse. Quel que soit le rang qu'il doive occuper dans notre littérature, il n'en est pas moins un talent moderne, un oseur, pour le plus grand nombre. C'était donc le naturalisme, l'école nouvelle venue après le romantisme, qui pénétrait dans le temple de la tradition. A ce point de vue, la solennité publique de la réception offrait un vif intérêt.

Plusieurs circonstances doublaient encore cet intérêt. Le père de M. Dumas, le grand Dumas, n'a pas fait partie de l'Académie, où il a été cependant tenté de frapper plusieurs fois; il se savait éconduit à l'avance, les membres de la grave compagnie trouvant qu'il menait une existence par trop débraillée. Il était, en effet, un grand coureur d'aventures, vivant dans des dettes énormes, dépensant à des entreprises extraordinaires les millions qu'il gagnait, travaillant et jouissant avec un rire large de géant satisfait. Celui-là avait un génie débordant, une puissance d'imagination comme aucun écrivain dans aucune littérature n'en a jamais montré. Il reste un colosse d'or et d'airain, aux pieds d'argile. On comprend que son allure de taureau échappé ait terrifié les tranquilles vieillards endormis dans leurs fauteuils d'immortels. M. Dumas fils, au contraire, devait leur plaire. Il est aussi froid et aussi calculateur que son père était ardent et prodigue; il a mis son talent sous clef, dans un coffre-fort, et, tous les

deux ou trois ans au plus, il en tire quelques pages.
D'autre part, il n'a pas jeté le meilleur de sa vie aux
quatre coins du ciel ; il s'est marié, a fait fortune, se
couche régulièrement chaque soir à dix heures, collectionne
des objets d'art et des tableaux. Aussi
n'a-t-il eu qu'à se présenter, pour qu'on l'accueillît
à bras ouverts. L'Académie a peut-être voulu profiter
de l'occasion pour honorer indirectement le grand
Dumas. En recevant le fils, elle laissait entrer le
nom du père. Quoi qu'il en soit, la curiosité était
grande, car on s'attendait à entendre M. Dumas
réclamer bien haut une part de son fauteuil pour
l'illustre mort.

Il faut dire, puisque je parle de la singularité des
choix de l'Académie, qu'elle se trouve souvent dans
le plus grand embarras. Cette compagnie où sont
réunis des hommes du monde, des prélats, des professeurs,
des orateurs, et même quelques écrivains,
vit de traditions. Elle ne saurait, sans se suicider,
ouvrir impunément la porte à tous les hommes de
génie. C'est ce qui explique qu'elle ait laissé dehors
Molière, Balzac, Michelet ; c'est ce qui explique encore
que, tout en étant académicien, Victor Hugo
n'a plus mis les pieds à l'Institut, depuis vingt-cinq
ans. L'élément purement littéraire n'y est toléré que
dans des proportions fort minces, de façon à ne
pouvoir jamais prédominer et avoir la majorité.
Les élections y sont souvent politiques. Dernièrement,
c'était M. Guizot qui y faisait la loi ; il s'y consolait
de la perte du pouvoir, il pouvait croire qu'il
gouvernait encore tout un monde. Pourtant, de loin
en loin, il faut bien laisser entrer un écrivain. Le
théâtre, le roman, la poésie, doivent être représen-

tés. C'est lorsque un des rares fauteuils réservés aux lettres devient libre, que les embarras de l'Académie commencent. Où aller chercher un littérateur qui ait assez de talent pour justifier l'honneur qu'on lui fait, et qui pourtant ne soulève pas trop de tapage, au point d'être désagréable à ses collègues? Beaucoup d'honnêteté, un peu de médiocrité, c'est l'idéal. Certains noms cependant s'imposent parfois. Tel est le cas de M. Dumas. Ayant un auteur dramatique à choisir, on ne pouvait pas ne point aller à lui. D'autant plus que, je le répète, il est beaucoup moins effrayant qu'il ne le paraît. Il s'est jeté dans le mysticisme depuis quelque temps. Il a fait des actes de foi de bon chrétien. L'Académie a donc pu, dans cette circonstance, contenter le public et paraître faire un acte de courage, tout en sachant bien qu'elle n'introduisait pas un loup dans la bergerie.

C'est au théâtre que M. Dumas est un maître. Je n'aime pas sa langue, son naturel factice, ses tirades à effet qui montrent continuellement l'esprit de l'auteur sous le rôle du personnage. Mais il n'en reste pas moins un de nos rares auteurs dramatiques d'un mérite réel. Ses débuts promettaient même mieux qu'il n'a tenu. Dans ses premières pièces, il n'était pas encore le terrible prédicateur de ses derniers drames. C'est dans le *Demi-Monde* que sa rage d'améliorer la race humaine s'est déclarée. Depuis cette comédie, le mal a grandi, la croyance qu'il avait une mission à remplir a tourné chez lui à l'idée fixe. On le désobligerait certainement beaucoup en lui disant que les femmes de ce siècle ne lui doivent pas un peu de leur vertu. L'auteur dramatique se perd dans l'illuminé. Souvent, j'ai regretté cette tendance fâcheuse, chez un esprit si pratique ; car, je le répète, il a une véritable puissance et une grande habileté, il possède le sens très développé du théâtre ; certaines de ses pièces sont des merveilles de précision. Il en calcule les moindres effets, non pas à la manière étroite de Scribe, mais avec une simplicité et une largeur de moyens très remarquables. J'ai vu ses adversaires eux-mêmes sortir enthousiasmés de ses premières représentations ; la réflexion ne venait que plus tard, le premier sentiment était une réelle admiration pour cet homme doué qui impose, grâce à l'optique de la scène, les situations et les personnages les moins vrais, en faisant crier toute une salle à la vérité. Ce prodige s'est passé, par exemple, le soir où l'on a joué *Monsieur Alphonse;* la pièce est allée aux nues ; on s'embrassait d'émotion dans les couloirs. Les jours suivants, les objections s'élevaient de toutes parts, pas un des personnages ne semblait réel, l'œuvre tombait en miettes.

C'est donc l'auteur dramatique que l'Académie a reçu, et en toute justice. L'événement, comme j'ai essayé de l'expliquer, avait soulevé une grande curiosité dans le public lettré. Aussi, le jeudi, 11 février, les queues se formaient-elles devant l'Institut, dès onze heures du matin. D'ordinaire, les réceptions se passent en famille, au milieu d'un public particulier composé de vieux messieurs et de vieilles dames, touchant au monde académique par des liens de parenté plus ou moins éloignés. Cette fois, le beau monde était là, la princesse Mathilde, les princes d'Orléans, des généraux, des ministres. Mademoiselle Croizette, de la Comédie-Française, a causé une émotion extraordinaire, en entrant avec un délicieux chapeau blanc; car les voûtes graves du palais Mazarin n'ont pas la joie de voir souvent d'aussi jolies personnes. Le public, entré à midi, a dû attendre jusqu'à une heure. Dans les tribunes, on était tellement serré, qu'une dame s'est trouvée mal. Rien n'est curieux comme cette salle étroite, dans laquelle les huissiers trouvent moyen de placer deux fois plus de monde qu'elle n'en peut contenir; ils apportent des chaises, des tabourets, des pliants; ils font asseoir des femmes partout, entre les bancs, le long des passages, au pied même du bureau. Bientôt, il n'y a plus un coin libre; c'est une masse de têtes compacte; on ne peut risquer un geste, prendre son mouchoir dans sa poche, et si l'on s'ennuie, on n'a qu'à dormir, on est sûr de ne pas tomber.

Enfin, à une heure précise, l'Académie fait son entrée. D'abord, c'est le bureau, MM. d'Haussonville, Patin et Rousset; puis le récipiendaire, M. Dumas, entre, suivi de ses deux parrains, MM. Camille Doucet et Legouvé. Ces six personnages portent l'uniforme académique, l'habit de drap vert sombre, brodé d'un large feuillage de chêne en soie vert clair. Le costume est triste; le moindre de nos sous-préfets est plus triomphant, dans son uniforme galonné d'argent. Ensuite, derrière ces messieurs, arrive le flot des académiciens, en redingote, en paletot, les uns avec des foulards roulés autour du cou, d'autres perdus dans d'immenses cache-nez. Et nulle toilette, le sans-façon le plus incroyables l'abandon de savants qui dédaignent les vains soucis de la coquetterie. Ajoutez que ces messieurs n'ont rien de majestueux ; il y en a de gras; de maigres; des visages parcheminés; des faces rondes comme des outres, tous chauves, sauf quelques-uns qui étalent de longs cheveux de poètes rêveurs. Aussi est-ce, dans la salle, un chuchotement de stupeur, quand on les voit se précipiter par une seule porte, pareils à un troupeau de moutons, se poussant, gagnant leurs places au milieu d'une débandade inexprimable. Certaines physionomies originales, un petit vieux tout cassé qui a une figure noire de bonhomme en pain d'épices, un grand vieillard dont les membres semblent taillés à coups de hache, font sourire discrètement les dames. Cependant, ces messieurs se sont assis; les plus frileux tirent de leur poche un bonnet de soie dont ils couvrent leur crâne nu ; les braves se contentent de relever le collet de leur paletot, car la salle est fraîche, malgré l'entassement de la foule. Et la séance peut commencer.

M. Dumas est debout, à droite du bureau, entre ses deux parrains. Les feuillets de son discours sont placés devant lui, sur le pupitre traditionnel. Il est très pâle. Rien n'est plus poignant que cet instant solennel, lorsqu'on n'a pas l'habitude de parler en public. Pourtant, il se décide, et il commence d'une voix un peu sourde, les yeux obstinément fixés sur le papier. Il lit sans un geste, sans un arrêt, avec un balancement continu des épaules. Peu à peu, sa voix s'affermit ; mais l'attitude de toute sa personne reste lourde et embarrassée. Il est vrai que les dames le mangeaient des yeux ; de toutes jeunes filles tenaient des jumelles braquées sur lui. Je jurerais qu'il aurait donné beaucoup pour faire lire son discours par mademoiselle Croizette, qui souriait tendrement en le regardant.

L'analyse complète du discours de M. Dumas m'entraînerait trop loin. Songez que ces sortes de harangues durent à la lecture une heure un quart. Je le résumerai donc le plus brièvement possible. D'abord, on a été très surpris de voir que M. Dumas consacrait seulement à la mémoire de son père les premières lignes de son discours ; on s'attendait à une étude développée, et c'était même **là un** régal que les curieux se promettaient. Ensuite, **on** s'est beaucoup étonné de ce que le nouvel académicien se soit décidé à parler la langue académique, sans se permettre un seul de ces axiomes de haut goût qui l'ont rendu célèbre. Il a fait très sagement l'éloge de M. Lebrun, l'immortel mort, hélas ! à jamais, auquel il succède aujourd'hui. La vérité était que le panégyrique de ce poète oublié de son vivant, offrait une matière singulièrement ingrate ; M. Lebrun, l'auteur d'une *Marie Stuart*, qu'il a empruntée à Schiller, était à coup sûr le plus honnête homme du monde ; mais les lettres n'ont pas fait en lui une perte tellement irréparable, qu'il soit nécessaire de le pleurer longtemps. D'ailleurs, le public se moquait bien de M. Lebrun ! Il n'était pas venu là pour entendre parler d'un poète dont les quatre cinquièmes des assistants ne connaissaient certainement pas un vers. Aussi, tant qu'il était question du mort, on dodelinait de la tête, on sommeillait à demi. C'était le vivant qu'on guettait, c'était surtout les digressions du discours qu'on accueillait par des rires et par des applaudissements.

Je signalerai deux de ces digressions. M. Dumas, par une transition légèrement forcée, est venu à parler du *Cid* et de la querelle de Corneille et de Richelieu. L'histoire raconte que le grand ministre était un très méchant poète, et que le succès éclatant du *Cid* souleva en lui une terrible jalousie, à ce point qu'il chargea l'Académie de prouver au public la sottise de ses applaudissements. C'est là un de ces coins de vilenie laissés par la nature dans les âmes les plus hautes. Mais M. Dumas change tout cela, avec ce besoin de falsifier l'humanité qui le tourmente continuellement; les hommes ne lui semblent pas bien comme ils sont, il entend les raccommoder, les arranger à son caprice. Selon lui, Richelieu n'a pu céder à une basse jalousie; s'il a traqué la tragédie de Corneille, c'était par patriotisme; il ne voulait pas que le poète exaltât sur la scène un héros espagnol, au moment même où la France était en guerre avec l'Espagne; il redoutait en outre que les déclamations chevaleresques de Rodrigue aux pieds de Chimène ne fussent d'un mauvais exemple pour la noblesse française. Et il part de là pour échafauder toute une thèse, il ne paraît content que lorsqu'il a prêté à Richelieu ses propres pensées et son propre langage. On peut suivre ici ses procédés habituels : quand il tient un personnage, il commence par lui enlever tout ce qu'il a d'humain, les prétendues petitesses qui sont l'ombre forcée des hautes qualités; puis, dès qu'il a obtenu le mannequin qu'il désire, il lui fait endosser les rêves utopiques de son imagination.

L'autre digression est plus intéressante. On savait à l'avance que M. Dumas parlerait du théâtre contemporain, et on l'attendait sur ce terrain, qui est comme son domaine. Il n'avait point caché à ses amis qu'il comptait profiter de l'occasion pour se défendre du reproche d'immoralité dont on a longtemps poursuivi ses pièces. Tout son plaidoyer s'est borné à réclamer pour l'auteur dramatique une liberté entière ; les sociétés se renouvelant sans cesse, le champ d'observation du dramaturge est infini ; à chaque heure, des personnages nouveaux doivent être mis à la scène. Et, a-t-il ajouté avec raison, le public est autrement sévère que les critiques les plus sévères ; jamais le public ne tolérera une inconvenance. Il y a là une censure continuelle, sous laquelle les plus grands écrivains doivent plier les épaules. Puis, répondant à cette accusation qu'on ne peut mener les jeunes filles voir certaines pièces modernes, il a dit en excellents termes : « Je respecte trop les jeunes filles pour les convier à tout ce que j'ai à dire, et je respecte trop mon art pour le réduire à ce qu'elles peuvent entendre. »

Toute cette partie du discours de M. Dumas est certainement la meilleure. On sent qu'il est chez lui. Il s'y trouve bien un écho des préfaces célèbres, dont il a accompagné ses pièces. La préoccupation de la femme y est constante. La femme est à la fois reine et esclave, nécessaire et inutile, dangereuse et efficace ; il la tue à coups de talons, il la met dans un paradis de béatitude. Nous avons eu un autre exemple, en France, de cette possession d'un écrivain par l'éternel féminin ; je veux parler de Michelet, qui avait fini par faire de la femme le pivot sen-

suel sur lequel tournait le monde. Le cas de M. Dumas
est moins tendre; Michelet s'agenouillait avec des
sanglots ; lui, se pose en législateur, en confesseur,
en redresseur d'âmes. On raconte que, chaque jour
des femmes vont secrètement le trouver dans son
cabinet de travail, pour lui ouvrir leur cœur, avouer
leurs fautes, demander des consolations et des conseils. Dans un salon, on le voit souvent allongé sur
un fauteuil, entouré d'un triple rang d'adorables
pénitentes, qui tiennent en sa compagnie des
assises d'amour. Comment faut-il aimer? de quelle
façon met-on à la porte un amant devenu gênant?
quel est le plus sûr moyen de ramener un mari
infidèle? D'ailleurs, tout cela est en l'honneur de
la plus stricte moralité. C'est un pontife qui soi-
gne les cœurs malades. M. Dumas occupe ainsi une
place énorme dans notre époque: il est le Saint-
Vincent de Paul des épouses et des amantes mal-
heureuses.

En somme, son discours a été convenablement
applaudi. La vérité était qu'on attendait mieux. J'ai
entendu deux dames qui déclaraient certains passages mal écrits; ce jugement m'a fort étonné. On
espérait je ne sais quelle haute fantaisie, un morceau
brillant qui ferait époque dans les fastes de l'Académie. Quand M. Dumas s'est assis, très content de
s'être débarrassé de la corvée, il m'a semblé que les
petites mains gantées de mademoiselle Croizette
tentaient vainement de soulever une deuxième salve
d'applaudissements, qui n'a pu aboutir.

Pendant cinq minutes, un grand brouhaha a empli
la salle. Puis, au bureau, M. d'Haussonville s'est mis
à lire, à son tour. C'était la réponse au récipiendaire.

M. d'Haussonville est un ancien diplomate, que l'Académie a accueilli à titre d'historien ; il a, en effet, écrit plusieurs ouvrages, dont les deux principaux sont l'*Histoire de la politique extérieure du gouvernement français, de 1830 à 1848*, et l'*Histoire de la réunion de la Lorraine à la France*. Très grand, très robuste, portant en athlète ses soixante-six ans, il est un de ces gentilshommes libéraux qui donnent aujourd'hui, dans le domaine de la politique et des lettres, les grands coups d'épée qu'ils distribuaient autrefois sur les champs de bataille. C'est un homme du monde fort distingué, ayant conservé la tradition du beau langage et des formules polies de nos pères. Aussi le contraste avec M. Dumas était-il frappant. Deux mondes se trouvaient en présence : l'ancienne France, avec sa finesse ironique, sa diction élégante et pleine de bonhomie, sa familiarité hautaine; et la France actuelle, avec sa brutalité d'action, son débit fiévreux, son enquête qui ne respecte rien. Dès les premiers mots de M. d'Haussonville, on a senti l'abîme qui le séparait de M. Dumas. Il était tranquillement assis au bureau, discourant comme dans son salon; prenant sur le papier des phrases qu'il jetait au public, d'un petit geste aimable de la main. Il souriait, se renversait, causait. Quand il avait une méchanceté à lancer, on la devinait à l'expression subitement maligne de sa physionomie. Jamais orateur n'a été plus à son aise. Ajoutez à cela que M. d'Haussonville est affligé d'une grande surdité; mais il n'y paraissait guère, car il semblait s'écouter parler, et il s'arrêtait parfaitement, quand on applaudissait.

C'est alors que le spectacle est devenu singulièrement curieux. Les académiciens qui avaient écouté M. Dumas d'un air boudeur, comme s'ils se fussent méfiés de ce nouveau collègue, ont fait mine tout d'un coup de s'amuser prodigieusement. C'était vraiment un des leurs qui parlait; ils le reconnaissaient à sa voix fluette, ils goûtaient ses moindres mots, en gens délicats qui se retrouvaient en famille. Le public lui-même, charmé du ton aimable de M. d'Haussonville, l'écoutait en souriant à demi. Et l'orateur, en vérité, était fort amusant. Sa réponse à M. Dumas, mesurée dans la forme, contenait les critiques les plus vives. N'est-ce point une plaisante aventure ? M. Dumas est comblé de gloire; M. Dumas ne peut lâcher un mot, sans que toute une légion d'admirateurs se pâment; M. Dumas ambitionne l'Académie qui l'accueille à bras ouverts; et voilà que, le jour solennel de sa réception, lorsque le Paris intelligent est là pour le voir couronner d'immortalité, il reçoit en pleine figure les railleries les plus aiguës qu'on ait osé risquer sur son talent. Oui, M. d'Haussonville a eu ce courage; il a dit des vérités qui auraient fait tomber la plume des mains de tous nos journalistes. Cette Académie, si décriée, si dédaignée, cette compagnie d'invalides sur laquelle s'exerce la verve des débutants, a eu une heure de hardiesse tout à fait méritoire. Certes, je n'ai point pour elle une grande tendresse ; elle est caduque, elle sert médiocrement les lettres ; mais je dois avouer que j'ai goûté une heure de joie, à la trouver plus véritablement jeune que nous tous.

Connaissez-vous quelque chose de plus fin que l'ironie de M. d'Haussonville traitant, après M. Du-

mas la question de l'immoralité dans les lettres ?
M. Dumas s'était défendu complaisamment d'être
un auteur immoral ; il avait même insisté, comme
pour laisser entendre que son génie seul était responsable des hardiesses qui effarouchaient le vulgaire. A la vérité, il ne lui déplaisait pas de garder
au front un peu de la splendeur de l'enfer. Et
c'est alors que M. d'Haussonville lui a dit, de sa voix
gracieuse : « Vous immoral ! Allons donc ! Vous avez
bien raison de vous défendre, monsieur. Je vous
trouve très moral, trop moral. » M. Dumas trop
moral pour l'Académie, n'est-ce pas une perle ? Mais
il faut citer les paroles mêmes de M. d'Haussonville.
« Vos procédés sont tellement habiles, que vous
réussissez à accommoder merveilleusement toutes
choses. Ce que vous écrivez sera toujours un régal
pour les esprits délicats; seulement, viennent les
imitateurs, et je craindrais de les entendre me dire
comme dans la satire de Boileau : *Aimez-vous la
morale ? on en a mis partout*. Je ne déteste pas la morale, je consens même à la prendre à fortes doses,
mais j'entends qu'on me la serve en son lieu et place,
et je compte sur vous, monsieur, pour vous retourner au besoin avec moi contre les maladroits qui,
sous prétexte d'innovation, s'aviseraient de transporter le sermon au théâtre. » On ne dit pas plus joliment son fait à un homme. Tous les mots portent.
Entendez que l'innovateur maladroit qui transporte
le sermon au théâtre, n'est autre que M. Dumas. Ses
dernières pièces, la *Femme de Claude* surtout, sont
clairement désignées. Le voilà désormais jugé : le
terrible auteur dramatique dont les audaces donnent
de petits frissons à la bourgeoisie, déborde de mora

lité. Et rien n'est plus vrai, rien ne précise davantage le talent de l'écrivain ; c'est un faiseur de sermons, un prétendu observateur qui noie les quelques vérités qu'il trouve, dans un gâchis stupéfiant de divagations philosophiques.

Il y a deux sortes d'observateurs, ceux qui observent en savants, et ceux qui observent en médecins. Les premiers ont l'amour de la vérité ; ils étudient l'homme jusque dans ses plaies, parce qu'ils trouvent la carcasse humaine prodigieusement intéressante ; l'expérience seule les tente, l'analyse est leur grande joie. Les seconds, au contraire, ont la passion de guérir ; s'ils s'arrêtent à une belle maladie morale, c'est pour inventer immédiatement un remède ; dans leur hâte, ils acceptent le premier diagnostic venu, et les voilà qui s'égarent en thèses de toutes sortes, prodiguant les ordonnances, oubliant le sujet par tendresse pour la médecine. Balzac était parmi les premiers, M. Dumas fait partie des seconds.

Sans doute, M. d'Haussonville n'est pas allé jusqu'à reprocher à M. Dumas de chercher à moraliser les masses au théâtre. Il a toutefois tracé très nettement le rôle de l'auteur dramatique, au point de vue de son influence sur les mœurs. « Je ne crois pas, a-t-il dit, que la scène soit une école d'enseignement public, ni le lieu le mieux choisi pour développer certaines thèses, si exemplaires qu'elles puissent être, ni pour provoquer certaines réformes, si grande que soit leur utilité. Au risque de vous paraître facile à contenter, je me borne, en lui laissant d'ailleurs toute liberté d'allures, à demander à l'auteur d'une œuvre dramatique, de laisser à la sortie du théâtre les spectateurs et les spectatrices dans une situation d'âme meilleure qu'à leur entrée. Voilà toute la morale que je lui impose. » Certes, cela est fort large, et l'on ne s'attendait guère à tant de libéralisme littéraire de la part d'un académicien.

Je citerai encore la réponse à la phrase de M. Dumas sur les jeunes filles, auxquelles il interdit l'entrée du théâtre, pour pouvoir y traiter librement tous les sujets. M. d'Haussonville n'est point si prudent. « Pour mon compte, je ne déconseillerais pas aux pères de famille de mener leurs filles aux pièces de Molière, quoiqu'elles soient exposées à y entendre des mots un peu crus, aujourd'hui rejetés par la pruderie de notre langue moderne. J'ai connu, par contre, des mères qui volontiers auraient parfois fait sortir leurs filles de l'église, afin de les dérober à d'autres leçons tombées du haut de la chaire. Toutes saintes et sacrées qu'elles soient, les chères créatures qui font la joie et l'honneur de nos foyers, n'ont pas besoin d'être élevées dans une atmosphère factice. » C'est complet. Voilà l'Académie, maintenant, qui envoie les jeunes filles au théâtre, lorsque M. Dumas lui-même, le terrible M. Dumas, ne veut pas qu'on les laisse passer au contrôle.

Le discours de M. d'Haussonville continue ainsi, spirituel, moqueur, relevant une à une les opinions de M. Dumas. C'est une critique impitoyable que rien ne désarme. Il faut entendre comment le grave historien, l'ancien diplomate de Louis-Philippe, plaisante l'auteur de la *Dame aux camélias* sur sa tendresse pour les femmes. Après avoir rappelé ses premières pièces, dans lesquelles les femmes sont ramenées au bien par des sentiers de fleurs, il ajoute :

« Il semble, d'ailleurs, que vous n'avez pas eu longtemps confiance dans l'indulgence comme moyen de mener à bonne fin la croisade que vous avez entreprise contre les atteintes portées à la foi conjugale On dirait l'indignation d'un législateur ulcéré de ce que l'on n'a pas observé ses préceptes et qui prend la résolution de les appuyer, puisqu'il le faut, par les châtiments les plus sévères... Tous les moyens vous sont bons pour punir les épouses infidèles. Qu'elles se méfient désormais de ces jolis couteaux à manche de jade qui traînent sur les tables, des pistolets que leurs maris prennent la fâcheuse habitude de porter dans leur poche et de ces fusils de nouvelle invention oubliés dans les coins; qu'elles tremblent à la pensée de cette réserve de canons perfectionnés que vous leur faites apercevoir dans le lointain, et qui pourront servir un jour aux exécutions générales. Certes, elles auront le cœur bien hardi, celles qui ne reculeront pas devant ce formidable appareil de moralisation ! » La salle entière accueillait chacune de ces phrases par des éclats de rire; les allusions aux dénouements de l'*Affaire Clémenceau* et de la *Femme de Claude*, saisies par tout le monde, égayaient jusqu'aux académiciens eux-mêmes.

M. d'Haussonville n'a pas manqué de dire son avis sur la singulière légende que M. Dumas avait racontée, au sujet du *Cid*. Les étranges scrupules de Richelieu qui condamne Rodrigue parce qu'il est Espagnol, l'ont fait sourire, comme des inventions peu heureuses d'auteur dramatique. L'histoire ne confirme aucunement cette version nouvelle d'une querelle restée fameuse. Et il a eu cette plaisante exclamation: « Que vous a donc fait la Chimène de Corneille?»

Dix lignes plus haut, il accusait M. Dumas de ne pouvoir garder son sang-froid avec les femmes. Il semble vouloir, à demi-mots, lui laisser entendre ici qu'il connaît son rôle de consolateur des dames. Il insinue qu'il s'occupe trop d'elles, qu'elles lui tournent la tête, qu'elles le mettent dans un état continuel de fièvre de tendresse ou de colère, qui lui enlève la perception nette des choses. C'est fort juste, et dit avec un tel tact, qu'on ne peut se fâcher. Il termine par ces paroles : « Ce sont les nobles amours qui font les nobles actions. C'est pourquoi ne soyez pas trop sévère aux Chimène, si vous en rencontrez, par hasard. Vous ne nous causeriez pas seulement un grand plaisir, vous nous rendriez un bon service, si vous nous faisiez applaudir sur la scène quelques figures qui s'en rapprocheraient un peu. Cet effort serait digne de votre talent. » C'est ainsi que la leçon de patriotisme donnée par M. Dumas à Corneille, s'est retournée contre lui en une leçon toute littéraire.

Le succès de M. d'Haussonville a été complet. Ses collègues de l'Académie ne laissaient pas passer un trait sans le souligner. Je suivais, sur les visages souriants de ces immortels, si cassés par l'âge, tout le plaisir qu'ils prenaient à cette fine causerie. Certains ouvraient des bouches sans dents, qui avaient un rire de charnières rouillées ; d'autres, sous d'épais sourcils, laissaient percer de petits yeux, tout attisés de malice. Le public applaudissait M. d'Haussonville, comme il avait applaudi M. Dumas, mais plus fort. Et, par moments, tous les regards se tournaient vers celui-ci, pour voir la contenance qu'il avait. Il sentait ces yeux curieux qui épiaient les moindres plis de son visage, il supportait courageusement les épigrammes acérées dont la pluie ne cessait pas. Même, il parvenait à sourire, quand la salle entière riait. En somme, il s'est montré brave. Je crois cependant qu'il a dû éprouver un soulagement énorme, lorsque M. d'Haussonville a posé sur le bureau le dernier feuillet de son discours.

Puis, la sortie s'est opérée, au milieu d'un tohu-bohu effrayant. Les académiciens sont partis comme ils étaient venus, par une porte du fond, pareils à un troupeau qui se culbute à l'entrée d'une étable. L'Olympe de l'Institut n'a décidément rien d'imposant. Quant à la foule, elle a mis un grand quart d'heure à s'écouler. Sur le quai, en face du pont des Arts, des groupes de curieux se sont formés, attendant la sortie des personnages considérables. On a salué le duc d'Aumale. Des académiciens s'en allaient deux par deux, comme de bons bourgeois enchantés de rentrer au logis. M. Dumas a passé dans une voiture, avec ses deux parrains, MM. Legouvé et Camille Doucet, tous trois fort gênés dans leurs habits verts. Une heure après, des badauds étaient encore là, attendant toujours, bien que les portes de l'Institut se fussent refermées depuis longtemps.

Moi, la tête toute bourdonnante des trois heures de discours que je venais d'endurer, les reins brisés par le voisinage d'une grosse dame qui s'était tout le temps à demi couchée sur moi, je me suis mis à marcher doucement le long des quais. Je ne connais pas de promenade plus délicieuse. Les quais sont larges, pleins d'air, avec de grands trottoirs vides, sur lesquels on est certain, dans la semaine, de n'être pas coudoyé. En haut, on a du ciel, d'un bout à l'autre de l'horizon. En bas, la Seine coule, toute verte ; et elle est vivante de la vie des rivières, avec ses bateaux de blanchisseuses amarrés à la berge, ses péniches qui remontent le courant traînées par les remorqueurs, ses trains de bois flottants qui descendent au fil de l'eau, tandis que des hommes debout, à l'aide de longues perches, les dirigent. C'est le quartier de Paris le plus solitaire et le plus vivant, le plus vaste et le plus intime. Je sais des poètes qui ont composé là, sur ces larges trottoirs, des poèmes de trois mille vers.

Je songeais à tout ce que je venais d'entendre. C'est une terrible chose que la vérité, en littérature. Les écrivains n'ont pas les certitudes des mathématiciens. Quand on a dit : « Deux et deux font quatre », on est convaincu de ce qu'on avance, et l'on peut dormir tranquille. Mais, dans les lettres, le doute reste éternel. Les écoles se dressent en face les unes des autres, en se jetant leurs systèmes au visage. Les classiques, les romantiques, les réalistes, crient ensemble que le talent, la vérité, le style, sont de leur côté ; et il y a des heures où l'on ne sait plus qui a raison. En somme, la seule base possible est encore la nature ; on peut, sans crainte de se tromper, la prendre pour commune mesure. Comparer une œuvre à ce qui est, se demander si elle est fidèle, si elle reproduit sans mensonge la réalité, c'est une première opération facile, qui établit un point de départ, le même pour toutes les œuvres. Mais cela ne suffit évidemment pas ; on serait conduit à exiger des photographies, et le plus bel ouvrage serait l'ouvrage le plus exact, conclusion fausse souvent. Il faut donc introduire l'élément humain, qui élargit tout d'un coup le problème et en rend les solutions aussi variées, aussi multiples, qu'il y a de crânes différents dans l'humanité. J'ai défini autrefois une œuvre littéraire, en disant : « Une œuvre est un coin de la nature vu à travers un tempérament. » Certes, on est toujours loin de la certitude mathématique; mais on a dès lors un instrument de critique qui peut rendre de grands services, en empêchant de s'égarer dans les fantaisies du parti-pris.

J'ai souvent essayé cet instrument. L'emploi en est aisé. Quand on a une œuvre en face de soi, il suffit d'abord de chercher quelle somme de réalité elle contient; puis, sans la juger encore, on passe à l'étude du tempérament qui a pu amener dans l'œuvre les déviations du vrai qu'on y constate. Peu importe alors le plus ou le moins d'exactitude. Il faut simplement que le spectacle de l'écrivain aux prises avec la nature reste grand; l'intensité avec laquelle il la voit, la façon puissante dont il la déforme pour la faire entrer dans son moule, l'empreinte enfin qu'il laisse sur tout ce qu'il touche, telle est la véritable création humaine, la véritable signature du génie. En France, nous avons un grand poète, Victor Hugo, qui est bien l'esprit le plus faux et le plus large qui existe. Il donne de tels coups de poing à la nature, qu'elle sort de ses mains colossale et bossue, avec une fièvre de vie miraculeuse. Notre illustre peintre Delacroix voyait également la nature sous trois couleurs dominantes, le rouge, le vert et le jaune, qui faisaient flamber dans ses tableaux une splendeur menteuse et extraordinaire. Je veux indiquer par ces exemples que la réalité seule ne me séduit pas, que je tiens compte de l'effort humain,

de ce que l'homme ajoute à la nature, **pour la créer
à nouveau, d'après des lois d'optique personnelles.**
Et c'est même cette continuelle variété dans l'interprétation de la vie, qui fait la séduction éternelle des œuvres de l'imagination. Les créations
littéraires se déroulent de siècle en siècle, toujours
nouvelles, avec des floraisons d'autant plus originales, que les sociétés se transforment plus profondément.

Si l'on applique aux œuvres de M. Dumas cette
formule : « Une œuvre est un coin de la nature vu à
travers un tempérament », le point que l'on constate
d'abord, est celui-ci : la réalité n'y tient pas la grande
place qu'on pourrait croire au premier examen.
Certes, les sujets sont modernes, les personnages
appartiennent tous au milieu contemporain. Mais ils
s'agitent dans un cadre singulièrement restreint, l'auteur ne sort pas d'un certain monde ni de certains
types ; c'est une continuelle reproduction des mêmes
tableaux. On chercherait en vain, dans ses comédies,
des types vivants, originaux, pittoresques ; le seul
personnage de ce genre qu'il ait tenté, est la madame
Guichard, de *Monsieur Alphonse*, qui obtint un si vif
succès de rire, le jour de la première représentation.
Il ne fait pas, en un mot, des excursions de curieux
dans la nature humaine, aujourd'hui chez une
comtesse, demain chez un artisan, un autre jour
au fond de quelque quartier suspect, chez les filles
ou chez les voleurs. Tout ce qu'il a écrit peut se
passer dans le même salon, avec les mêmes fauteuils le long des murs, et la même pendule sur la
cheminée. Je ne lui reproche pas d'ailleurs cette
simplicité, cette unité de cadre ; de plus grands que

lui ont fait tenir des chefs-d'œuvre dans des espaces
tout aussi étroits. Il suffirait qu'il évoquât son petit
peuple avec une vive intensité de forme et de couleur.. Mais c'est ici qu'on touche du doigt son impuissance à être réel. Non seulement son domaine
est restreint, vague, innomé, situé sur la frontière
de tous les mondes, mais encore les créatures qu'il
met à la scène ont presque toutes des existences
purement factices. Il n'y a rien d'humain dans ces
poitrines. Ses femmes sont toutes bonnes ou toutes
mauvaises, avec des raideurs de syllogismes ; ses
maris poussent l'abnégation jusqu'à la bêtise et la
vengeance jusqu'à la folie ; ses enfants parlent la
langue des grandes personnes ; ses rôles secondaires
se promènent dans l'action comme de simples
rouages nécessaires. Jamais une souplesse, jamais
un abandon. On est jusqu'au cou dans un raisonnement. Tous ces gens restent de purs arguments
qui doivent concourir à un plaidoyer général, et
qui ne s'écartent à aucun prix de la ligne droite
qu'ils suivent. Derrière eux, on le sent toujours là ;
il est attentif, tenant ses personnages aux reins
comme des marionnettes ; il fait mouvoir leurs bras,
leurs jambes, leur tête ; il s'identifie tellement avec
eux, que tous parlent sa langue, ont le son de sa
voix, reproduisent sans cesse les tournures de son
esprit. Ce n'est pas un coin de la vie ordinaire que
M. Dumas nous représente ; c'est un carnaval philosophique dans lequel on voit sauter vingt, trente,
cinquante petits Dumas, déguisés en hommes, en
femmes, en enfants, avec des perruques selon les
âges et selon les conditions,

Je passe à la seconde opération critique. Peu

m'importe que l'écrivain déforme la réalité, la marque de son empreinte, s'il doit nous la rendre curieusement travaillée et toute chaude de sa personnalité. Ici, nouveau mécompte. On dit en parlant des personnages de Molière : Tartufe, Alceste, Agnès ; on dit en parlant des héros de Balzac : Hulot, Grandet, le père Goriot, madame Marneffe ; Beaumarchais a laissé Figaro, et l'abbé Prévost, Manon. Tous ces écrivains ont créé des hommes, des êtres qui ont une vie propre, dont l'existence n'est mise en doute par personne. Ils ont ramassé la boue des chemins, ils ont fait des créatures à leur image, sur lesquelles ils ont soufflé ; cela a suffi pour animer la matière. C'est là cette empreinte du génie dont je parle, cet élément humain que les écrivains puissants mettent dans leurs œuvres, ce coup de pouce qui transforme le réel et le fait brusquement vivre d'une vie personnelle. Or, je défie qu'en nommant les personnages de M. Dumas, on évoque devant les yeux une créature vivante. Les noms de ces personnages ne viennent pas même à la mémoire. La Dame aux camélias seule a demeuré ; et encore faut-il un travail pour se souvenir qu'elle se nomme Marguerite Gautier. Toute l'œuvre de l'auteur dramatique est ainsi une fresque grise, aux figures effacées ; pas une tête plus puissante ne se détache avec quelque relief au milieu des autres : on dirait une procession d'êtres mort-nés, d'ombres à peine indiquées sous les plis droits de leurs vêtements uniformes. Quand on parle du *Demi-Monde*, le chef-d'œuvre de M. Dumas, on cite encore la baronne d'Ange, non qu'elle soit d'un dessin bien accentué, mais parce qu'elle a été personnifiée par des actrices dont chacun revoit le jeu ;

et on ne cite pas un autre personnage, les hommes surtout disparaissent dans une sorte de brouillard, les syllabes de leurs noms sont comme molles et fugitives. Il en est ainsi pour toutes les autres comédies, elles n'ont pas laissé un type puissant, un nom vivant qui soit un être. Cela est significatif et prouve d'une façon irréfutable que M. Dumas n'est pas un créateur, mais un raisonneur. Son père, le grand Dumas, bien qu'on le juge aujourd'hui inférieur par le style et la conception littéraire, avait au contraire des mains créatrices d'où sont tombés les d'Artagnan, les Buridan, les Monte-Christo, ces colosses de l'imagination. Lui, le fils, n'est qu'un cerveau tout obstrué de fumées philosophiques. Il n'imprime pas sur les membres de ses statues la marque indestructible de ses doigts. Dans le très petit coin du réel où il se meut, il n'anime ni ne grandit ce qu'il touche.

J'ai peur d'être bien sévère, lorsque je tâche d'être strictement juste. Ce que je reproche en somme à M. Dumas, c'est de s'être enfermé dans la solution de certains problèmes sociaux, l'adultère examiné dans tous ses cas. Il a déserté le grand drame humain, il n'a vu que la querelle sexuelle de l'homme et de la femme; et cela ne serait rien encore, s'il l'avait vue purement en analyste; mais il y a apporté des préoccupations continuelles de moraliste, qui ont le plus souvent faussé ses observations. Il ne procède pas de Molière qui peignait l'humanité dans ses vices et dans ses ridicules, sans se soucier de la leçon, ayant le seul désir de faire ressemblant; lui, se moque de la ressemblance, ou du moins ne nous montre un vice ou un ridicule dans

les premiers actes, que pour les catéchiser ensuite
et les convertir au dénouement. Le danger est grand
pour notre théâtre. M. Dumas y est tout-puissant,
à cette heure, et les imitateurs viendront, comme
l'a dit M. d'Haussonville. Alors, nous aurions une
littérature dramatique aussi parfaitement ennuyeuse
que pleine d'intentions excellentes. L'outil moderne,
l'analyse, tournerait au goupillon. On remplace-
rait le mariage obligatoire du dernier acte par un
tableau de sainteté, Dieu faisant asseoir à sa droite
les personnages vertueux de la comédie, et préci-
pitant les pervers dans les chaudières infernales.
Pour éviter ce genre abominable, il faut à tout prix
en revenir aux sources classiques, à l'étude de la
nature telle qu'elle est, au drame humain, à la
peinture originale du vaste monde. Molière est le
grand ancêtre qui doit nous sauver du catéchisme
de M. Dumas.

Et, à petits pas, tout en roulant ces idées, j'étais
allé jusqu'au pont des Invalides. Non, je ne me
sentais pas trop sévère. Le doute qui s'était glissé un
instant dans mon esprit, ce doute littéraire dont le
sourd travail, à certaines heures, vous brouille la
cervelle au point de vous ôter tout jugement, se
dissipait peu à peu, faisait place à une grande luci-
dité. Je voyais M. Dumas en dehors de toute pompe
académique, sans habit vert, sans immortalité; il ne
lisait plus un discours au milieu d'une foule souriante, il n'avait plus la tête pâle d'un triomphateur
que l'émotion étrangle. Et il était bien tel que je
l'avais jugé, d'un grand talent sans doute, mais
tout ballonné d'une importance exagérée, tenant
trois fois plus de place qu'il n'en devrait tenir. J'avais

fait une œuvre de justice. Je suis revenu par les quais, l'esprit paisible. Le temps était doux; le crépuscule tombait dans le ciel clair; en bas, au milieu de la Seine, un grand bateau de charbon trop chargé, dormait lourdement sur l'eau noire.

SAINTE-BEUVE

Une figure littéraire me tourmente depuis quelque temps, celle de Sainte-Beuve. Voici dix ans que l'éminent critique est mort, et le temps me paraît venu de dire sur lui ce que pense ma génération. C'est moins Sainte-Beuve qui m'intéresse, à la vérité, que le rôle très important joué par lui dans notre littérature de ces cinquante dernières années. Il a été une étape, et des plus intéressantes, des plus décisives.

La critique de ce critique est devenue nécessaire aujourd'hui, pour bien marquer où il en était, il y a vingt ans, et où nous en sommes nous-mêmes à cette heure. Depuis le commencement du siècle, les périodes littéraires se précipitent avec une fièvre croissante. Tous les vingt ans, le terrain social et les œuvres qui y poussent se modifient à un tel point, qu'il est utile de faire le bilan de la période écoulée, afin de bien déterminer la période qui s'ouvre. Et c'est pourquoi je m'adresse à Sainte-Beuve, parce qu'il a résumé merveilleusement son époque littéraire, avec une souplesse d'intelligence et un effort de sincérité sans pareils. Avec lui, nous aurons le mouvement complet des esprits depuis 1825 jusqu'à 1870 Il suffira donc d'instruire à nouveau quelques-uns des procès littéraires dans lesquels il a cru dire le dernier mot, et de voir s'il n'y a pas lieu de casser ses jugements. Nous appuierons ainsi, sur des documents certains, nos façons de penser actuelles. Ce sera le passé commenté et jugé par le présent.

Naturellement, je ne m'occuperai que de Sainte-Beuve critique, laissant de côté le poète, le romancier et l'historien. Même, dans la quantité énorme de ses articles écrits au jour le jour, je choisirai particulièrement ceux qu'il a publiés sur des contemporains, afin de me mieux faire entendre, en traitant d'une matière connue de tous. Ce qui m'intéresse surtout, c'est la critique moderne en face de la production moderne, c'est Sainte-Beuve jugeant les plus illustres de ses contemporains. Si j'examine certaines de ses études sur les œuvres des siècles passés, ce ne sera que pour chercher l'origine de ses opinions et mieux expliquer son attitude parmi le groupe littéraire où il a grandi. En un mot, je veux le prendre à cette minute si instructive de la critique française, lorsque cette critique, se dégageant avec lui de la métaphysique et de la rhétorique, commençait à accepter les œuvres des temps nouveaux, tout en faisant des retours pleins de regret vers le passé. Rien ne saurait marquer davantage l'élargissement de la voie naturaliste où notre siècle marche à grands pas.

I

Sainte-Beuve a écrit ceci : « On ne saurait s'y prendre de trop de façons et par trop de bouts pour connaître un homme, c'est-à-dire autre chose qu'un pur esprit. Tant qu'on ne s'est pas adressé sur un auteur un certain nombre de questions et qu'on n'y a pas répondu, on n'est pas sûr de le tenir tout entier... Que pensait-il en religion ? Comment était-il affecté du spectacle de la nature ? Comment se comportait-il sur le chapitre des femmes ? sur l'article d'argent ? Etait-il riche, était-il pauvre ? Quel était son régime, quelle était sa manière journalière de vivre ? etc. Aucune des réponses à ces questions n'est indifférente pour juger l'auteur d'un livre et le livre lui-même. »

Donc, en appliquant à Sainte-Beuve la méthode de Sainte-Beuve, cette méthode qui a fondé la critique scientifique, il faut débuter par des considérations biographiques. On a déjà beaucoup écrit sur Sainte-Beuve. Mais aucun des livres publiés n'a causé une émotion pareille à celle que vient de produire un volume de M. A.-J. Pons : *Sainte-Beuve et ses inconnues*. M. Pons a été un des nombreux secrétaires de Sainte-Beuve, ce qui donne une certaine autorité à ses renseignements. Ce qu'il s'est appliqué surtout à dégager, c'est le tempérament amoureux du critique, c'est le rôle tout-puissant joué par la femme dans sa vie. Il semble avoir voulu répondre sur le cas de

Sainte-Beuve à cette question que celui-ci posait, en parlant de l'auteur soumis à son analyse : « Comment se comportait-il sur le chapitre des femmes ? » Et M. Pons a fait la réponse avec un tel luxe de détails, avec une telle abondance de documents, que beaucoup de monde a été scandalisé, criant qu'on profanait la mémoire d'un mort illustre. Je n'ai pas à entrer dans la querelle, dont le côté sentimental me laisse froid. La seule chose à examiner, c'est de savoir si les documents apportés par M. Pons sont dignes de créance. Certains ont une authenticité absolue, puisque, le plus souvent, M. Pons s'est contenté de laisser parler Sainte-Beuve lui-même, en lui empruntant des citations ; c'est Sainte-Beuve qui nous donne son autobiographie, par fragments, aux heures les plus délicates de sa vie, car il avait le besoin des confidences ; il s'est confessé, à vingt endroits de ses œuvres, sous les voiles les plus transparents. Le travail de pure compilation que M. Pons a fait, pouvait donc être fait par tout le monde ; et ce travail offre des certitudes presque absolues. Pour le reste, il est croyable que le biographe s'en est rapporté aux faits dont il a eu connaissance, en vivant dans l'intimité du grand critique. Cependant, certains détails sont contestés par d'autres secrétaires, qui accusent M. Pons d'avoir enflé les choses. La matière est délicate. Plus tard, sans doute, les faits strictement vrais se dégageront, à la suite de polémiques qui ne peuvent manquer de s'engager.

D'ailleurs, mon intention n'est pas d'utiliser dans cette étude les détails purement épisodiques. Je me contenterai des grandes lignes. Il y a là un terrain tout à fait solide. Ce que personne ne songe à nier, c'est le rôle souvent décisif que la femme a joué dans la vie de Sainte-Beuve. Il était de complexion galante, dans tous les sens du mot. Et l'on ne comprend bien son tempérament littéraire qu'en reconstituant son tempérament amoureux. Il a été un féminin, telle me paraît être en lui la caractéristique de l'écrivain et de l'homme.

M. Pons nous conte la longue suite de ses amours : une première tendresse d'enfant, puis les débordements du jeune homme, lâché dans le vice des trottoirs de Paris, puis un coup de passion qui eut un moment la plus grande influence sur ses croyances littéraires et religieuses ; ensuite, il se fait un nid tiède dans des ménages à trois, et il noue une liaison mondaine, après une tentative de mariage qui échoue ; enfin, lorsque l'âge est venu, c'est une succession de maîtresses, de petites filles qu'il cloître, sans préjudice des rencontres de la rue. Le cas physiologique est complet, et il se présente comme le plus beau que je connaisse. Il rappelle beaucoup celui du baron Hulot, dans Balzac ; bien entendu, je parle du développement de la passion, et non du drame. Si je m'arrête sur cette matière délicate, ce n'est pas comme critique, c'est comme romancier. Que de documents précieux dans le livre de M. Pons ! Nous n'inventons pas des choses d'un tel accent, il faut avoir pris la nature sur le vif pour mettre un pareil drame humain sous les faits les plus simples. Oui, voilà un roman que je voudrais écrire, une simple biographie, l'analyse d'un homme. Ceci est un hors-d'œuvre, mais je me permettrai quelques citations, tellement les notes vraies me passionnent.

Rien de plus curieux, par exemple, que les relations

de Sainte-Beuve et de George Sand. Il aimait ailleurs, et il ne fut jamais que l'ami complaisant de l'auteur de *Mauprat*. *«* Puisque Sainte-Beuve se rayait lui-même de la liste, dit M. Pons, on lui réserva le rôle de confident, de conseiller, de confesseur ; je n'ose dire un autre mot, bien qu'il soit difficile de ne pas sourire à lui voir rendre de si galants services. S'il n'avait pris soin de publier, peu de temps avant sa mort, sans doute avec l'assentiment de madame Sand, les lettres qu'il lui écrivit, nous n'aurions jamais deviné à quel point ils avaient poussé, l'un la complaisance et l'autre la franchise. » Dans les extraits de lettre qui suivent, on voit George Sand demandant à Sainte-Beuve de lui amener ses amis, discutant si elle prendra Alexandre Dumas ou Alfred de Musset, paraissant se décider un moment pour Jouffroy, le philosophe, tombant enfin sur Alfred de Musset. Quant à Sainte-Beuve, il est heureux de procurer l'amant, du moment où il ne peut être l'amant lui-même. C'est encore un plaisir que connaissent bien les féminins, ceux qui vivent dans les jupes des femmes : s'occuper du bonheur des autres, se fourrer au milieu des histoires d'amour pour en emporter l'agréable frisson, faire des ménages qu'on va voir et qu'on trouve alanguis, pleins de gratitude, avec des yeux encore humides de passion. Cela est une note de bonhomie voluptueuse, et qui marque un tempérament.

M. Pons, d'ailleurs, cite ces lignes de Sainte Beuve: « Je me fais quelquefois un rêve d'Elysée ; chacun de nous va rejoindre son groupe chéri, auquel il se rattache, et retrouver ceux à qui il ressemble : mon groupe à moi, je l'ai dit ailleurs, mon groupe secret est celui des adultères (*mœchi*), de ceux qui sont tristes comme Abbadona, mystérieux et rêveurs jusqu'au sein du plaisir et pâles à jamais sous une volupté attendrie. » C'est un aveu, cela, mais un aveu tout enguirlandé de poésie. Sainte-Beuve s'est installé dans des ménages ; seulement, il paraît s'y être conduit en homme qui tient à son bien-être, beaucoup plus qu'en poète fatal, posant pour la mélancolie. M. Pons le peint ainsi : « Obtenant peu, demandant moins encore, et pourtant satisfait, tel il se montre à nous dans ces mystères de l'alcôve où il nous introduit. Je ne vois pas qu'il ait jamais été sérieusement mordu au cœur de la jalouse rage que Feydeau a si pompeusement décrite dans *Fanny*. Tout au contraire, l'époux, dans sa majesté, ne lui inspirait que déférence et respect. Avec quel art il s'insinuait dans sa confiance ! de quel miel savoureux il lui adoucissait la coupe amère ! Ceux-là seuls qui l'ont vu à l'œuvre pourraient le dire. Le foyer où se réchauffaient ses sens et sa tendresse lui devenait sacré. Il s'inclinait humblement sous la supériorité du mari, embouchait la trompette en son honneur et redisait son nom aux échos d'alentour. » Quel adorable portrait d'amant lettré, refusant les violences de la passion, contraires à sa nature d'équilibre. voulant faire servir avant tout ses liaisons les plus coupables au charme de sa vie !

Mais c'est surtout vers la fin, lorsque Sainte-Beuve vieillit, que les documents deviennent précieux. Voici un fait, par exemple. Sainte-Beuve avait installé chez lui une grande belle fille, qui, au bout de quelque temps, y meurt de la poitrine. Aussitôt, le père, un paysan, se présente. Je laisse parler M. Pons : « Sitôt que sa fille eut fermé les yeux, il accourut, réclamant sa part de succession, les tapis, les meubles, que sais-je? sous prétexte qu'elle avait mis en commun sa fortune avec celle de son amant; il menaça celui-ci d'un procès, et, profitant de son inexpérience en affaires, parvint à lui extorquer douze mille francs. » Ceci est du Balzac, et encore Balzac n'est pas allé si loin, dans la cupidité d'un père et le trouble d'un amant, qui paie pour étouffer un scandale. Tout mon tempérament de romancier s'échauffe devant des documents pareils : voilà la vérité sur l'homme, voilà le détraquement qui se produit dans le mécanisme social, sous le coup d'une passion. Nous n'avons qu'à constater. Chez tout homme, le fait aurait la valeur d'un document exact; chez Sainte-Beuve, ce document prend une signification plus intéressante, parce qu'il est un élément d'analyse ouvrant un jour sur le cas d'un lettré, dont nous étudions l'intelligence.

J'emprunterai encore à M. Pons une anecdote. Un soir, il était au Théâtre-Français avec Sainte-Beuve et une jeune femme, maîtresse de ce dernier. M. Edouard Thierry, alors directeur du Théâtre-Français, aperçut l'illustre critique placé dans une mauvaise loge, et vint lui en offrir une meilleure. Je cite :
« On se leva pour descendre; le galant directeur offrit le bras à Jenny; Sainte-Beuve les suivait, portant avec précaution le mantelet et le chapeau de son amie. Je fermais la marche, ne portant rien, comme le troisième page de Malbrough, mais songeant à part moi quels heureux privilèges confèrent à Paris la jeunesse et la beauté. Car cette grande fille, à qui ces deux hommes distingués prodiguaient les égards et les

hommages, et qui se pavanait par les corridors avec des airs de duchesse, était la même que j'avais vue la veille au bal Constant, — et Dieu sait ce qu'était ce bal, — polker avec rage, amoureusement enlacée au flanc d'un Alphonse de barrière. »

Quelle belle étude humaine, quel beau cas à disséquer! Les faits sonnent trop la vérité pour ne pas être exacts. J'ai choisi les citations de façon à ne blesser personne, car il y a, dans le livre de M. Pons, d'autres drames dont tous les personnages ne sont pas morts. Maintenant, je reviens aux grandes lignes de Sainte-Beuve, les seules qui me soient nécessaires.

Ce qui est très net chez lui, c'est le besoin de la femme, et moins un besoin physique peut-être qu'un besoin de conversation et de compagnie. Il lui fallait une femme dans l'air qu'il respirait, il vivait béatement au milieu des jupes, se contentant le plus souvent de voir un joli visage, de flairer au passage une odeur, ou simplement encore d'entendre une voix jeune. Il a réellement vécu dans la société des femmes; ses rapports de pure amitié complaisante avec George Sand sont typiques. Sur le tard, il avait, pour les petites filles qu'il cloîtrait, des tendresses de père. On le retrouve avec cette adoration sensuelle et passive dans les ménages où il fait son nid, dans les liaisons mondaines qu'il noue. La brutalité de la passion ne paraît que lorsqu'un aiguillon plus vif le jette sur le trottoir parisien, en quête du vice. Une princesse disait de lui : « Oh ! Sainte-Beuve est un homme à femmes. » Et la définition était excellente, car il les aimait toutes, il aurait vécu de leur haleine, il se faisait leur domestique, quand il ne pouvait être leur amant.

Je reste ici un anatomiste. Sainte-Beuve, garçon et libre, vivait à sa guise, avec une honorabilité parfaite ; sa mémoire garde une haute dignité, par le talent et le travail. Seulement, je crois qu'il faut chercher dans son tempérament amoureux le trait caractéristique de son talent d'écrivain. Je l'ai nommé un féminin : sa souplesse de critique, son horreur des extrêmes, son goût des nuances, ses raffinements d'analyse et de style compliqué vont découler de là. Ajoutez le tourment de la vérité, dans cette nature de chatte câline, égratignant et ronronnant, et vous aurez le cas de Sainte-Beuve. Il demeurait une intelligence, même au plus fort de ses désirs ; jamais une aventure ne lui a fait perdre une heure de travail ; ce qui prouve l'égoïsme de sa passion. L'amant, qui était sans jalousie contre le mari, ne se laissait pas entamer par les catastrophes fatales de ses liaisons ; il en sortait saignant peut-être, mais presque aussitôt calmé dans son cher cabinet d'étude. Voilà donc Sainte-Beuve tout entier, casanier, vivant avec ses livres, adorant le monde pourtant, surtout les salons où il rencontrait des femmes, mettant toujours des femmes autour de lui comme un autre mettrait des fleurs dans un vase, sur sa table de travail, et reprenant tranquillement la page commencée, soit qu'il rentrât de la liaison mondaine ou du vice de la rue, soit qu'il revînt de la chambre voisine, où il parquait un petit sérail à son usage. Le besoin de comprendre et d'exprimer ce qu'il croyait la vérité, restait en définitive le maître, après la crise des sens apaisés. Il ne gardait qu'un attendrissement de phrase, qu'une analyse un peu amollie et fuyante, qu'une empreinte très visible de la femme, prise dans un continuel contact, avec ses caresses, ses perfidies, ses sous-entendus, ses colères nerveuses. On retrouve la femme dans cet amour de la grâce qu'il a confessé partout, comme si la femme sans rien lui ôter de sa compréhension, en élargissant même le domaine des sensations délicates, n'avait absolument tué qu'une chose en lui, le sentiment et l'admiration de la force. C'est ce que nous verrons tout à l'heure.

Maintenant, je n'ai plus qu'à indiquer brièvement les grandes phases de la vie de Sainte-Beuve, qui ont eu une influence sur son talent de critique. Après avoir fait de fortes études, il étudia un instant la médecine ; l'analyste, l'anatomiste est parti de là. D'autre part, il se passionna pour le grec, tâcha de pénétrer l'antiquité dans sa réalité vivante. On peut dire que, dès lors, il allait rester en équilibre, entre cette littérature classique à laquelle la tradition et ses études l'attachaient, et la littérature moderne que sa pointe dans les sciences lui laissait entrevoir comme prochainement triomphante. Ses articles nous le montreront bien souvent hésitant, se sauvant à force de compréhension, acclamant les œuvres contemporaines, tout en restant effrayé, puis faisant des retours avec délices dans les œuvres du passé, où il se reposait. Son coup de folie romantique n'a été qu'un coup de passion, dont il s'est guéri assez vite. Le poète a été tué par le critique, par le lettré curieux que brûlait le feu de tout comprendre et de tout expliquer. De là ses quarante années de feuilletoniste, jugeant les publications ouvelles au jour le jour. Aujourd'hui, c'est la mémoire du critique qui reste debout. On ne lit guère le poète et le romancier, on ne se souvient plus du professeur, on oublie même l'historien de Port-Royal, pour s'intéresser uniquement au critique, qui a laissé des jugements sur l'ensemble à peu près complet de notre littérature. Il est inutile de préciser davantage la vie de Sainte-Beuve, son passage à la Bibliothèque Mazarine, ses leçons à Genève et à Bruxelles, son cours du Collège de France interrompu par une petite émeute, son entrée à l'Académie où il fut longtemps très assidu, son entrée au Sénat où sa défense de M. Renan souleva un si beau scandale, son convoi de libre penseur suivi par la jeunesse de toutes nos Écoles. C'est là l'existence d'un lettré, qui flottait de la dictature à la libre pensée, faisant d'ailleurs passer les lettres avant tout, grand par cet amour de sa vie entière. Il était homme de salon et de bibliothèque, un pied dans l'ancien régime et un pied dans le nouveau, très honoré d'être reçu dans certaines maisons aristocratiques, dédaigneux pourtant de ce que l'intelligence ne grandissait pas. Il y avait en lui, je le répète, un étrange assemblage d'avenir et de passé. Pour le définir d'un mot, il a marqué dans la critique française une période de transition.

C'est ce que je vais tâcher de démontrer, en m'appuyant sur les documents.

II

Et, d'abord, il faut se demander quelle idée Sainte-Beuve se faisait de son rôle de critique. Je trouve à ce sujet de bien précieux renseignements, dans un article qu'il a publié sur Boileau. « S'il m'est permis de parler pour moi-même, dit-il, Boileau est un des hommes qui m'ont le plus occupé depuis que je fais de la critique, et avec qui j'ai le plus vécu en idée. J'ai souvent pensé à ce qu'il était, en me reportant à ce qui nous avait manqué à l'heure propice. »

Donc son regret, très nettement exprimé, a été de n'avoir pas joué, pendant la période romantique, le rôle que Boileau, selon lui, a joué pendant la période classique du siècle de Louis XIV. Sa théorie est que Boileau a mené tout ce siècle. « Les plus grands talents eux-mêmes, dit-il, auraient-ils rendu également tout ce qui forme désormais leur plus solide héritage de gloire? Racine, je le crains, aurait fait plus souvent des *Bérénice ;* La Fontaine moins de Fables et plus de Contes ; Molière lui-même aurait donné davantage dans les Scapins, et n'aurait peut-être pas atteint aux hauteurs du *Misanthrope*. » En vérité, ce sont là des hypothèses qui peuvent séduire, mais il n'en est pas moins bien singulier de prétendre que, sans Boileau, le génie de Molière, de La Fontaine et de Racine ne se serait pas épanoui. Attribuer à la critique, même à la critique la plus juste, une pareille influence me paraît tout à fait exagérée; surtout lorsque le critique, comme Boileau, est simplement un rhétoricien. Sainte-Beuve, qui a l'horreur des hypothèses, en a risqué là une de belle taille.

Mais l'intérêt est dans les lignes qui suivent : « Savez-vous ce qui, de nos jours, a manqué à nos poètes, si pleins à leur début de facultés naturelles, de promesses et d'inspirations heureuses? Il a manqué un Boileau et un monarque éclairé, l'un des deux appuyant et consacrant l'autre. Aussi ces hommes de talent, se sentant dans un siècle d'anarchie et d'indiscipline, se sont vite conduits à l'avenant; ils se sont conduits, au pied de la lettre, non comme de nobles génies, ni comme des hommes, mais comme des écoliers en vacances. Nous avons vu le résultat. » Cela me paraît radicalement faux. Je laisse le monarque éclairé de côté; mais imaginer un Boileau venant faire la loi en 1830, est une idée indigne d'un critique qui connaît l'histoire et qui se rend compte des grands mouvements littéraires. Les Boileau n'apparaissent qu'après les insurrections, lorsque le terrain est conquis et que le besoin se fait sentir d'établir une police. En 1830, un Boileau aurait été emporté comme une paille, en admettant qu'il eût pu se produire, car justement l'émeute avait lieu pour briser les formules des Boileau passés et présents. Ainsi donc, il n'aurait rien régenté du tout, il se serait fait bafouer, il aurait dû laisser passer le torrent, et peut-être se serait-il abandonné lui-même au torrent, comme il est arrivé à Sainte-Beuve. Voilà la vérité des faits.

D'ailleurs, de ces hypothèses étonnantes, je ne veux retenir que ceci : c'est que Sainte-Beuve a rêvé d'être le régent de notre littérature. La critique était donc pour lui une arme qui corrige, une férule dont il faut donner sur les doigts aux contemporains, pour les forcer à s'amender. Il parlait au nom du goût et dictait des arrêts. C'est encore la conception de La Harpe. Nous verrons tout à l'heure la conception de M. Taine. Dès maintenant, je puis dire que Sainte-Beuve se trouve entre les deux. Il est la transition de la critique pédagogique à la critique scientifique.

Reprenons cette idée de la critique qui corrige. Certes, oui, elle corrige; mais il faut s'entendre. Toutes les fois qu'on fait la vérité sur un sujet, cette vérité prend une utilité pratique. Ainsi, voilà Sainte-Beuve, qui n'a pas ménagé les romantiques. Toutes les vérités qu'il leur a dites, germent aujourd'hui, détournent la génération nouvelle du coup de lyrisme de 1830. Mais jamais ces vérités n'ont été et n'ont pu être profitables aux romantiques eux-mêmes. On ne corrige pas un écrivain de génie, on ne corrige même pas un écrivain de grand talent, parce que la personnalité est là qui impose les défauts comme les qualités. Ceux qu'on pourrait corriger à la rigueur, ce sont les médiocres, ceux dont le tempérament est de cire ; et peu importe si les médiocres sont plus ou moins médiocrement parfaits. J'en veux venir à ceci : c'est prendre la critique par le petit côté et tirer d'elle un profit bien problématique, que de se faire le magister des contemporains. Le grand rôle, le beau rôle, est d'embrasser toute son époque, de voir d'où elle vient et de déduire où elle va, de dire nettement ce qu'elle est, non pas pour la changer, grand Dieu! car ce serait là une besogne impossible, mais pour faire que la génération de demain profite du spectacle vrai de la génération d'aujourd'hui. Montrez le gouffre du romantisme : vous n'empêcherez pas un seul romantique d'y faire la culbute finale, mais vous arrêterez sans doute sur les bords la jeunesse qui pousse derrière vous.

Il faut remarquer que l'article sur Boileau date de 1852. Il n'est point des débuts du critique. Sainte-Beuve, en avançant en âge, s'élargissait en souplesse et en compréhension ; mais il n'avançait pas dans le sens moderne, il se rejetait au contraire avec plus de vivacité dans le passé, comme effrayé des temps nouveaux et protestant contre un esprit littéraire qu'il avait vu naître, dont il avait brûlé lui-même et qui l'inquiétait sur le tard. Lui, qui se piquait d'être une intelligence ouverte aux choses les plus contraires, d'avoir des yeux tout autour de la tête, il s'affolait et ne comprenait plus. J'aurai à revenir sur ce singulier cas, qui est au fond le sujet de cette étude.

Naturellement, l'ambition d'être le régent des lettres modernes n'allait pas dans Sainte-Beuve sans toutes les grâces du métier. Avec son tempérament tendre, il n'avait rien du lettré rogue, pédantesque, professant la littérature d'un visage chagrin. Sa critique s'adressait surtout à certains salons littéraires ; elle en avait la jolie médisance, la politesse parfaite, toute pleine de sous-entendus méchants, le continuel sourire déguisant la sévérité des jugements. Il est revenu vingt fois, dans ses articles, sur la question du goût, du tact, de la mesure, n'arrivant pas à comprendre, malgré un sincère effort, les dons contraires, la puissance, la netteté scientifique, la passion sévère de la vérité poussée jusqu'à tout dire. Il consentait bien à laisser tout entrevoir, mais il voulait des ombres, il cachait les jugements trop rudes entre les lignes, où il fallait les deviner ; aussi, pour bien saisir certains articles de Sainte-Beuve, doit-on souvent connaître autant que lui le sujet dont il traite. C'est encore là le ton des salons; si l'on n'est pas d'un salon, il est impossible d'y comprendre ce qu'on y dit, à cause des réticences, des airs de tête qui suffisent aux initiés. Fréquentant le monde lettré, hôte assidu de certaines maisons, passant de ses livres à la conversation des femmes, sans vivre de la vie multiple du grand Paris, sans étudier l'homme chez les hommes, Sainte-Beuve causait plus encore qu'il ne jugeait. Toute rigueur positiviste le blessait, parce qu'elle introduisait des éléments fixes dans les plaisirs flottants de son esprit. Je pourrais ici multiplier les citations, mais je me contenterai de ces quelques lignes, où il définit très bien l esprit littéraire, celui dont il est animé. « L'esprit littéraire, dit-il, dans sa vivacité et sa grâce, consiste à savoir s'intéresser à ce qui plaît dans une délicate lecture, à ce qui est d'ailleurs inutile en soi et qui ne sert à rien dans le sens vulgaire, à ce qui ne passionne pas pour un but prochain et positif, à ce qui n'est que l'ornement, la fleur, la superfluité immortelle et légère de la société et de la vie. L'amour des lettres, aux âges de belle culture, suppose loisir, curiosité et désintéressement; il suppose aussi une latitude de goût et même de caprice, une liberté d'aller en tous sens. » Sainte-Beuve est là au complet: il comprendra tout le monde, et il ne comprendra pas Balzac.

Voilà pourtant l'homme qui, dans l'effort de sa

curiosité universelle, a fondé la critique scientifique.
Il s'est dégagé de la grammaire et de la rhétorique,
il a compris qu'il fallait avant tout connaître l'homme,
si l'on voulait ensuite pénétrer l'écrivain. Les principes de cette critique scientifique, que M. Taine devait
venir réduire en formules, se trouvent chez Sainte-
Beuve, épars dans un grand nombre d'articles. Je
me contenterai de prendre çà et là des passages.
« Il est très utile d'abord, dit-il quelque part, de
commencer par le commencement, et, quand on en
a le moyen, de prendre l'écrivain supérieur ou distingué, dans son pays natal, dans sa race. » Ailleurs,
il a écrit : « Ce n'est pas moi qui blâmerai un critique de nous indiquer, même avec détail, la physiologie de son auteur et son degré de bonne ou de
mauvaise santé, influant certainement sur son
moral et son talent. » Ailleurs encore, et cette citation est bien curieuse : « La plupart des hommes
n'aiment pas la vérité, c'est-à-dire cet ensemble
non arrangé de qualités et de défauts, de vertus et de
vices qui constituent la personne humaine. Ils veulent leur homme, leur héros, tout d'une pièce, tout
nu, ange ou démon ! C'est leur gâter leur idée, que
de venir leur montrer dans un miroir fidèle le visage
d'un mort, avec son front, son teint et ses verrues.
Pourquoi donc reculer devant l'expression entière
de la nature humaine dans sa vérité ? Pourquoi
l'affaiblir à dessein et presque en rougir ? Aurons-
nous toujours l'idole et jamais l'homme ? » Dès lors,
je le répète, la critique scientifique était fondée. Une
œuvre n'était plus un morceau de style, sur lequel
se battaient les grammairiens et les rhétoriciens ;
une œuvre devenait le produit d'un homme, d'un

tempérament qu'il fallait analyser, si l'on voulait remonter du producteur à ce produit. De là, la façon de procéder de Sainte-Beuve ; tout homme de cabinet qu'il fût, il ne se contentait pas de lire les œuvres, il reconstituait les époques, faisait causer les survivants, les témoins, épuisait les documents de toutes sortes, et ne hasardait son jugement que lorsqu'il connaissait le tempérament et les habitudes de son auteur, le temps et la société où il avait vécu. Seulement, quand le critique avait réuni tous les renseignements désirables, quand il tenait son auteur nu devant lui, le féminin apparaissait avec son besoin de grâce et de mesure, et il mettait des feuilles de vigne, et il se perdait dans les complications de finesse les plus étonnantes, pour arriver à tout dire sans avoir l'air de le dire. C'était l'outil de notre analyse moderne, dans des mains de velours, armées de jolies griffes tranchantes. Il restait le lettré, par-dessus l'anatomiste.

Aussi quel contraste et quel heurt caractéristique, lorsque, vers la fin de sa carrière, il se rencontra avec M. Taine. Celui-ci arrivait avec un tempérament tout opposé. Très lettré également, ayant la sensation vive et nerveuse de l'artiste, il affectait le dédain de ses dons littéraires, il s'enfermait dans des raideurs sévères de géomètre et de mécanicien. Au fond pourtant, il continuait Sainte-Beuve, il ne faisait que formuler strictement la méthode employée par celui-ci. On connaît ses formules, soumettant les œuvres aux questions de race, de milieu t de circonstances historiques, rapportant tout à la faculté maîtresse de chaque écrivain. Sainte-Beuve, lui aussi, interrogeait la race, le milieu, les circonstances; mais il n'érigeait pas ces influences en lois fixes, il répugnait à l'esprit de synthèse scientifique, comme je l'ai fait voir. En un mot, il voulait garder le vague, l'indéterminé aimable du domaine littéraire, et l'idée qu'on se servirait un jour de ses propres travaux pour introduire, dans la critique des œuvres de l'esprit, les formules rigides de la science, le consternait et le faisait se rejeter violent en arrière, jusqu'à Boileau, par-dessus la tête de La Harpe. Ce qu'il défendait avec désespoir, contre ses études elles-mêmes, c'était, je le répète, ce monde poli, ces salons où il causait, ce vieil esprit littéraire des siècles derniers qu'il sentait menacé par la nouvelle littérature, toute basée sur le document exact et sur les sciences naturelles et expérimentales.

Le choc fut donc inévitable entre Sainte-Beuve et M. Taine. Le premier, d'ailleurs, garda sa souplesse, son art d'étrangler les gens dans une embrassade. Il s'attaque immédiatement au point faible du système. La race, le milieu, ce sont là des influences certaines; seulement, comme il existe évidemment d'autres influences, on ne saurait conclure avec ces deux-là. Je cite : « Ce qu'il faut répondre à M. Taine, quand il s'exprime avec une affirmation si absolue, c'est que, entre un fait si général et si commun à tous que le sol et le climat, et un résultat aussi compliqué et aussi divers que la variété des espèces et des individus qui y vivent, il y a place pour quantité de causes et de forces plus particulières, plus immédiates, et tant qu'on ne les a pas saisies, on n'a rien expliqué. » Sainte-Beuve aurait tout à fait raison de rejeter les formules, s'il le faisait par tendresse stricte pour la vérité. Mais je crois que ce n'est pas là son cas. Il plaide pour le caprice, pour ce qu'il regarde comme l'agrément des lettres Au fond de la querelle, il y a deux opinions philosophiques en présence. Sans remonter jusque-là, on peut dire aujourd'hui que l'outil, dégrossi par M. Taine, reste le meilleur outil de critique que nous ayons, malgré les formules incomplètes, malgré certaines raideurs inévitables dans une méthode née d'hier. Et où je suis de l'avis de Sainte-Beuve, c'est lorsqu'il ajoute : « Si l'on peut espérer d'en venir un jour à classer les talents par familles et sous de certains noms génériques qui répondent à des qualités principales, combien, pour cela, ne faut-il pas auparavant en observer avec patience et sans esprit de système, en reconnaître au complet, un à un, exemplaire par exemplaire, en recueillir d'analogues et en décrire. » Sans doute, il nous faut des documents ; mais pour être abondante, la chasse aux documents exige déjà une méthode. On n'a progressé dans les sciences que lorsqu'on s'est appuyé sur quelques vérités premières. Si l'on veut élargir les formules de M. Taine, il faut employer ces formules, qui résument d'ailleurs le résultat des expériences critiques faites par Sainte-Beuve. La critique scientifique a déjà deux périodes : elle balbutie chez Sainte-Beuve, elle y est d'instinct ; puis elle s'affirme en se raidissant chez M. Taine, comme il arrive toujours dans la première poussée systématique des novateurs. C'est nous maintenant qui devons reprendre l'outil, l'améliorer, le compléter, l'u-

parle de la faculté maîtresse. « Efforçons-nous de deviner ce mot intérieur de chacun, et qu'il porte gravé au dedans du cœur. Mais avant de l'articuler, que de précautions ! que de scrupules ! Pour moi, ce dernier mot d'un esprit, même quand je serais parvenu à réunir et à épuiser sur son compte toutes les informations biographiques de race et de famille, d'éducation et de développement, à saisir l'individu dans ses moments décisifs et ses crises de formations intellectuelles, à le suivre dans toutes ses variations jusqu'au bout de sa carrière, à posséder et à lire tous ses ouvrages, — ce dernier mot, je le chercherais encore, je le laisserais à deviner plutôt que de me décider à l'écrire ; je ne le risquerais qu'à la dernière extrémité. » Et c'est vrai, il ne l'a jamais risqué. C'est tout au plus s'il le laisse parfois deviner. De là le vague, le flottant de ses jugements. Souvent même, on ne sait s'il aime ou s'il déteste ce dont il parle. Sainte-Beuve, soit par excès de prudence devant la vérité, soit par goût pour le vague de l'homme, qu'il professait, est toujours resté en deçà de la netteté et de la puissance. Je connais de lui peu de jugements qui soient définitifs, qui s'imposent par la simplicité du point de vue et la solidité de l'affirmation.

Voici comment il termine ce premier article sur M. Taine. « Que le savant, chez lui, ne domine pas trop le littérateur : c'est là le seul conseil général qu'on doive lui donner. Il est d'une nation où, tôt ou tard, les gens de talent, s'ils veulent produire tout leur effet et toute leur action utile, doivent se résoudre à plaire. » Et toujours cette nécessité de la grâce reviendra sous la plume de Sainte-Beuve. C'est son *credo*, c'est le cri du féminin dont la vie a été consumée par le besoin de plaire. Il aura beau remuer la vilenie humaine, y insister même, être méchant et pervers, il voudra l'être en femme qui montre ses dents blanches dans ses morsures. Chez M. Taine, ce qui le séduit, c'est avant tout le lettré ; il se défend contre l'analyste puissant, contre l'homme de volonté et de vigueur; et, au bout de son étude, pour tout compliment, pour toute admiration, il ne trouve que ce mot : « Soyez aimable. »

Voilà donc nettement posées les deux figures de la critique moderne. M. Taine continue et systématise Sainte-Beuve. C'est un pas nouveau dans la critique scientifique. Aujourd'hui, il n'y a plus qu'à marcher dans cette voie, en amassant les documents et en perfectionnant la méthode.

III

Mais voyons Sainte-Beuve à l'œuvre. Je viens de relire un grand nombre de ses articles, et ce qui m'a frappé, c'est l'effort très évident qu'il apporte dans la recherche de la vérité. On ne peut lui nier ce désir ardent d'être juste, d'épuiser les documents et de rester dans l'expression exacte de ce qu'il croit savoir. C'est même là, comme je l'ai déjà dit, ce qui le caractérise : comprendre et pénétrer tous les sujets par la souplesse de son intelligence, puis nous en donner l'idée la plus vraie possible, une idée moyenne, mesurée, à égale distance des extrêmes. Il jouait ainsi très finement de son goût pour l'agréable, **pour la** raison aiguisée par la grâce. Toutes les fois qu'il s'est attaqué à un tempérament puissant, il a cru pouvoir le condamner au nom de la vérité. Pour lui, la vérité est, avec raison d'ailleurs, dans les nuances ; il juge la vie complexe, ondoyante, un peu plate dans son train moyen, et dès lors il a beau jeu pour écraser ceux qui n'ont pas sa nature souple et galante, car il lui est facile, au premier saut un peu violent, de les accuser d'exagération. Voilà comment son effort de justice, sa souplesse d'intelligence, son amour du vrai pondéré, lui a fait nier les hommes les plus grands de son siècle.

Ici, j'éprouve un scrupule, et je veux déclarer que je n'ai jamais vu Sainte-Beuve. Il m'a simplement écrit en 1868 une lettre qui a paru dans sa correspondance. Je lui avais envoyé un de mes premiers romans, *Thérèse Raquin*, et il me répondait par une critique où je trouve précisément ce besoin de vérité moyenne dont je viens de parler. Rien de plus juste que cette critique. Par exemple, il dit de ma description du passage du Pont-Neuf : « Ce n'est pas vrai, c'est fantastique de description ; c'est comme la rue Soli, de Balzac. Le passage est plat, banal, laid, surtout étroit, mais il n'a pas toute cette noirceur profonde et ces teintes à la Rembrandt que vous lui prêtez. C'est là une manière aussi d'être infidèle. » Il a raison ; seulement, il faut admettre que les lieux ont simplement la tristesse ou la gaieté que nous y mettons ; on passe en frissonnant devant la maison où vient de se commettre un assassinat, et qui la veille semblait banale. Sa critique n'en subsiste pas moins. Il est certain que, dans *Thérèse Raquin*, les choses sont poussées au cauchemar, et que la vérité stricte est en deçà de tant d'horreurs. En faisant cette déclaration, j'entends montrer que je comprends parfaitement et que j'accepte même le point de vue de la vérité moyenne où se place Sainte-Beuve. Il a également raison quand il s'étonne plus loin de ce que Thérèse et Laurent ne contentent pas immédiatement leur passion, après le meurtre de Camille; on pourrait plaider le cas, mais la marche ordinaire des choses voudrait qu'ils vécussent aux bras l'un de l'autre, avant l'affolement du remords. On voit donc que j'entre, malgré mes propres livres, dans ce respect de la logique et de la vérité, et que je ne cherche pas à me défendre personnellement contre des critiques qui me paraissent fort justes. Oui, certes, il est mauvais d'abandonner le terrain solide du réel pour se lancer dans les exagérations de dessin et de couleur. Mais, en critique, il y a un écueil plus grand encore, c'est de ne pas faire la balance des qualités et des défauts, c'est de ne pas saisir, au delà des erreurs de tempérament, au delà des partis pris d'école, la véritable puissance des écrivains qui doivent un jour déterminer une évolution dans la littérature nationale.

Telle a été la faute irréparable de Sainte-Beuve, devant la haute figure de Balzac. Il a eu beau être une des intelligences les plus vives de l'époque, faire la lumière sur une foule de points, aimer par nature la vérité et la justice, son injustice et son aveuglement à l'égard de Balzac font douter de ses qualités les meilleures. Que dire, en effet, d'un homme qui s'est appliqué à faire valoir les écrits les plus ordinaires, qui a montré une tendresse pleine d'habileté pour les esprits les plus inférieurs, et qui a méconnu à ce point l'homme dont l'impulsion devait être décisive dans le roman ? Je sais bien qu'il y avait, au fond de cette hostilité, une guerre d'homme à homme ; mais, chez Sainte-Beuve, il y avait surtout une question de tempérament, car nous le verrons également se cabrer devant les continuateurs de Balzac. Un sens lui manquait, cela est certain ; malgré sa volonté d'accepter le courant scientifique dans les lettres, il ne pouvait que faire sur la matière des déclarations platoniques ; dès qu'il arrivait à un exemple, dès qu'il avait à juger un des novateurs, il se rebutait tout de suite devant des exagérations fatales, il réclamait avec détresse un peu de grâce.

Certes, nous savons aussi bien que lui ce qu'il pouvait reprocher à Balzac. Il le trouvait de mauvais goût, emphatique, obscur, exagéré surtout. Il l'accusait de ne rien dire simplement et agréablement, de sortir à tous coups de la note moyenne. En un mot, Balzac le gênait par ses allures de conquérant, qui n'étaient pas celles d'un homme bien élevé, par son rire énorme, par sa personne peut-être plus encore que par ses œuvres. L'antipathie devait être complète entre ces deux hommes, dont l'un était un féminin pelotant son monde avec des pattes de chatte, et dont l'autre était un mâle ouvrant sa route à coups de cognée. On n'en reste pas moins surpris de l'entêtement de Sainte-Beuve. Non seulement il n'a pas deviné Balzac à ses premiers chefs-d'œuvre, mais jusqu'à la fin de sa vie il a refusé de reconnaître l'influence triomphante du romancier sur toute son époque. En admettant qu'il n'acceptât pas les défauts comme étant l'envers fatal des qualités, il avait l'esprit assez large pour passer sur les défauts et reconnaître dans Balzac le créateur d'un monde, le novateur qui allait lancer tout le siècle dans une nouvelle évolution littéraire, en appliquant au roman la méthode scientifique. Condamner Balzac, au nom du goût, nous transporte tout net aux époques de La Harpe et de Boileau. Si la fréquentation du passé, si la tendresse d'un lettré pour les deux derniers siècles et pour leurs littératures doivent aboutir à la condamnation de notre esprit contemporain et de nos grands hommes, même chez une intelligence aussi ouverte que Sainte-Beuve, je serai tenté de souhaiter à nos critiques futurs une érudition moins large, afin de leur éviter des regrets inutiles et des jugements d'autant plus injustes, qu'ils sont rendus dans un esprit qui n'est plus le nôtre.

Je pourrais multiplier les preuves, citer les pages où Sainte-Beuve a jugé Balzac avec plus d'étroitesse encore que d'injustice. Mais je me bornerai à deux exemples. Je prends l'un dans un article écrit en 1838. On y lit des choses dans ce genre : « Nous ne parlerons pas de la *Maison Nucingen*, à laquelle, sans doute à cause d'un certain argot dont usent les personnages, il nous a été impossible de rien saisir. Les acteurs, qui reviennent dans ces nouvelles, ont déjà figuré, et trop d'une fois pour la plupart, dans les romans de M. de Balzac. » Et encore : « La série des *Etudes de mœurs* de M. de Balzac finit par ressembler à l'inextricable lacis des corridors dans certaines mines ou catacombes. On s'y perd et l'on n'en revient plus, ou, si l'on en revient, on n'en rapporte rien de distinct ! » Rien de distinct dans les œuvres de Balzac ! Cela va avec ses personnages qui ont déjà trop servi d'une fois. Mais l'article date de loin, et on pourrait croire qu'après les derniers chefs-d'œuvre du romancier, Sainte-Beuve a fini par ouvrir les yeux. Il n'en est rien. Voici la page étonnante qu'il écrivait en 1863, dans un article sur Gavarni, douze ans après la mort de Balzac. Je donne cette page en entier, parce qu'on y prend sur le fait l'injustice absolue de Sainte-Beuve, consciente ou inconsciente. « On a très justement remarqué, dit-il, que, dans cette comparaison inévitable entre Balzac et Gavarni, celui-ci a un rôle plus net, plus sûr, plus incontestable. Balzac, que je ne prétends nullement diminuer sur ce terrain des mœurs du jour, et de certaines mœurs en particulier, où il est expert et passé maître, Balzac pourtant s'emporte et manque de goût à tout moment; il s'enivre du vin qu'il verse et il ne se possède plus ; la fumée lui monte à la tête ; son cerveau se prend ; et il est tout à fait complice et compère dans ce qu'il nous offre et dans ce qu'il nous peint. C'est une grande avance, je le sais, à qui veut passer pour un homme de génie auprès du vulgaire que de manquer absolument de bon sens dans la pratique de la vie ou dans la conduite du talent. Balzac avait cet avantage, Gavarni se possède toujours. Il a dans son crayon de cette aisance et de cette grâce dégagée qu'avait ce premier élève de Balzac, qui eût pu être supérieur au maître si un disciple l'était jamais, et si enfin il eût vécu ; je veux parler de Charles de Bernard. Gavarni a de cette élégance dans le crayon, avec la verve en sus et l'inépuisable facilité. » Mais, grand Dieu ! c'est justement parce que Gavarni avait cette élégance et cette inépuisable facilité, qu'il nous apparaît aujourd'hui comme un petit garçon à côté de Balzac ! Le parallèle ne peut se supporter un moment. Balzac avait la puissance, la puissance, entendez-vous ! cette force créatrice sans laquelle il n'y a pas de génie. Je laisse de côté les perfidies du passage, mais je le demande en toute bonne foi, vouloir mettre Gavarni au-dessus de Balzac, n'est-ce pas avouer qu'on n'entend rien absolument à notre littérature moderne et qu'on ferait mieux alors de s'enfermer dans sa bibliothèque pour vivre avec les siècles morts?

J'insisterai aussi sur cette triomphante idée que Charles de Bernard aurait pu être supérieur à son maître. Du vivant de Balzac et de Charles de Bernard, je trouve déjà ces lignes dans un article daté du 15 octobre 1838 : « M. de Bernard pourra bien être, s'il le veut, l'Améric Vespuce de cette terre, dont M. de Balzac est le Christophe Colomb. » Et le critique part de là pour lui trouver toutes sortes de belles qualités, qu'il refuse à Balzac. Eh bien! c'est là un symptôme que j'ai déjà constaté chez tous les critiques d'esprit étroit : le besoin de mettre l'élève au-dessus du maître, parce que l'élève est généralement affaibli, plus souple, plus abordable. Sainte-Beuve tombe ici dans l'amour du médiocre, qui est la caractéristique de notre critique courante, celle qui bâcle les feuilletons. J'ai déjà répété plusieurs fois qu'il a été une des intelligences les plus ouvertes du siècle ; mais venir, en 1863, reprendre cette figure de Charles de Bernard, parfaitement oubliée, et avec tant de raison, venir la reprendre pour l'opposer à celle de Balzac, même avec toutes sortes de restrictions embarrassées, cela prouve que, dans cette intelligence si vaste de Sainte-Beuve, il y avait une lacune, un trou énorme, juste à l'endroit où il lui aurait fallu des facultés de compréhension très nettes, très énergiques, pour pénétrer le nouveau siècle littéraire qui commençait et auquel une bonne moitié de lui-même appartenait.

Je passe à Stendhal. En 1854, après la mort de Stendhal, lorsque ses œuvres complètes parurent, Sainte-Beuve lui consacra deux articles. Il le traite « d'écrivain distingué ». Mais il ajoute : « Voilà toute une génération nouvelle qui se met à s'éprendre de ses œuvres, à le rechercher, à l'étudier en tous sens presque comme un ancien, presque comme un classique; c'est autour de lui et de son nom comme une Renaissance. Il en eût été fort étonné. » Cette dernière phrase est bien drôle; croyez que Sainte-Beuve est plus étonné encore. Et quel bijou, ce cri : « presque comme un ancien », dans lequel on sent le critique stupéfait et scandalisé. Plus loin, il traite Stendhal de « hussard romantique »; j'avoue que je ne comprends pas du tout, tellement notre idée sur Stendhal est autre. Je ne puis entrer dans l'analyse qu'il fait du talent de Stendhal, uniquement pour prouver que celui-ci avait meilleur cœur et aimait plus la grâce qu'on ne croyait. J'ai hâte d'arriver à cette citation : « Romancier, Beyle a eu un certain succès »; et à ce jugement sur *le Rouge et le Noir* et sur la *Chartreuse de Parme :* « Quand on a lu cela, on revient tout naturellement, ce me semble, en fait de compositions romanesques, au genre français ou du moins à un genre qui soit large et plein dans sa veine; on demande une part de raison, d'émotion saine et une simplicité véritable telle que l'offre l'histoire des *Fiancés* de Manzoni, tout bon roman de Walter Scott, ou une adorable et vraiment simple nouvelle de Xavier de Maistre. » Et voilà Xavier de Maistre supérieur à Stendhal ! On n'avoue pas avec une meilleure grâce qu'on refuse au roman l'étude de l'homme, dans sa rigueur scientifique. Sainte-Beuve demande qu'on lui chante *Au clair de la lune*. Mon Dieu ! c'est un goût, mais ce n'est plus de la critique.

Remarquez que cet article sur Stendhal, malgré ses sévérités, est plutôt amical. Sainte-Beuve n'apporte pas ici la rancune noire qu'il montre partout à l'égard de Balzac. D'ailleurs, c'est autre part qu'il faut chercher son dernier mot sur Stendhal ; c'est dans un article consacré à M. Taine. On sait que M. Taine a été un des ouvriers les plus actifs de cette renaissance qui s'est faite autour des œuvres de Stendhal, et dont parle Sainte-Beuve. Aussi ce dernier n'a-t-il pu se tenir. « Une fois, dit-il, à propos de Tite-Live, M. Taine nomme Stendhal ; il le citera surtout dans son livre des *Philosophes*, et le qualifiera dans les termes du plus magnifique éloge (*grand romancier, le plus grand psychologue du siècle*). Dussé-je perdre moi-même à invoquer de la part de M. Taine plus de sévérité dans les jugements contemporains, je dirai qu'ayant connu Stendhal, l'ayant goûté, ayant relu encore assez récemment ou essayé de relire ses romans tant préconisés (romans toujours manqués, malgré de jolies parties, et, somme toute, détestables), il m'est impossible d'en passer par l'admiration qu'on professe aujourd'hui pour cet homme d'esprit, sagace, fin, perçant et excitant, mais décousu, mais affecté, mais dénué d'invention. » Enfin, voilà donc le mot : les romans de Stendhal sont détestables. Et quelle attitude amusante, lorsque Sainte-Beuve dit : « Je l'ai connu, je l'ai goûté, et vous m'étonnez en le traitant de grand homme ». Cela rappelle ce mot d'une fruitière, qui avait vu jouer Hoche dans sa boutique : « Un général, pas possible, il était tout petit, et je lui donnais des pommes ! » La querelle est toujours la même. Sainte-Beuve se fait du roman l'idée qu'on s'en faisait au siècle dernier, et il n'entend rien à la formule que Balzac et Stendhal nous en ont laissée. Il demande du goût et de l'invention où ils ont mis de l'analyse et de la physiologie ; c'est toute une autre époque jugeant la nôtre, avec la colère des aînés refusant aux cadets le droit de percer de nouvelles routes. Il y a là une obstination absolue, et qui reste logique avec elle-même, toutes les fois qu'un romancier de la nouvelle famille tombe sous la plume de Sainte-Beuve.

C'est ainsi que nous allons le trouver hostile pour M. Gustave Flaubert et pour MM. de Goncourt. Et ici il faut remarquer qu'il vivait dans l'intimité de ces écrivains, et que par conséquent il a été obligé de mettre une sourdine à son réquisitoire. C'est presque aimable, mais au fond c'est plein de frayeur et de blâme. En étudiant *Madame Bovary*, il reproche à M. Gustave Flaubert ses amants « sans délicatesse », il lui dit tout nettement que Bernardin de Saint-Pierre et madame Sand ont embelli la nature où ils ont vécu, tandis que lui décrit sa Normandie telle qu'elle est. Plus loin, il se lamente de ne pas trouver un héros dans le roman, « celui que l'auteur voudrait être ». Il l'accuse de n'avoir pas donné un coup de pouce à Bovary pour faire « d'une tête vulgaire une noble et attendrissante figure » Enfin, il a ce cri, à la fin de l'article : « Fils et frère de médecins distingués, M. Gustave Flaubert tient la plume comme d'autres le scalpel. Anatomistes et physiologistes, je vous retrouve partout ! » Eh bien ! si vous les retrouvez partout, comprenez alors. Vous avez le nez sur la piste ; allez, marchez, expliquez-nous où va le siècle, au lieu d'avoir l'air de ne pas voir nettement le mouvement et de vouloir même l'enrayer. Le pis est que Sainte-Beuve a commencé par étudier la médecine et qu'il devrait avoir été touché par la science. Son désir d'« une noble et attendrissante figure », dans le cas de Bovary, me paraît quelque chose d'énorme, car je ne connais rien de plus poignant, de plus profondément humain que la dernière page de *Madame Bovary*. L'homme qui a eu un instant la pensée de changer cette page, si intelligent qu'il ait pu être, n'a jamais eu l'intelligence de nos œuvres modernes. On s'explique dès lors qu'il se soit étonné de l'influence toute-puissante de Balzac, qu'il compare naïvement à Eugène Sue et à Frédéric Soulié, en préférant ceux-ci.

Quant à MM. de Goncourt, ils ont été mieux traités par lui. Cela tient certainement à ce qu'il n'étudie pas un de leurs romans, mais leur livre intitulé : *Idées et Sensations*, où il trouve moins à mordre. L'article est très bien fait ; c'est un des bons parmi ceux que je viens de relire. Pourtant, il s'y montre d'une sévérité sournoise. Ainsi, il parle de « l'irrévérence de jugement qui tient au manque de religion première ». Il fait une grosse querelle — toujours la même — parce que MM. de Goncourt, selon lui, recherchent la crudité. « Pourquoi, dit-il, se retrancher, s'interdire à soi et aux autres, quand il y a lieu, l'agrément, l'émotion bienfaisante et salutaire. » Remarquez que les romanciers naturalistes ne se retranchent rien du tout ; s'ils versent parfois dans le noir, c'est que leurs modèles les y poussent; mais tel est le mot d'ordre des gens de goût effarés. Et c'est là, dans une note mise après coup au bas de la page, que Sainte-Beuve se sent pris d'un brusque besoin de franchise. Il écrit: « Et puisque j'ai commencé de me découvrir, je ne m'arrêterai pas en si beau chemin et j'achèverai, s'il le faut, de me perdre dans l'esprit de beaucoup de mes contemporains et des plus chers: oui, en matière de goût, j'ai, je l'avoue, un grand faible, j'aime ce qui est agréable. » On le voit bien. Voilà Balzac, Stendhal, M. Gustave Flaubert, MM. de Goncourt, toute cette filiation des grands romanciers modernes, jetés du coup dans le même panier. Ils ne sont pas agréables, et il les condamne.

J'essaye de dégager nettement par quelles causes Sainte-Beuve en est venu à méconnaître les écrivains nouveaux. Évidemment, il tenait pour les anciens, en féminin que le vacarme de notre siècle effrayait et en homme de bibliothèque qui adorait travailler sur des morts, toujours plus commodes. A chaque instant, on trouve chez lui des cris dans ce genre : « Oh ! qu'il est bon de relire quelquefois les anciens dans leurs grandes sources ! » Certes, l'érudition est excellente en littérature ; mais j'ai toujours estimé que la lecture des anciens devait être une pure gymnastique intellectuelle et une façon de jalonner l'époque contemporaine, en étudiant d'où l'on vient, en constatant où l'on est, et en prévoyant où l'on va. Il n'y a rien de tel chez Sainte-Beuve ; du moins cela se marque si peu, qu'on ne saurait en parler. A ses yeux, l'étude littéraire reste une récréation de l'esprit il ne s'est point passionné, comme M. **Taine, pour** les évolutions qui se déclarent de siècle en siècle, qui partent du début d'une littérature et vont à l'avenir. Le tas énorme de ses articles, le nombre considérable de volumes qu'il laisse, ne contient à ce sujet aucune indication, aucun effort d'indication même. Il étudie séparément chaque écrivain ; c'est à peine s'il remonte au groupe ; ainsi, lui qui aurait pu nous donner une histoire du romantisme si intéressante, a écrit uniquement des lambeaux très incomplets qu'il est impossible de coudre les uns aux autres. Toujours une légère frayeur des temps présents le faisait se replonger dans l'antiquité et perdre le fil. On voit pourtant que, dans sa jeunesse, il a compté sur le romantisme ; puis, lorsque le romantisme s'est mis à craquer de toutes parts, cet effondrement lui a paru une catastrophe dernière, il n'a plus rien vu devant lui, il a semé ses articles de demi-confidences sur ses espoirs trompés ; et c'est alors que, dans le désastre, il s'est raccroché aux anciens, se contentant de suivre la bataille moderne, en sceptique qui désespère désormais d'une victoire possible, qui ne comprend pas même pourquoi on se bat, mais qui, en dilettante de l'intelligence, se pique de tout saisir ou plutôt de tout tolérer. Jamais il ne s'est douté que le mouvement du siècle littéraire allait finir par s'incarner dans ces romanciers qu'il ne trouvait pas agréables, Balzac, Stendhal, M. Gustave Flaubert, MM. de Goncourt, et les derniers venus. Voilà où est le trou, voilà ce qui le diminue, ce qui l'empêchera de passer à la postérité comme un critique supérieur.

IV

Imaginez un instant une histoire de la littérature française écrite par M. Taine. Cette histoire marquera surtout la grande charpente de notre littérature, telle que chaque siècle l'a dressée. Ce sera un édifice complet avec ses fondations, ses premières assises, ses étages successifs ; et le tout sera déduit logiquement, démonté et remonté d'après certaines lois. On pourra en suivre l'architecture, on verra avec netteté les styles différents de chaque époque, on constatera par quelles transitions lentes on a passé de tel style à tel autre. En un mot, l'œuvre sera l'histoire de l'évolution même de l'esprit français à travers les âges. Sans doute, avec M. Taine, tout cela sera poussé au système, raidi dans une formule mécanique, mais le plan et la méthode n'en auront pas moins une vigueur et une clarté merveilleuses. Maintenant, examinez le long labeur de Sainte-Beuve, les volumes nombreux dans lesquels il a réuni des centaines d'articles. Il y a là, à peu près, toute la matière d'une histoire de notre littérature, car il n'est pas d'époques et pas d'écrivains qu'il n'ait étudiés. Eh bien ! ces articles, ces études en tous sens sont comme des documents dispersés : ils n'ont aucun lien entre eux, ils apportent simplement des notes intéressantes sur tous les sujets. Je sais parfaitement qu'il faut faire la part des conditions où ils ont été écrits, au jour le jour et pour les besoins d'un journal, sans aucun plan arrêté d'avance. Mais ils n'offrent même pas entre eux la pensée d'une idée générale, d'une philosophie quelconque, d'un but large et constant. On y trouve la seule curiosité d'un lettré, cette curiosité que j'ai déjà définie, se lançant à droite et à gauche pour le plaisir intellectuel de comprendre, pour l'agrément de se sentir intelligent et de montrer son intelligence en petit comité, dans un salon où les dames vous écoutent. C'était la théorie de Sainte-Beuve: rester dans l'analyse, ne jamais conclure, fuir la synthèse comme une cause certaine d'erreurs, ne laisser derrière soi qu'un amas de documents. De là, à la place de l'Histoire de la littérature française que nous attendons encore, et que M. Taine aurait pu écrire, ce tas considérable de notes jetées pêle-mêle par Sainte-Beuve, sans ordre aucun, et qui en somme ne sont que des matériaux dont un esprit supérieur pourra un jour tirer un ensemble, en les classant, après les avoir soigneusement revus et contrôlés.

Justement, je songe à une phrase de Claude Bernard, disant avec raison qu'on pourrait entasser les documents pendant des siècles, sans faire avancer la science d'un pas, si l'on ne tirait pas des documents les lois des phénomènes. Etudier le passé par fragments pour le connaître, analyser les écrivains les uns après les autres, tête par tête, cela est une besogne excellente, et c'est par là qu'on doit commencer. Mais continuer éternellement cette besogne, ne pas, à un moment donné, lorsqu'on connaît par exemple tous les écrivains d'une époque, chercher le lien qui les unit, leur ascendance et leur descendance, en un mot ne pas tâcher de trouver la loi qui régit l'évolution littéraire des sociétés, c'est **perdre le bénéfice de ses premières études, c'est**

rétrécir volontairement son horizon, c'est apporter
des pierres pour un édifice qu'un autre construira.
Tel a été strictement le rôle de Sainte-Beuve. Cela
répondait à un état d'esprit. Il n'a pas voulu admettre qu'il y a une science critique comme il y a une
science chimique ; ou du moins, pour sa part, il a
refusé de s'engager à fond dans cette voie scientifique, par des répugnances de lettré.

Mon opinion est que la critique des journaux,
telle qu'elle est pratiquée par beaucoup d'imbéciles
et par quelques hommes malins, est une des choses
les plus inutiles et les plus sottes qui se puissent voir.
Cela n a pas même le mérite d'apporter des documents, car rien n'est moins exact, moins sérieusement étudié, que ces articles écrits sous l'influence
du moment, avec les préjugés et les courants d'esprit de la foule. Il ne restera pas une opinion de
ceux qui ont à cette heure le plus d'autorité, parce
que, selon moi, ils s'enfoncent trop dans les jugement absolus, dans l'examen séparé d'un écrivain,
sans remonter à son origine et à la part qu'il prend
au mouvement de l'époque. Ce qui devrait les passionner, ce n'est pas cette cuisine au jour le jour,
ces coups de férule distribués aux faibles et aux
forts, selon qu'ils leur semblent plus ou moins
sages ; ce sont les grandes lignes littéraires d'un
siècle, le groupement des tempéraments, la lutte des
écoles, la marche continue des esprits vers l'avenir.
Voilà la haute critique, cette critique scientifique
qui s'affirme et grandit. Pour moi, un écrivain n'est
jamais qu'une phrase isolée dans une page humaine et sociale. Si je m'intéresse à un artiste qui
s'est confessé tout haut, si je me penche curieu-

sement sur son œuvre, c'est que dans cette œuvre il y a un homme, et que derrière cet homme il y a une société. Je ne suis plus uniquement un lettré goûtant les qualités de l'intelligence et la caresse des mots, jouissant d'une page en grammairien et en rhétoricien ; je suis surtout un savant, qui tressaille, lorsque l'œuvre écrite l'aide à démonter le mécanisme physiologique et psychologique d'un homme, et à se rendre par là-même compte des rouages d'une civilisation. Les écrivains d'une littérature deviennent ainsi des documents qui permettent de suivre l'évolution des esprits à travers les siècles, de chercher les lois qui régissent ces évolutions, de prévoir enfin où tend notre époque actuelle, où est la vérité parmi les disputes des écoles.

Je reviens à Sainte-Beuve. Ses articles, les plus nombreux, sur les écrivains des siècles passés, sont certainement les meilleurs. Il y a là une pénétration souvent remarquable. Mais, je le répète, les vues d'ensemble manquent. Je ne veux pas entrer dans l'examen d'un tel bagage, je m'arrêterai pourtant à un article sur madame Dacier, qui me paraît apporter une preuve à ce que j'ai dit plus haut. Sainte-Beuve constate bien que la querelle des anciens et des modernes, qui a révolutionné la fin du dix-septième siècle et le commencement du dix-huitième, recommence toujours, qu'il n'y a même qu'elle au fond de toutes nos disputes littéraires ; mais il n'est pas tenté d'étudier ce mouvement pour en tirer une conclusion nette. Je ne puis faire ici l'historique de cette querelle, que le romantisme a soulevée de nouveau en 1830, et que nous soulevons, nous aussi, avec le naturalisme. Les positions des combattants ont pu changer, les questions ont pu se poser différemment, mais au fond c'est toujours l'esprit scientifique moderne qui est aux prises avec l'absolu païen ou catholique. Je me contenterai de rappeler que, du temps de madame Dacier, la bataille se livrait sur Homère, dont elle venait de donner une traduction, et que La Motte prétendait grandir, en l'arrangeant à la française. Sans doute, l'*Iliade* francisée de ce dernier était un détestable terrain de combat. Sainte-Beuve peut se montrer sévère ; mais, comme il le reconnaît lui-même, sur ce terrain, si mauvais qu'il fût, les partisans des modernes dirent d'excellentes choses; et, en somme, la victoire leur resta. C'était, à mon sens, le réveil du génie national, après les triomphes absorbants des littératures anciennes, lors de la Renaissance ; c'était, chez nous, le premier bégayement de l'esprit scientifique secouant la tyrannie classique pour retourner directement à l'étude de la nature, sans passer par les livres. Sainte-Beuve, bien qu'il tâche de se tenir en équilibre, pour faire montre de son intelligence, penche plutôt vers madame Dacier. Il a beau être de notre dix-neuvième siècle, il garde des tendresses pour les anciens, il cite par exemple l'abbé Terrasson, sans se récrier d'admiration pour les vues générales de ce géomètre, qui a devancé notre siècle de cent cinquante ans.

Lisez ceci : « C'est Terrasson, dit Sainte-Beuve, qui fit le mieux voir qu'on ne devait envisager cette querelle que comme un cas particulier et une application de plus de la révolution opérée par Descartes dans l'ordre intellectuel. Selon lui, Descartes a renouvelé pour ainsi dire l'esprit humain, en substituant la raison à la prévention. Cette prévention, déjà vaincue en physique et dans les matières de science, subsiste encore en littérature : Homère et Aristote sont les deux grands noms, les deux idoles encore debout sur le seuil de la rhétorique et de la poétique; il s'agit de déloger l'autorité de ces dernières portes : « L'examen dans les ouvrages de belles-lettres, nous dit Terrasson, doit donc tenir lieu de l'expérience dans les sujets de physique ; et le même bon esprit, qui fait employer l'expérience dans l'un, fera toujours employer l'examen dans l'autre. » En vérité, voilà qui est contemporain de Claude Bernard. Il continue : « Les sciences naturelles ont prêté leur justesse aux belles-lettres et les belles-lettres ont prêté leur élégance aux sciences naturelles ; mais pour étendre et fortifier cette union heureuse qui peut seule porter la littérature à sa dernière perfection, il faut nécessairement rappeler les unes et les autres à un principe commun, et ce principe n'est autre que l'esprit de philosophie. » Nous ne saurions mieux dire aujourd'hui. L'abbé Terrasson est un ancêtre que je salue respectueusement. Sainte-Beuve, d'ailleurs, se pique de lui rendre justice, tout en restant froid : « Jamais, dit-il, on n'a exprimé la *confiance moderne* marchant droit devant elle en toute matière, avec plus de résolution et plus d'intrépidité que l'abbé Terrasson. Dans cette question d'Homère, il trouvait le moyen de se montrer un disciple de Descartes, un précurseur de Turgot, de Condorcet, d'Auguste Comte et d'Émerson. C'était dépasser de beaucoup les horizons de madame Dacier. » Que reproche donc Sainte-Beuve à l'abbé Terrasson? il lui reproche de manquer du sentiment du beau, et cela suffit pour le récuser en matière littéraire. Il y aurait trop à dire. Ce sentiment du beau qui arrive là, est justement le point philosophique de la querelle. Si je nie l'absolu du beau, je cesse de m'entendre avec Sainte-Beuve. Nous parlons deux langues. Les anciens restent pour moi des faits historiques, des manifestations intellectuelles dans des conditions données, qui n'ont pas plus d'intérêt à mes yeux que les manifestations intellectuelles de mon temps. Pour Sainte-Beuve, les anciens restent des dogmes auxquels il faut croire. De là un abîme.

La conclusion de tout ceci est que Sainte-Beuve porte comme conséquence un jugement qui me paraît absolument faux. Il constate la victoire des modernes, la défaite d'Homère imposé comme éternel modèle, et il ajoute : « Le dix-huitième siècle fut puni de cette partialité ; en perdant tout sentiment homérique, il perdit aussi celui de la grande et généreuse poésie ; il crut en fait de vers posséder deux chefs-d'œuvre, la *Henriade* et la *Pucelle ;* il faudra désormais attendre jusqu'à Bernardin de Saint-Pierre, André Chénier et Chateaubriand pour retrouver quelque chose de cette religion antique que madame Dacier avait défendue jusqu'à l'extrémité, et la dernière du siècle de Racine, de Bossuet et de Fénelon. » Dans ce jugement, tout reste superficiel, à mons sens. Il est énorme de regretter la besogne du dix-huitième siècle, sous le prétexte que le dix-huitième siècle n'a pu aboutir à un poème épique, pas plus que les siècles d'auparavant, d'ailleurs. Mais il y a plus, ce sentiment homérique que Sainte-Beuve accorde si largement à madame Dacier, a justement grandi suivant moi, à la suite des travaux philosophiques et scientifiques du dix-huitième siècle. Parlez, par exemple, à M. Leconte de Lisle, le dernier traducteur d'Homère, du sentiment homérique de madame Dacier, et certainement il sourira. Si l'on commence à connaître aujourd'hui Homère et l'antiquité, c'est grâce à la libre enquête de notre âge, à notre critique scientifique ; de sorte qu'on peut prouver que nous entendons aujourd'hui la véritable antiquité d'une façon bien autrement certaine qu'à la fin du dix-septième siècle. Bernardin de Saint-Pierre, André Chénier, Chateaubriand sont les fils directs de ce dix-huitième siècle, à tel point qu'ils paraissent radicalement impossibles avant le vaste mouvement qui les a produits. Ainsi donc, le triomphe des modernes, à l'époque de madame Dacier, loin d'obscurcir les hautes figures des anciens, a assuré l'évolution qui devait apporter une méthode pour les mettre en leur place. Il est vrai qu'on a cessé de les regarder comme des modèles nécessaires ; mais, même à ce point de vue, comparez le sentiment homérique de madame Dacier et le sentiment homérique d'André Chénier, et constate, la différence entre l'esprit de foi bornée qui imite et l'esprit d'enquête qui s'inspire. Entre les deux, le grand fleuve fécond du dix-huitième siècle a coulé.

J'insiste, parce que je vois là, très nettement établie, la répugnance de Sainte-Beuve à tirer des conséquences du mouvement des esprits. Grâce à sa vaste érudition, il avait entre les mains tous les matériaux nécessaires pour rattacher les grandes phases de notre histoire littéraire. Ainsi, quoi de plus intéressant que ce rôle du dix-huitième siècle, se produisant sur les ruines classiques du dix-septième, et aboutissant à notre siècle de science, avec le coup de trompette romantique du début et la voie désormais déblayée du naturalisme. Sainte-Beuve n'a pas voulu voir cela. Il a préféré regretter l'absence d'un poème épique, rêve chimérique ne pouvant se réaliser dans notre sol social ; il a mieux aimé avancer cet étrange jugement, que le dix-huitième siècle était puni dans sa poésie du crime de n'avoir pas suivi madame Dacier, lorsque justement cette poésie se débat dans les dernières imitations des classiques, pour arriver au cri de délivrance du romantisme. En tous cas, chaque siècle fait sa besogne, et celle du dix-huitième a été assez belle, assez large, dans notre histoire, pour que nous, ses fils reconnaissants, nous n'y rêvions aucun changement. A mon avis, rien n'est plus étroit ni plus inutile que le point de vue de Sainte-Beuve, qui a dédaigné là des matériaux excellents pour expliquer les origines de notre littérature moderne.

Il est peu nécessaire, je crois, de multiplier davantage les exemples. Je signalerai pourtant encore l'article que Sainte-Beuve a consacré à M. Renan. Il rencontre en lui un esprit de sa trempe, un esprit érudit et agréable, sacrifiant au goût ; aussi loue-t-il sans restriction. heureux de cette *Vie de Jésus* qui combat les dogmes, tout en laissant une échappée vers l'idéal. Voilà sa philosophie et son art, une négation n'osant conclure. Il y aurait aussi d'excellentes observations à faire, dans son étude sur Théophile Gautier, trois énormes articles, qui restent vagues, et où je n'ai pu trouver une opinion décisive. Le passage le plus saillant est celui où il compare Théophile Gautier à Musset, en s'étonnant que le premier n'ait jamais eu la popularité du second. C'est là un étonnement qui me surprend de la part d'un critique sagace. L'auteur d'*Emaux et Camées* n'est pas populaire, par la simple raison qu'il est resté un pur artiste, et qu'il faut être un homme pour toucher les cœurs. Tout le monde aurait dit cela, c'est d'une vérité aveuglante; mais Sainte-Beuve a préféré compliquer les choses, et il a insinué que, si Musset seul était entré dans le grand public, c'est que le grand public admet sans doute un seul poète à la fois. Voilà une triomphante raison; et remarquez qu'elle ne s'appuie pas sur les faits, car nous avons eu presque en même temps Lamartine, Hugo et Musset. En somme, un des meilleurs portraits que je viens de relire, est celui d'Alfred de Vigny; il est fort méchant, mais il restera, car il est complet et juste dans les grandes lignes. Je dirai encore un mot, à propos de l'étude sur M. Paul de Saint-Victor. Sainte-Beuve, qui dans l'étude sur Théophile Gautier a défendu ce que je nommerai l'entortillement critique, l'opinion cachée sous les guirlandes de la phrase, émet ici une autre théorie : selon lui, le critique, en jugeant un écrivain, doit prendre le ton de son modèle. Pour moi, cela enlève toute hauteur au jugement rendu. Si l'on parle d'un voluptueux, il faudra prendre le ton voluptueux; si l'on a affaire à un poète, on deviendra poète, et ainsi de suite. Quel étrange agrément ! J'entends bien qu'on doit entrer dans la peau du bonhomme, comme on dit. Mais, une fois qu'on le possède, il est bon de lui rester supérieur, si l'on veut le dominer, au point d'exprimer sur son compte un jugement définitif. C'était, chez Sainte-Beuve, un abus de souplesse, un régal de compréhension, poussé jusqu'au pastiche. J'aime mieux la sévérité du vrai.

Me voilà donc au bout des quelques exemples que je désirais donner. Maintenant, je vais conclure.

V

Cependant, avant de conclure, je veux encore, par un scrupule, montrer combien Sainte-Beuve avait l'intuition du monde moderne. A cet égard, son étude sur M. Victor de Laprade est très curieuse à lire. Il s'y est montré terrible, tout en rendant justice au poète. « M. de Laprade, dit-il, comme la plupart de ceux qui se piquent de métaphysique, se paie de mots, raisonne sur des termes spécieux, vides ou vagues. Il met le monde des idées pures d'une part et celui des formes sensibles de l'autre ; il condescend à ce dernier avec peine. Il admet des idées en l'air, sans forme : comprenne qui pourra ! Partout, chez lui, domine la préoccupation d'une fausse noblesse de l'homme, qui le stérilise, le mutile, le met à la diète, au sein de l'immensité des choses, et l'empêche de se servir de toutes les forces généreuses qu'il possède véritablement. — Mais c'est qu'il est pour l'idéal, M. de Laprade ! et vous, on vous le dit depuis longtemps déjà, vous êtes un... quoi donc ?... vous êtes un *réaliste.* » Sainte-Beuve un réaliste, c'est aller un peu loin ; mais il marque parfaitement ici le grand rôle qu'il accorde à la physiologie, dans l'étude analytique de l'homme. Ce n'est plus la conception abstraite de la littérature classique, c'est l'être humain pris dans le cadre de la nature, c'est l'enquête scientifique sur le monde. Lui, qui s'est fâché en homme de goût révolté, contre les grossièretés de Balzac, il raille M. de Laprade de son idéal immatériel. « Fi donc ! dit-il, vous allez parler d'organes à M. de Laprade. Est-ce que les organes pour lui existent ? Il s'en passe. » Plus loin, lui, le lettré raffiné, l'amant de l'antiquité, il s'emporte jusqu'à défendre les sciences. « Ainsi, écrit-il, avocat outré **des lettres**, et adversaire inexpérimenté des sciences, M. de Laprade dira : « L'ère des véritables **savants semble** terminée ; on « ne fait, depuis longtemps, qu'appliquer à l'industrie « les grandes découvertes du passé. » Pourquoi l'ère des savants serait-elle terminée ? où a-t-il pris cela ? qu'il regarde seulement autour de lui. » Enfin, tout à fait lancé, il va jusqu'à prédire la poésie de demain, en ces termes : « Quant à la poésie véritable, qui ne consiste pas uniquement dans la description des formes, elle saura naître des merveilles de ce monde moderne, elle saura s'en accommoder ou même s'en inspirer, si, d'aventure, elle rencontre une âme et un talent faits à sa mesure et d'un tour nouveau ; c'est le secret de l'originalité. Il n'appartient à la critique ni de la deviner ni de l'interdire. » Voilà donc Sainte-Beuve avec nous, et complètement.

Si nous en revenons à la critique, nous le trouvons également résolu à dire toute la vérité, à juger les écrivains avec une rigueur scientifique. Je trouve dans une de ses lettres, écrite à M. Bersot, une page bien **typique**. « Je n'ai aucune animosité **au cœur**, dit-il, et j'apprécie ceux qui ont été, à quelque degré, mes maîtres; mais voilà trente-cinq ans et plus que je vis devant Villemain, si grand talent, si bel esprit, si déployé et pavoisé en sentiments généreux, libéraux, philanthropiques, chrétiens, civilisateurs, etc., et l'âme la plus sordide, le plus méchant singe qui existe ! Que faut-il faire, en définitive ? comment conclure à son égard ? Faut-il louer à perpétuité ses sentiments nobles, élevés, comme on le fait invariablement autour de lui, et, comme c'est le rebours du vrai ? faut-il être dupe et duper les autres ? — Les gens de lettres, les historiens et prêcheurs moralistes ne sont-ils donc que des comédiens qu'on n'a pas le droit de prendre en dehors du rôle qu'ils se sont arrangé et défini ? faut-il ne les voir que sur la scène et tant qu'ils y sont ? ou bien est-il permis, le sujet étant connu, de venir hardiment, bien que discrètement, glisser le scalpel et indiquer le défaut de la cuirasse ? de montrer le point de suture entre e talent et l'âme ? de louer l'un, mais de marquer le défaut de l'autre, qui se ressent jusque dans le talent même et dans l'effet qu'il produit à la longue ? La littérature y perdra-t-elle ? c'est possible : la science morale y gagnera. Nous allons là fatalement... Dès qu'on pénètre un peu sous le voile de la société, comme dans la nature, ce ne sont que guerres, luttes, destructions et recompositions. Cette vue lucrécienne de la critique n'est pas gaie ; mais, une fois qu'on y atteint, elle semble préférable, même avec sa haute tristesse, au culte des idoles. » Cette dernière phrase est profonde et superbe. Elle contient toute la philosophie de la critique scientifique. Et quelle netteté, bien rare chez Sainte-Beuve, dans ce cri : « Nous allons là fatalement. » Le jour où il a écrit cette page, Sainte-Beuve était digne de comprendre Balzac.

Maintenant, je puis conclure, car je crois lui avoir rendu justice. Ma conclusion, d'ailleurs, ne sera qu'un résumé. Voilà donc Sainte-Beuve, nourri de fortes études classiques, ayant touché à la médecine, à cheval sur la science moderne et sur la littérature classique. Sa première fougue de jeune homme, un besoin très ardent de la femme, le jette dans le mouvement romantique ; il est poète, et un des poètes les plus entortillés, les plus pervertis qu'on puisse voir. Une liaison amoureuse le retient un instant dans le camp du romantisme et le convertit presque au catholicisme, lui éclectique et sceptique, doutant de son doute, ayant des curiosités pour toutes les croyances. Mais il se dégage vite, il n'a pas le coup de génie nécessaire pour s'entêter dans la déraison lyrique. Dès qu'il n'est plus amoureux, il voit parfaitement le vide sonore et les exagérations folles des poètes de son âge. Aussi, poussé par le sens critique qui flambe chez lui, se tourne-t-il bientôt contre ses premières admirations. On le traite de renégat, et ce n'est point juste, car il n'est pas né romantique, il a simplement cédé à la fièvre du temps ; la crise de puberté passée, il revient à son véritable tempérament, à cette curiosité, à cet amour du vrai, à cet équilibre aimable entre les extrêmes qui le caractérisait. Pourtant, son passage dans le romantisme a une conséquence décisive ; il avait mis là tous ses espoirs de jeune homme, et, après avoir brisé ses idoles, il perd confiance en l'avenir, il se rejette dans les âges classiques, avec une sourde peur, une répugnance évidente pour les nouveautés qui vont se produire. Cette peur, cette répugnance, ne seront combattues que par sa grande intelligence ; si bien que, vers la fin de sa vie, il en arrivera à accepter le nouvel esprit littéraire, malgré son tempérament, qui le condamnera à ne pouvoir applaudir franchement aux productions de cet esprit. Dès lors, tout Sainte-Beuve va être là. Il ira très loin dans ses lettres ; il posera des principes excellents, lorsqu'il attaquera des poètes sans passions, comme M. de Laprade ; il pénétrera le monde moderne, dans des coups d'œil jetés au hasard de ses études, dans de courts passages sur des questions générales. Seulement, il se révoltera, dès que la méthode moderne sera appliquée par des esprits puissants, avec la violence fatale de toute réaction. Le féminin, qui sommeille en lui, se réveille à la moindre brutalité, à un excès de puissance, à une crudité qui le blesse. Et il ne peut pardonner ces emportements des mâles. Son intelligence si souple se raidit, ses yeux si ouverts se bouchent, il rabâche aussitôt sur la nécessité de la grâce, il veut qu'on plaise, parce que le besoin de plaire a été le tourment de sa vie, dans les dédains amoureux dont on raconte qu'il a souffert. Sa longue rancune contre Balzac n'a pas d'autre cause, et aussi son refus d'admiration pour Stendhal, et encore ses restrictions sur les œuvres de M. Gustave Flaubert et de MM. de Goncourt. Ce voluptueux, qui assassine à coups d'épingle, ne peut admettre ces chastes, qui s'imposent à coups de poing. Ils ne sont pas de sa famille, jamais il ne les comprendra. Voilà le point faible, la punition de cet esprit si large et si alerte. Lui qui se piquait de tout goûter et de tout pénétrer, il n'a justement ni goûté les grands romanciers modernes, ni pénétré l'influence décisive qu'ils allaient avoir sur le siècle. En lisant l'ensemble de ses articles, on reste surpris des éloges qu'il donne à des écrivains médiocres, à des romanciers de troisième ordre, lorsqu'il se débat furieusement sous la puissance de Balzac et la supériorité de Stendhal. Son étrange destinée aura été d'être juste pour les hommes de second ordre, d'assigner à chacun sa place, sans pouvoir se décider à mettre au-dessus des autres ceux qui méritaient le premier rang. Aussi sa critique est elle décapitée ; elle n'a pas de flamme au sommet et n'éclaire pas l'avenir ; elle n'a pas précisé le grand courant du siècle, elle ne fait nulle part la voie large à nos génies modernes. C'est une causerie à bâtons rompus sur la littérature, des notes pleines d'intérêt, des documents que nous devons tous consulter, mais où il y a peu de jugements définitifs, et où bien des passages sont écrits sous l'empire des préventions, sous la dictée d'un tempérament personnel, malgré un continuel et très sincère effort d'impartialité. On peut dire que Sainte-Beuve a remis en question tous les problèmes de la critique, mais qu'il n'a pas résolu les plus grands, par un défaut de nature, par sa peur de la puissance et par une conception classique du goût. Sa compréhension du génie moderne s'est arrêtée et brisée là.

En finissant, je répète que je n'ai pas voulu faire sur Sainte-Beuve une étude complète, mais étudier seulement son rôle dans la critique contemporaine. Il faudrait maintenant analyser *Volupté,* ce roman si compliqué de sentiments, si quintessencié, que je n'ai jamais pu ouvrir sans songer à l'étrange reproche que Sainte-Beuve adressait à Balzac, en le trouvant obscur et difficile à lire. Il y aurait aussi le poète et l'historien de Port-Royal, qu'il faudrait connaître, pour avoir la figure dans sa hauteur. Je n'ai pas même indiqué les différentes manières du critique, car Sainte-Beuve a eu au moins deux manières, ou plutôt sa touche s'est élargie et a pénétré de plus en plus dans l'analyse humaine. Mais, en somme, j'ai dit ce que je voulais; le reste me touche moins. Pourtant je regrette de ne pas avoir parlé de Sainte-Beuve politique. Il se défendait fort de s'occuper de politique, il se posait en pur écrivain. On pourrait cependant l'étudier vis-à-vis des gouvernements qui se sont succédé, et cela aurait quelque intérêt. Il bouda toujours la monarchie de Juillet, deux fois il refusa de se laisser décorer par Louis-Philippe; j'avoue que j'ignore les causes de cette répugnance, qui ne percent dans aucun de ses écrits. La révolution de 1848 l'exaspéra, on se souvient de cette histoire d'une somme de cent francs qu'on avait trouvée à son nom, sur une liste de fonds secrets ; l'accusation était inepte, il se défendit violemment, donna sa démission de bibliothécaire et alla vivre en Belgique. Enfin, il parut avoir trouvé dans l'empire le gouvernement de son choix ; c'est lui qui déclare, à plusieurs reprises, qu'il regardait l'Empire comme nécessaire et utile. En 1852, le 23 août, au lendemain du coup d'État, il publia un article intitulé *Les Regrets*, dont le bruit fut énorme. Il y plaisantait les libéraux de 1830, qui, après avoir été au pouvoir sous Louis-Philippe, grâce à une révolution, n'admettaient

pas que d'autres hommes pussent les imiter sous
l'Empire naissant. Il y a là une page fort belle sur
l'ambition du pouvoir et sur ce qu'il appelle « la
maladie du pouvoir perdu ». Il n'y montre, d'ailleurs,
qu'un dédain parfait pour la République, qu'il
nomme un « intervalle anarchique ». Cet esprit, s'
nourri de l'antiquité grecque, ne goûtait guère la
République, même athénienne. Sans doute, il avait
pour la forme monarchique un goût de lettré, une
tendresse d'homme de cabinet qui a horreur du tapage de la rue. Le flot montant de la démocratie était
certainement une des causes qui le tenaient inquiet
devant les temps modernes. Il appartenait au siècle
du grand roi, il a rêvé d'être Boileau, pensionné par
la cour, régentant les Lettres, régnant avec Louis XIV.
On peut même dire que le fauteuil au Sénat, dont
Napoléon III lui fit cadeau sur le tard, fut une
véritable pension de trente mille francs qu'il reçut.
Et il était temps, paraît-il, car M. Pons écrit ceci :
« Il ne pouvait plus suffire, malgré les vingt ou vingt-
cinq mille francs qu'il gagnait avec sa plume, aux
dépenses toujours croissantes que lui imposaient le
luxe d'alentour et des relations de jour en jour plus
onéreuses. » Sans doute ce fauteuil se fit beaucoup
attendre, et Sainte-Beuve était, vers la fin, très amer
pour cet empire qu'il avait salué au début, et qui
s'était montré si borné et si odieux en matière littéraire. Quand il écrivit cette phrase, dans son article
des *Regrets :* « Je sais gré à tout gouvernement qu'
me procure l'ordre et les garanties de la civilisation
le libre développement de mes facultés par le travail :
je le remercie et suis prêt, pour mon humble part,
à l'appuyer... », les orléanistes avaient beau jeu de lui

répondre qu'il était dans son rôle, en saluant un
nouveau régime dont il pouvait tout attendre; tandis
que, s'ils se lamentaient, eux, c'était précisément
qu'ils n'en attendaient rien, au moins de longtemps.
Et voyez la continuelle bataille, chez Sainte-Beuve:
il est pour le pouvoir absolu, acclame la force, puis
le jour où il entre au Sénat, c'est pour y soulever
une tempête, en y défendant la liberté de pensée.
Nous le retrouvons tout entier: homme du passé
dans ses goûts de lettré, aimant la paix et la belle
ordonnance; mais homme du présent, dès qu'on
froisse sa raison et son intelligence, se fâchant alors,
réclamant toutes les conquêtes de l'esprit philosophi
que et littéraire. Il eut, en politique, le même rôle
qu'en critique, il rêva la dictature des esprits, au
nom du bon ordre, et dès que les esprits lui sem-
blèrent menacés dans leurs libres manifestations,
il voulut les affranchir, au nom des libertés modernes.

Je m'arrête. Mon intention n'a été que de marquer
sa physionomie d'un trait plus net. A la vérité, il
n'a joué aucun rôle politique. Il était dépaysé dans
ce second empire qui ne le comprenait pas. Quand
il mourut, ce furent les républicains qui lui firent
des funérailles dignes d'un prince des lettres.

VI [1]

Je viens de lire la *Nouvelle Correspondance*, de Sainte-
Beuve. Ce volume n'est pas d'un intérêt bien vif, si
l'on en excepte certains détails intimes, surtout dans

1. Cet article a été écrit après l'étude générale qu'on vient de
lire.

les premières années, et la longue lettre du prince Napoléon, donnée en appendice, d'une importance toute politique, d'ailleurs. Au point de vue de la critique littéraire, les lettres de Sainte-Beuve n'apportent rien ; car ce sont toujours de simples billets de remerciement, poussés à l'éloge, avec quelques réserves pour le piquant. Le critique n'écrivait que lorsqu'il ne voulait pas faire d'article.

Toutefois, je suis heureux de la publication de la *Nouvelle Correspondance*, car elle va me permettre de revenir sur l'étude que j'ai consacrée à Sainte-Beuve. A propos de cette étude, j'ai reçu plusieurs lettres, et j'ai été frappé d'une objection. On me faisait remarquer que j'avais été injuste en ne reconnaissant pas à Sainte-Beuve une attitude très hardie dans la critique de son temps. J'ai réfléchi, je crois en effet qu'il a beaucoup osé, relativement, et qu'il faut lui en tenir compte.

Le difficile, quand on étudie un écrivain, est de se mettre à sa place, dans son milieu, sous les circonstances et les influences qu'il a dû subir. On est toujours porté, et moi surtout, je le confesse, à substituer sa personnalité à celle du sujet dont on fait l'anatomie, à le juger absolument au point de vue du temps actuel. C'est ainsi que j'ai pu m'étonner des précautions, des entortillages dont Sainte-Beuve accommodait la vérité. Certes, je maintiens qu'il y avait là de son tempérament, et beaucoup ; mais il faut ajouter que l'heure où il écrivait, les gens pour lesquels il écrivait, le poussaient singulièrement à ces tours d'escamotage. Au fond, soyez certain qu'il s'estimait très audacieux, le critique le plus audacieux de l'époque.

Et il l'était réellement. Ce qui le prouve, c'est que tous ses contemporains le jugeaient ainsi ; car il les effarait souvent par des appréciations que ne se serait pas permises un Nisard ou un Villemain. Il y a de cela une preuve bien curieuse. J'ai parlé, dans mon étude, de l'article qu'il a consacré à *Madame Bovary*. Pour moi, cet article est sévère, injuste, j'oserai presque dire aveugle et inintelligent. La portée considérable du roman n'y est pas même comprise et indiquée. Rien de plus étroit ni de plus inquiet. Eh bien ! il paraît que cet article, lorsqu'il parut le 4 mai 1857, fut jugé des plus incendiaires. L'histoire est tout à fait drôle et mérite d'être rappelée.

Le 10 mai, M. Paulin Limayrac prenait la peine de répondre à Sainte-Beuve, dans le *Constitutionnel*. Il poussait des cris de désespoir, l'empire était perdu. Sainte-Beuve, qui n'était pas très endurant, écrivit à ce sujet une note, où il paraît très vexé et où il fait remarquer qu'il a été un des ralliés du 2 décembre. « S'il a rendu, dit-il en parlant de lui, dans son ordre de travaux, autant de services qu'il a pu, qu'est-ce que cette manière de le remercier, en le faisant critiquer publiquement par un des écrivains qui s'inspirent au ministère de l'intérieur et dans celui de l'instruction publique ? C'est un mauvais procédé, et un procédé maladroit. A-t-on trop d'amis parmi les académiciens et dans la presse ? » Vous voyez que la question devenait grosse.

Mais ce que je retiens surtout, c'est le passage suivant où, malgré sa révolte, Sainte-Beuve semble s'excuser d'avoir loué *Madame Bovary*. « M. Sainte-Beuve a commis le grand crime d'émettre un avis littéraire favorable, à quelques égards, sur un livre dans lequel il a désapprouvé, d'ailleurs, la dureté des tons et la crudité sans mélange. » Le « à quelques égards, » et « la dureté des tons et la crudité sans mélange » ne me paraissent guère tendres. N'importe, il est clair que Sainte-Beuve était quand même très audacieux, puisque le *Constitutionnel* se fâchait et que le monde où vivait le critique se récriait sur son attitude scandaleuse. Nous sommes donc aujourd'hui assez mal venus de lui reprocher sa timidité, une timidité qu'on était près de regarder comme de l'impudence. Si l'on était allé dire à Sainte-Beuve qu'il manquait de carrure, il serait resté stupéfait et aurait répondu : « Mais, cher monsieur, ma carrure me fâche avec tous mes amis et me fait traiter en suspect par le gouvernement. Vous voulez donc qu'on me guillotine ! »

Je trouve justement, sur les embarras de la critique, une très intéressante confession de Sainte-Beuve, dans une lettre qu'il écrivait à Jules Vallès. « Le propre de tout vrai critique est de ne pouvoir garder longtemps le mot qu'il a sur le bout des lèvres, cela le démange. Très jeune, dans un journal, le *Globe*, dès l'année 1826-27, j'étais comme cela, et parlant plus franc et plus raide que je n'ai fait depuis. Plus tard, ma liaison et ma complicité avec les poètes romantiques ne m'ont longtemps permis que d'être leur champion et leur avocat, non leur critique. Peu à peu, pourtant, avec bien des précautions et moyennant des mitaines, j'ai reconquis ma liberté ; — mais pas tout entière d'abord : de là l'accusation qui a si longtemps pesé sur moi de sous-entendre les choses plutôt que de les dire et de les cracher nettement. Je souffrais de cette difficulté, qui tenait à la situation même, à des engagements d'amitié, et à des antécédents avec lesquels on ne pouvait pas rompre tout d'un coup. Je suis redevenu moi-même avec les années, et je tâche de ne pas me laisser trop neutraliser de nouveau par ces diables d'engagements et de convenances qui recommencent sans cesse et qui, quand on s'en est débarrassé d'un côté, vous enlacent de l'autre. »

Le morceau est long, mais je l'ai cité tout entier, parce qu'en somme il me donne raison sur l'attitude ondoyante et vague que Sainte-Beuve a gardée si souvent. Ces quelques lignes devraient servir de préface à toute son œuvre; elles en expliqueraient bien des jugements et elles marqueraient les diverses évolutions du critique. La vérité a été pour lui une maîtresse qu'il n'a pas souvent affichée, par convenance. Il l'allait voir à la dérobée, quand il pouvait. Toujours le monde était là, ses connaissances, ses amis, et le respect humain l'empêchait de confesser son amour. Il l'avoue lui-même, le courage lui manquait, il louvoyait; il a mis sa vie entière à se dégager des mensonges imposés, et même après sa victoire, il n'était pas sûr de rester libre. Rien de plus triste.

C'est qu'il faut un véritable courage pour dire la vérité en tout et partout. On est sûr d'abord d'être accusé de brutalité, d'envie et d'orgueil. Mais le pis est qu'on doit renoncer à toute camaraderie, à toute liaison mondaine. Dès lors, on est un ours, on se met en dehors des récompenses et des situations officielles. On traverse l'existence au milieu d'ennemis et de combats, sans autre satisfaction que celle d'être fort et de dire la vérité. Cela est dur vraiment, quand on aime [1]. monde, qu'on a des amités de lettré et d'érudit, qu'on ambitionne les succès des académies et des salons. C'est un casse-cou, c'est un métier de sauvage qui ne peut guère convenir qu'à un amant de la solitude, misanthrope et travailleur, ayant mis ses jouissances dans la seule production littéraire.

Sainte-Beuve se confesse encore dans une lettre qu'il m'écrivit, à la suite d'un portrait que j'avais fait de lui, dans le *Figaro*. Le passage me paraît compléter l'autre, et je donne :

« J'ai connu Hugo avant les *Orientales*. J'étais d'emblée entré critique au *Globe*, sous M. Dubois, dès 1826 et 1827. J'y fus chargé de rendre compte des *Odes et Ballades*, sans connaître l'auteur que de nom. Je fis deux articles. Victor Hugo vint à cette occasion pour me remercier : nous étions voisins, rue de Vaugirard, à deux portes près, sans le savoir (lui au n° 90, moi au n° 94). Je trouvai son nom, n'étant pas chez moi. Le lendemain, j'allai lui rendre sa visite, et de là une prompte intimité. Je lui confiai des vers que j'avais gardés jusque-là *in petto*, sentant que le milieu du *Globe* était plutôt critique que poétique. On était très raide dans ce coin-là ; je l'étais aussi alors. Je ne me serais pas fait *présenter* pour tout l'or du monde à un poète dont j'avais à juger les œuvres. C'est pour vous dire que j'avais dès ce moment le signe et la marque du critique. Il y eut quelques années d'oubli et de suspension de cette faculté. Quant à ce qui m'arriva, après juillet 1830, de croisements en tous sens et de conflits intérieurs (saint-simonisme, Lamennais, *National...*), je défie personne, excepté moi, de s'en tirer et d'avoir la clef ; encore se pourrait-il bien que, si je voulais tout repasser, nuance par nuance, j'en donnasse ma langue aux chiens. »

On voit que ce n'était pas là un cerveau simple, apportant une conviction qui devait le guider toute sa vie. Comme je l'ai dit, il a mis sa joie à pousser des pointes dans tous les sens, à se donner le régal d'être une intelligence souple et de comprendre. Mais ce que je regrette surtout, c'est qu'il n'ait pas laissé une Histoire du romantisme, ou tout au moins des mémoires sur sa vie littéraire, de 1827 à 1840. Lui seul pouvait nous dire la vérité vraie sur cette époque qui est à l'état de légende. J'ai causé parfois avec des survivants et je les ai vus sourire, lorsque je leur parlais des batailles romantiques de 1830. Nous ignorerons toujours les coulisses littéraires de ce temps-là, et c'est fort regrettable.

Par exemple, voici une note bien précieuse. Elle est dans une lettre que Sainte-Beuve écrivait à M. Louis Noël, ancien disciple de Victor Hugo. « Vous vous êtes fait, je crois, un peu d'illusion dans le temps sur Hugo, et vous vous en faites dans un sens contraire aujourd'hui. Il n'était pas tel autrefois que l'amitié le rêvait; il n'est pas tel aujourd'hui que certaine rumeur injuste le ferait être. Peu de personnes savent exactement ces choses intimes et vraies des hommes célèbres. Après avoir été plus que personne sous le premier charme, j'en suis venu à savoir bien le vrai sur ce caractère; je me trouve aussi être du *très petit* nombre qui sait au juste ce qui en est de sa vie et des causes qui l'ont mené là. Je dois vous dire que c'est ce que tant de gens blâment si haut en lui que je trouve le moins blâmable. Son plus grand tort est dans l'orgueil immense et l'égoïsme infini d'une existence qui ne connaît qu'elle : tout le mal vient de là. Quant aux autres faiblesses, elles appellent l'indulgence tant qu'elles ne sont que des faiblesses. »

La lettre est du 18 décembre 1835. Certaines phrases en sont assez obscures. Mais comme on sent que Sainte-Beuve sait tout! et, je le répète, quelle Histoire du romantisme il aurait pu nous laisser!

LA CRITIQUE CONTEMPORAINE

I

En ce moment, nous n'avons pas de critique en France. Tel est le mot que j'entends répéter autour de moi, depuis la mort de Sainte-Beuve. Il est strictement exact.

Le rôle de la critique, dans une littérature, a pourtant une importance capitale. Certes, je ne crois pas à son influence plus ou moins directe sur le niveau littéraire. Nous ne sommes plus au temps où la critique rappelait les écrivains au respect des genres et des règles, où elle distribuait des coups de férule, pareille à un magister de village. Elle ne se donne plus la mission pédagogique de corriger, de signaler des fautes comme dans un devoir d'élève, de salir les chefs-d'œuvre d'annotations de grammairien et de rhétoricien. La critique s'est élargie, est devenue une étude anatomique des écrivains et de leurs œuvres. Elle prend un homme, elle prend un livre, les dissèque, s'efforce de montrer par quel jeu de rouages cet homme a produit ce livre, se contente d'expliquer et de dresser un procès-verbal. Le tempérament de l'auteur est fouillé, les circonstances et le milieu dans lesquels il a travaillé sont établis, l'œuvre apparaît comme un produit inévitable, bon ou mauvais, dont il s'agit uniquement de démontrer la raison d'être. Toute l'opération critique se borne ainsi à constater un fait, depuis la cause qui l'a produit jusqu'aux conséquences qu'il produira. Sans doute, un pareil travail contient une leçon, et à se voir dans un miroir aussi fidèle, un écrivain peut réfléchir, connaître ses infirmités, tâcher de les masquer le plus possible. Seulement, la leçon vient de haut, sort de la vérité même du portrait et n'est plus l'enseignement gourmé d'un professeur. La critique expose, elle n'enseigne pas. Elle a compris elle-même que son influence sur le niveau littéraire était à peu près nulle, car les tempéraments restent indociles ; et elle a préféré jouer le beau rôle d'écrire l'histoire littéraire contemporaine, expliquée et commentée.

Son importance actuelle est donc de marquer les mouvements d'école qui se produisent. Elle doit être toujours là, comme un greffier, enregistrant les faits nouveaux, constatant dans quel sens marche chaque génération d'écrivains. Le public, que l'originalité effare, a besoin d'être rassuré et guidé. Un critique, qui possède de l'autorité sur ses lecteurs, peut rendre les plus grands services. On accepte tout de lui, on attend qu'il parle pour le croire. Dès lors, s'il est d'esprit large, s'il accueille les tempéra-

ments originaux, lui seul a le pouvoir de les imposer
à la foule qui hésite. Il étudiera ces tempéraments,
montrera les qualités rares qu'ils apportent, fera
ainsi l'éducation du public, qui finira par s'apprivoiser. Il n'y a pas de rôle plus noble à jouer, accoutumer la grande masse aux splendeurs inquiétantes du
génie.

J'irai plus loin, je dirai que chaque génération,
chaque groupe d'écrivains a besoin d'avoir son critique, qui le comprenne et qui le vulgarise. Le même
fait se passe au théâtre. Il naît pour chaque forme
dramatique une couche de comédiens capables d'interpréter cette forme. La tragédie a amené ses interprètes, qui sont morts avec elle. Le drame romantique s'est également incarné dans quelques grands
acteurs, disparus plus tard en même temps que ce
drame. De même les écoles littéraires demandent des
combattants d'avant-garde, des trompettes qui les
annoncent et qui fassent ranger la foule, pour leur ouvrir un large passage. On comprend que le critique,
ainsi défini, doit naître avec la génération d'écrivains
qu'il vient révéler et imposer ; il lui faut les goûts de
cette génération, les mêmes amours et les mêmes
haines ; venu plus tôt ou venu plus tard, il ne la
comprendrait pas et la combattrait. Il est, en un
mot, un des soldats du groupe qui a dans le cerveau
plus de compréhension que d'invention, et qui se
résigne au rôle de porter le drapeau, pendant que
les autres se battent.

Quand une génération ne trouve pas son critique,
c'est un grand malheur pour elle. La lutte est beaucoup plus longue, et la victoire manque d'éclat. Le
public s'entête à ne pas comprendre. Personne n'est

là pour lui expliquer le combat, pour lui prouver que ce combat est nécessaire et glorieux. Il n'a pas de guide, il ne peut se raccrocher à une opinion supérieure, en laquelle il a mis sa foi. Remarquez que le public veut être gouverné ; il faut qu'on lui mâche des convictions afin qu'il les digère. Tant que le critique autorisé n'a point parlé, neuf personnes sur dix attendent pour se prononcer ; et, dès qu'il a ouvert la bouche, son jugement devient celui du plus grand nombre. On s'explique donc le rôle décisif qu'un critique joue entre l'écrivain et les lecteurs ; il est l'intermédiaire, l'ami commun chez lequel on se rencontre, pour se connaître et lier amitié. Si le critique vient à manquer, l'auteur et le public restent chacun chez soi et professent pendant des années une méfiance mutuelle.

Eh bien ! la génération actuelle des écrivains naturalistes a le malheur de ne pas avoir encore trouvé son critique. Aussi la bataille continue-t-elle sans victoire décisive. Les écrivains ne se lassent pas, produisent œuvre sur œuvre ; mais, le plus souvent, ils n'arrivent qu'à indigner et à exaspérer le public, qui voit seulement le côté brutal et tapageur de la campagne. Il serait temps qu'un critique gagnât de l'influence, pour expliquer le mouvement qui s'opère actuellement dans notre littérature. Les lecteurs, rassurés, comprendraient enfin. Ils verraient de quel côté est le talent, la vie, l'avenir. Ils accepteraient les écrivains naturalistes, comme il leur a fallu accepter les écrivains romantiques, après la lutte homérique de 1830.

J'ai dit que Sainte-Beuve a été, chez nous, le dernier critique. Je borne ici le sens du mot critique au sens de critique littéraire, jugeant les œuvres nouvelles, au fur et à mesure qu'elles sont publiées. Sainte-Beuve, d'instinct classique, a grandi en plein mouvement romantique. De là son entêtement à ne pas comprendre Stendhal ni Balzac. Stendhal surtout lui était complètement fermé. Quant à Balzac, il était une de ses bêtes noires.

Mais ce qui fait de Sainte-Beuve une des personnalités les plus hautes de ce temps, ce sont ses admirables facultés de compréhension et d'analyse. Il était fait pour tout comprendre. Aussi est-ce lui qui a créé la critique, telle que je la définissais tout à l'heure ; il s'est dégagé de l'école de La Harpe, étudiant l'homme avant d'étudier l'œuvre, se préoccupant du milieu, des circonstances, du tempérament. Et, ce qu'il faut surtout noter, c'est qu'il n'a jamais eu de corps de doctrine, qu'il ne s'est point enfermé dans une méthode ni dans une formule. La nature seule de son talent lui avait fait découvrir l'instrument dont il s'est servi. Personne n'a encore déployé une telle souplesse. Il y avait de la femme en lui, une façon câline et insinuante de procéder, des mouvements fins et jolis, qui se terminaient le plus souvent par de douloureuses égratignures. Même ses défauts venaient de cette souplesse et de cette marche oblique ; il se perdait dans l'incompréhensible pour être trop souple ; il finissait par s'empêtrer dans des phrases trop chargées d'incidentes, lorsqu'il voulait ne laisser passer qu'un bout de sa véritable pensée. D'autres ont eu son érudition, sa connaissance étendue de notre littérature ; d'autres ont pu pénétrer plus avant dans les livres, mais personne assurément n'a pénétré aussi profondément dans le cœur et dans l'âme de certains écrivains.

Certes, je ne crois pas que Sainte-Beuve, s'il avait vécu, aurait consenti à patronner le mouvement naturaliste; car il avait horreur de la réalité crue. Il se montra toujours très inquiet en face des ouvrages de M. Gustave Flaubert et de MM. Edmond et Jules de Goncourt. Il ne serait certainement pas allé plus loin. La descendance de Balzac et de Stendhal l'épouvantait.

Les jeunes romanciers avaient mis leur espoir en M. Taine. Il leur apparaissait comme l'écrivain qui allait prendre la parole, au nom de la vérité et de la liberté dans les lettres. En ce temps-là, M. Taine semblait devoir bouleverser la philosophie. Il apportait une méthode, il condensait en quelques formules toutes les trouvailles faites dans la critique par Sainte-Beuve. Sa sécheresse, son analyse réduite à une sorte d'opération mécanique, séduisaient les esprits jeunes, en étendant aux choses de l'esprit les procédés employés jusque-là dans les sciences naturelles. C'était une critique naturaliste qui marchait de pair avec le roman naturaliste. On pouvait croire que le porte drapeau de la nouvelle génération littéraire était né, d'autant plus que M. Taine avait fait une étude superbe sur Balzac, qu'il égalait à Shakespeare.

Aujourd'hui, les jeunes romanciers doivent reconnaître qu'ils se sont trompés. Jamais M. Taine ne sera le juge qu'ils attendent. Il y a des raisons multiples, dont je vais indiquer les deux principales. M. Taine est avant tout un lettré. L'œil chez lui se ferme, l'intelligence seule fonctionne Son véritable milieu est une bibliothèque. Il y fait merveille, fouillant des montagnes de livres, prenant une quantité effroyable de notes, tirant toutes ses œuvres des œuvres d'autrui. C'est un compilateur qui a le génie de la classification. Mais, dans la rue, je ne sais trop s'il voit les fiacres ; la vie lui échappe, la réalité ne le touche point. De là, inconsciemment peut-être, un dédain de ce qui est vivant. Il s'est retiré de la bagarre contemporaine, pour se cloîtrer dans des études considérables d'historien et de philosophe. Il remue avec amour la poussière des vieux documents. Pour voir à cette heure un écrivain, qui vit et qui produit à ses côtés, il lui faudrait faire un effort considérable. J'ai lu de lui quelques lignes sur des romanciers de nos jours, où il a montré, selon moi, la plus grande ignorance du mouvement qui s'accomplit. En un mot, il ne respire plus le même air que nous. Mais il est une autre raison tout aussi grave. Même si M. Taine vivait de notre vie, je crois qu'il n'accepterait jamais le rôle compromettant de tenir un drapeau. Il n'est point dans son tempérament de se compromettre, il refusera toujours de se prononcer nettement, en faveur de quelque chose ou de quelqu'un. Lui qui partait en révolutionnaire, se trouve être l'esprit le mieux équilibré qui existe. Le professeur repousse.

L'école naturaliste ne compte donc plus sur M. Taine ; et, M. Taine mis à l'écart, il n'existe pas un seul critique de valeur. Je répéterai la phrase par laquelle j'ai débuté : nous n'avons pas de critique en France, à cette heure. C'est justement cette disette que je veux étudier.

II

Dans ces vingt dernières annees, pas un critique ne s'est donc révélé. Il y a là, à coup sûr, une pauvreté d'hommes. Mais il faut ajouter que jamais les circonstances n'ont été plus défavorables. Je signalerai surtout les transformations qui se sont opérées dans la presse, comme une des principales causes de la déchéance de la critique.

Le journal, il y a vingt ans, était un organe grave, donnant à la politique et à la littérature toute la place. Les faits-divers se trouvaient relégués à la quatrième page. On s'abonnait par sympathie pour telle ou telle rédaction ; on attendait les articles de tel journaliste, et on les lisait religieusement, eussent-ils cinq colonnes. La critique, à cette heureuse époque, s'étalait à l'aise. Elle ne se pressait pas, attendait deux mois pour parler du dernier livre paru, rendait des arrêts longuement motivés. Les lecteurs eux-mêmes n'éprouvaient aucune impatience. Ils demandaient avant tout de la conscience, du talent et de la justice.

Nous avons changé tout cela. Le journal nouveau tend à mettre à la porte la littérature. Les faits-divers, sous plusieurs appellations différentes, ont envahi les quatre pages. La presse à informations est née. Il ne s'agit plus d'analyser un livre. Les lecteurs se soucient bien de cela ! Il faut leur dire ce qui s'est passé la veille dans le salon de Madame *** et dans les coulisses des Variétés ; il faut leur raconter le crime de la nuit en trois cents lignes, avec le portrait de l'assassin, ce qu'il mangeait, ce qu'il buvait; il faut tout réduire en petits faits précis, brutaux, sans ornements aucuns. Si le mouvement continue, les journaux, avant cinquante ans, seront transformés en simples feuilles d'annonces.

On comprend le coup terrible que la presse à informations est venue porter à la critique. Les longues études, sagement préparées, honnêtement écrites, n'ont plus été de mode. Elles tenaient beaucoup trop de place. L'axiome de tous les directeurs a été qu'on ne lisait pas les longs articles. Et l'on en est arrivé aux plaisanteries, on a traité de ganaches les écrivains qui s'entêtaient dans les vieux usages, on a prétendu que leurs articles servaient à essayer les ponts. Le premier mot d'un rédacteur en chef est devenu : « Traitez-moi ça en cinquante lignes, pas davantage. » D'ailleurs, il n'a plus été question de conscience ni de justice. A quoi bon? Les lecteurs n'ont que faire de cela. Mais on a exigé que l'article fait sur un livre fût publié le lendemain de l'apparition de ce livre, ou mieux encore la veille. Aucune étude n'est nécessaire. On ne lit pas même. Le critique coupe les pages, en attrapant un mot par ci par là ; et, lorsque le livre est coupé, il en sait assez long, il se met sur-le-champ à rédiger les cinquante lignes demandées. Souvent il ne parle pas du livre, il parle de n'importe quoi, à propos du livre. Il suffi que le titre et le nom de l'auteur soient cités. L'important, en effet, est la nouvelle de la mise en vente, qu'il s'agit de donner avant les autres journaux ; quant au reste, au mérite réel de l'ouvrage, à son originalité, à son influence future, peu importe. Dans ces conditions, les critiques improvisés devraient se contenter d'annoncer l'apparition du volume en deux lignes. Le malheur est qu'on n'en est pas encore à cette sécheresse. Les critiques ajoutent au hasard des réflexions. Ils louent ou ils blâment pour des raisons particulières. Pas un n'a une méthode. Ils entassent les énormités, les erreurs et les mensonges. Rien de plus lamentable que ce spectacle, dans la presse, lorsque paraît un ouvrage. Il n'est pas de sottises qui ne soient dites, et si l'on veut avoir une preuve de l'abaissement de la critique en France. il suffit alors de faire une collection des articles publiés, de les lire et de voir s'étaler partout la sottise et la mauvaise foi.

La peur d'ennuyer, je le répète, a tué les études consciencieuses. On a habitué le public à lire un journal en courant. Il avale les petits faits, mais les études de trois colonnes ne passent plus. Où veut-on qu'un homme vivant notre vie affolée trouve un quart d'heure pour lire un article grave? Puis, il lui faudrait réfléchir, faire un effort d'intelligence, ce qui serait désastreux. Aussi ne lui sert-on que les lieux communs, les idées toutes faites qui se casent aisément dans la cervelle. L'enthousiasme, la foi littéraire, tout ce qui émeut, dérange la digestion. Le plus commode est d'aller à l'aventure, disant noir la veille et blanc le lendemain, flattant la foule en répétant ce qu'elle dit. De là l'effroyable vacarme. Je défie, au lendemain d'une première représentation par exemple, qu'on lise cinq ou six comptes-rendus sur la pièce nouvelle, sans que le dégoût vous monte à la gorge.

Parlez de cet état de choses à un directeur de journal. Il vous répondra qu'il lui faut contenter son public. Il n'a pas charge d'âmes, il veille avant tout à la prospérité d'une affaire commerciale. Le public veut des informations, on le bourre d'informations. Sans doute la littérature en souffre, mais qu'y faire? D'après le système nouveau, un journal doit être fabriqué en quelques heures, au fur et à mesure que les nouvelles arrivent. Ainsi, beaucoup de journaux, qui se tirent à minuit, donnent l'analyse des pièces nouvelles, le lendemain même de la première représentation, de façon que le rédacteur chargé des théâtres est obligé de quitter la salle avant le dernier acte, et de venir bâcler son bout d'article, tandis que les machines attendent. Je vous demande quel jugement il peut porter, même si son article a été écrit en partie la veille, au sortir de la représentation générale? Toute justice est impossible dans ces conditions. La critique est ravalée au rôle d'un simple prospectus, rédigé souvent en mauvais français.

Les seuls articles longs que tolèrent les journaux à informations sont ceux qui sont fabriqués avec des extraits des ouvrages nouveaux. Certains rédacteurs se procurent les livres, avant la mise en vente, et y coupent les passages intéressants. Ils ajoutent quelques lignes pour les relier, ils affriandent le public en se flattant d'être les premiers à lui servir ces primeurs. C'est de la rédaction à bon marché. En outre, elle rentre dans le système de l'indiscrétion, qui est très en faveur. Le roi public est enchanté. On ne lui impose aucune opinion, on lui évite même le travail de lire tout un livre; car lorsqu'il aura lu les extraits, il connaîtra assez l'ouvrage pour en parler, sans se donner une peine plus grande. Le journalisme contemporain est basé sur la paresse et la vanité de la foule.

Et cet état de choses est si bien établi, que les auteurs habiles ne demandent jamais une étude, dans les journaux amis. Ils préfèrent de beaucoup qu'un chroniqueur parle de leurs ouvrages, entre une nouvelle sur la petite Z***, des Bouffes, et un scandale financier ou un procès célèbre. Là, au moins, ils sont certains que tout Paris lira la réclame ; car on a beau raccourcir les études critiques, le lecteur les saute, en étouffant un bâillement. Les chroniqueurs sont devenus ainsi les critiques les plus influents ; eux seuls arrivent à faire vendre quelques centaines d'exemplaires. Ils ont une influence supérieure à celle de M. Taine lui-même. Quand ils risquent une plaisanterie sur un ouvrage, l'édition s'enlève ; et cela est profondément triste. Le talent n'est plus en cause. Le scandale trône comme un monarque absolu.

Et qu'on ne m'accuse pas de voir les choses trop en noir. Les journaux à informations sont des agents de perversion littéraire. Le mal est tel, qu'il a fini par gagner les journaux graves. Pas une feuille n'échappe à la contagion. Sans doute, dans la presse française, on compte encore plusieurs organes qui gardent leur ancienne dignité. Mais étudiez mêm ceux-là de près, et vous verrez que l'ennemi est dan la place. Les journaux les plus vénérab es ont voulu se rajeunir ; ils ont allongé les faits-divers, ils ont créé une chronique. Puis, ils risquent de moins en moins souvent des études de longue haleine : la littérature semble devenir chez eux, comme partout ailleurs, un embarras, qu'ils conservent uniquement pour ne pas rompre d'une façon brusque avec leurs traditions.

Telle est donc la situation. La littérature est conspuée. Le livre surtout est un épouvantail. Dans les feuilles du boulevard, par exemple, vous trouverez rarement une étude critique; à peine, de loin en loin, une réclame se glisse-t-elle dans une chronique ou dans les Échos de Paris. Si je prends un journal dit sérieux, le *Temps*, l'indifférence pour les lettres y est au fond la même. Des quinze et vingt jours se passent, sans qu'un article littéraire y soit publié. La politique envahit tout, et non seulement la politique, mais la Bourse, les tribunaux, les bulletins météorologiques, etc. Seul, le livre est dédaigné. Les théâtres sont beaucoup mieux partagés, un vaudeville occupe plus la presse qu'un roman. Cela tient à ce que le théâtre a des côtés qui ne sont pas littéraires. Les chroniqueurs dramatiques ont, pour égayer leurs articles, les aventures des comédiennes, les indiscrétions des coulisses, tout le brouhaha de ce petit monde de la scène qui fait tant de bruit. Jamais on ne lasse le public à lui parler du théâtre, et là est le grand point. Si le livre est condamné, si on le traite en intrus, c'est qu'il a le malheur de n'être pas toujours drôle et de manquer de femmes comme on dit.

Je me résume et j'accuse la presse à informations d'être la grande coupable, dans l'abaissement de la critique. Il est impossible, au milieu de cette bousculade des journaux, de trouver le temps d'écrire et de lire une étude sérieuse. Le pis est que les lecteurs s'habituent à ce régime, savent lire de moins en moins. Cependant, si le journalisme actuel explique l'étrange cacophonie des jugements littéraires, je n'entends pas pousser les choses jusqu'à dire qu'il empêche la venue d'un critique véritable. Je crois que l'homme manque. Si l'homme naissait, il se ferait vite écouter, malgré les circonstances défavorables, au milieu des bégaiements de tous ces reporters qui se mêlent de juger les écrivains et les œuvres.

III

Certes, ce n'est pas que les journalistes s'occupant de critique fassent défaut. Au contraire, il n'est point de jeune homme arrivant de sa province qui ne rêve de distribuer des coups de férule. Et, comme les directeurs ont un beau dédain pour la bibliographie, ils la confient presque toujours aux nouveaux venus, aux apprentis, à ceux qui veulent se faire la main. La bibliographie est reléguée à la dernière page, dans un coin. On justifie avec elle, je veux dire qu'on l'allonge ou qu'on la raccourcit selon les besoins du numéro. Elle est moins importante que les accidents et les crimes, qui sont soignés avec un amour particulier. Un livre a paru, la grande nouvelle! personne ne s'y intéresse. C'est ainsi que les gâte-sauce du journalisme débutent dans la critique; on leur donne les livres à massacrer, comme dans les cuisines on donne aux marmitons les légumes à éplucher. Vous pensez la belle besogne! Ces pauvres jeunes gens n'ont souvent pas deux idées nettes dans la tête. L'expérience leur manque, ils tapent en aveugles. De là les jugements extraordinaires qui font ressembler notre critique actuelle à une véritable Babel, où l'on parlerait toutes les langues, sauf la langue de vérité et de justice qu'il faudrait y parler.

Je ne nommerai personne parmi ces jeunes gens. Le vent qui les apporte, les emporte. Le personnel de cette bibliographie courante change tous les trois mois. Un auteur qui fait paraître un volume chaque année n'est plus du tout au courant et se trouve forcé de se renseigner, s'il veut adresser son livre aux journalistes chargés d'en parler. C'est un va et vient continu, des apprentis succédant à des apprentis. Quand on ne sait que faire d'un collaborateur embarrassant, on lui donne les comptes rendus bibliographiques. Cela ne tire pas à conséquence.

Mais certains critiques s'entêtent. Ils n'ont aucune influence, leurs articles ne font pas acheter dix exemplaires d'un ouvrage. Ils n'en vivent pas moins du métier de critique. La critique est leur spécialité. On leur ménage une place dans les journaux qui se piquent encore de littérature. Je vais prendre les plus typiques, et tâcher d'esquisser en quelques lignes leurs physionomies.

Il y a d'abord le critique professeur, M. Aubé ou un autre. M. Aubé, qui enseigne le latin dans des maisons ecclésiastiques, je crois, a longtemps écrit au *Français*. Aujourd'hui, il écrit au *Journal officiel*; seulement, il ne signe pas, parce que sa personnalité est peu agréable à la majorité républicaine de notre Assemblée nationale. Je ne fais pas de politique ici, je ne discuterai en aucune façon les idées politiques et religieuses de M. Aubé. Cependant, ces idées ont certainement une influence considérable sur sa manière de voir et de juger la littérature contemporaine. Elles l'empêchent d'accepter le mouvement positiviste, qui transforme en ce moment chez nous les lettres, après avoir transformé les sciences. Il juge en professeur et en catholique. Volontiers, il relèvera les fautes de grammaire, voudra enfermer le roman dans le cadre étroit des fictions sentimentales ; il condamnera une œuvre dont la morale ne sera pas orthodoxe et qui ébranlera les dogmes. Nulle largeur de compréhension, aucune souplesse d'analyse. C'est un pédagogue, sans autorité heureusement, qui corrige les œuvres nouvelles, comme il corrige les devoirs de ses élèves. Je vous demande quelle peut être l'utilité de son rôle, dans ce siècle d'activité colossale, qui a toutes les audaces et qui risque toutes les expériences ! Il nous voit sous le plus étrange des profils. Nous l'épouvantons. Le jour où il a besoin de louer quelqu'un, il prend le plus faible et le plus joli d'entre nous, effaré encore par certaines rudesses. En un mot, il ne compte pas, il n'est personne, il est trop en dehors du présent pour avoir sur le présent la moindre influence.

Le cas de M. de Pontmartin, le critique de la *Gazette de France*, est plus intéressant. Il défend, lui aussi, le trône et l'autel ; mais il les défend avec le désespoir d'un homme qui se sait vaincu à l'avance. Il a écrit des romans, il a réuni en volumes ses études critiques. D'ailleurs, il ne manque point de talent. Mais ses quelques qualités semblent s'être noyées dans le dépit de sa vie manquée. Longtemps, il s'est posé en rival de Sainte-Beuve ; celui-ci avait ses lundis, lui a voulu avoir ses samedis ; et cette rivalité était entretenue par le parti catholique qui l'exaltait et le mettait au-dessus de l'illustre critique. Quand

Sainte-Beuve mourut, M. de Pontmartin s'imagina qu'il allait recueillir son héritage. Il n'en fut rien, il arriva même que, la rivalité cessant, il parut être mort lui-même. Depuis cette époque, il s'est aigri davantage. Il a publié des feuilletons étranges, où son rire tourne au ricanement, où son persiflage de gentilhomme tombe dans le catéchisme poissard. Le grand malheur, l'irrémédiable malheur de M. de Pontmartin est qu'il est resté provincial, malgré ses efforts pour se déniaiser à Paris. Né près d'Avignon, possédant là bas un château où il passe une partie de l'année, il a gardé les étroitesses de la province, certaine tournure épaisse qui l'a certainement empêché de faire son chemin. Il mourra un jour du chagrin de ne pas entrer à l'Académie. Ce doit être là le mal secret qui le ronge. Tous ses amis y ont un fauteuil pour dormir. Lui seul continue à errer dans une époque qu'il ne peut comprendre et dont les œuvres 'exaspèrent.

M. Paul Perret, qui a donné des études au *Moniteur,* est le romancier mécontent, le critique de hasard, saignant de ses insuccès. L'espèce est très commune. Il y a même, au fond de la grande majorité des critiques, un producteur manqué, qui se résigne à parler des œuvres d'autrui, quand il voit que personne ne parle des siennes. M. Paul Perret a publié plusieurs romans dans la *Revue des deux mondes.* Ces romans, d'une grande médiocrité, dorment dans les caves des éditeurs. Je ne connais rien de plus gris, de plus insignifiant. Imaginez les romans de George Sand détrempés à grande eau. Mais plus un romancier a une note douce et pâle, et plus ce romancier devient féroce, quand il juge ses confrères. M. Paul Perret s'est donc livré à une campagne furibonde contre l'école naturaliste, qui tient en ce moment le haut du pavé littéraire. La vérité est qu'il est trop intéressé dans la querelle pour juger avec justice. Cela n'est plus de la critique, c'est de la polémique, et qui manque d'autorité.

Je passe au type du critique consciencieux. M. Jules Levallois a longtemps publié dans l'*Opinion nationale* de longs articles, pour lesquels il se donnait un mal infini. Il lisait jusqu'à trois fois les livres dont il avait à parler. Il prenait une quantité de notes, réfléchissait, comparait, consultait ses amis. Et, en fin de compte, il accouchait d'une étude parfaitement honnête, mais parfaitement médiocre. Je n'ai jamais lu d'articles plus lourds, plus indigestes. Ajoutez qu'ils étaient vides. Impossible d'en tirer une idée neuve. Cela se développait gravement; on aurait dit M. Prudhomme tirant de sa poche un mouchoir immense et finissant par se moucher dans un coin, avec majesté. M. Jules Levallois, un excellent homme au fond, combattait par tempérament toutes les tentatives originales. Il représentait la bourgeoisie dans la critique. Et le plus étonnant est que le même homme était un chansonnier fort gai, dont je connais des chansons charmantes.

Citerai-je encore un type amusant, le critique qui a une réputation énorme dans les coulisses littéraires, et qui ne laisse tomber que trois ou quatre pages chaque année, comme il laisserait tomber des perles. M. Babou est le représentant de cette espèce aimable. Il touche à la cinquantaine, je crois ; il bat le pavé depuis un quart de siècle, et tout son bagage se réduit à quelques études écourtées, qu'il a réunies dans des éditions de luxe. Le public l'ignore absolument. Cela n'empêche pas qu'il soit une illustration. Il faut entendre dire dans les brasseries : « Babou va éreinter un tel, Babou a eu hier un mot sanglant. » On croirait qu'il y a eu mort d'homme. L'auteur tué par M. Babou ne s'en porte pas plus mal ; souvent, il ne connaît pas, il ne connaîtra jamais le mot sanglant. M. Babou appartient à ce monde de paresseux qui font, chaque soir, une grande œuvre, en buvant une chope ; seulement, le lendemain, ils ont sommeil et ne trouvent pas le temps d'écrire la grande œuvre. La vie se passe, l'âge arrive, ils restent des débutants. Ce qui ajoute du piquant au cas de M. Babou, c'est qu'il s'imagine représenter l'esprit français. Il s'efforce d'être énormément fin et spirituel. Quand il daigne écrire quelque chose, il est plein de sous-entendus, de petits sourires, de tournures alambiquées. On croit toujours qu'il vous conduit à des choses extraordinairement délicates et drôles. Et, pas du tout, il s'arrête, tourne court. Cinq ou six pages ont épuisé son effort. Alors, on se questionne, et l'on s'aperçoit avec ennui que M. Babou n'a rien dit qui valût la peine d'être écouté. Inutile d'ajouter que M. Babou n'a pas la moindre influence sur le public.

J'aurais voulu encore vous parler du critique chroniqueur, de M. Jules Claretie par exemple, qui a du talent, celui-là, et qui produit comme jamais homme n'a produit. Il écrit dans cinq ou six journaux à la fois ; il est très lettré, il sait des anecdotes sur tous les sujets. Je me permettrai simplement de dire qu'il est plus intéressant que puissant. On lit ses

articles avec plaisir, mais on y chercherait en vain
une analyse sérieuse et une méthode d'enquête.
J'aurais également voulu dire un mot du critique
poète, de M. Anatole France, dont quelques études
ont paru dans le *Temps*. Ce journal, qui a une situation littéraire à garder, fait tout juste le nécessaire pour ne pas la perdre. Il a accueilli M. France,
connu jusque-là comme poète, et je dois ajouter
comme poète parnassien, plongé dans le pastiche néo-
classique. Les amis de M. France m'ont assuré que son
ignorance de notre littérature contemporaine était
telle, qu'ils devaient lui fournir des notes pour chacun
de ses articles. Au demeurant, il écrit proprement,
et il vient même de faire sur le grand romancier
russe, Ivan Tourguéneff, une étude très sympathique,
dont il faut lui tenir compte. Mais je préfère terminer ici cette série de petits portraits. Je craindrais
de me répéter. Il suffit que j'aie indiqué comment
il peut arriver que nous manquions d'un critique,
lorsque tant de gens, des professeurs, des romanciers,
des poètes, s'improvisent critiques.

IV

Je m'arrêterai plus longuement à une physionomie
qui me tente par sa singularité. Les journalistes
dont je viens de parler sont de dignes bourgeoises et
rentrent plus ou moins dans l'effacement commun.
Je veux dire qu'aucun ne se distingue par quelque
panache, tapageusement planté. M. Barbey d'Aurevilly, certes, ne juge pas plus sainement que les
autres ; au contraire, il a des fantaisies d'appréciation

incroyables; mais il a au moins adopté une manière de taper les talons, qui force les passants à se retourner quand il passe.

Toutes les fois que je lis M. Barbey d'Aurevilly, je ne sais si je dois rire ou pleurer. Voici son cas, un des plus curieux de notre littérature contemporaine.

Il est né, je crois, en 1811, dans un petit village de la Manche. Il a donc grandi pendant la période romantique. Ce fait doit être noté, car il est resté romantique de style et d'allure, à la note aiguë. Il torture la phrase, la brise et la fouette, ajoute des paillons à chaque incidente, met des intentions cavalières dans les points et les virgules. Et le style flamboyant ne lui suffit pas, il adore les imaginations sataniques, les complications prodigieuses, les héros immenses, les héroïnes fatales et pâles comme les lis. Les quelques romans qu'il a écrits sont des monstruosités d'invention maladive. D'ailleurs, je ne lui refuse pas du talent. Malgré l'effort continu dont il martèle son style, on sent là un puissant ouvrier littéraire.

Mais, bon Dieu! quelle continuelle pose et quelle originalité factice! Il ne s'est point contenté d'être un mousquetaire dans son style, il a voulu en être un sur le pavé. A vingt ans, il a été la proie du dandisme, il s'est agenouillé devant Brummel. Cruelle aventure, car aujourd'hui il porte encore le pantalon collant, la redingote à plis, les grandes manchettes et le grand col de sa jeunesse. Les dames le suivent d'un œil stupéfait. Lui, jouissant de l'effarement des trottoirs, s'en va triomphant, croyant qu'il dompte ainsi et tient sous sa semelle tout le dix-neuvième siècle. Innocente manie, dira-t-on.

Sans doute. Seulement, il faut chercher l'écrivain et le critique dans l'homme.

M. Barbey d'Aurevilly habite un petit logement, dans un quartier perdu de Paris. Les meubles sont bourgeois, un lit, une armoire à glace, une table. Mais, dans son besoin de mener une existence supérieure, il en est arrivé à se persuader certainement que son lit est tendu de brocart, que son armoire à glace, un meuble du faubourg Saint-Antoine, vient de quelque garde-meuble royal. Un jour, il aurait dit à un visiteur, en lui montrant la glace: « Cette glace me semble un grand lac. » Il est tout entier dans cette phrase. Je suis persuadé qu'il agrandissait sa modeste chambre de bonne foi, en trouvant ainsi le mur de toute la profondeur d'un vaste paysage.

Peu à peu, on arrive ainsi à se tromper soi-même. Il vient une heure où l'on ne sait plus nettement où la réalité finit et où le rêve commence. Tel est depuis longtemps l'état de M. Barbey d'Aurevilly. Ce qui le complète, c'est qu'il a adopté le rôle d'un gentilhomme écrivain, défendant à grands coups de plume la noblesse et la religion. Il a pris une attitude de chevalier dévot, servant l'église, pourfendant la démocratie. Et c'est ici que la triste et charmante comédie commence. Ce mousquetaire a mené l'existence la plus bourgeoise du monde. Il vit très solitaire, comme un bon petit rentier qui chauffe le soir ses rhumatismes. Au fond, il n'y a pas d'homme meilleur. Tout ce tapage de ferraille, ces fanfaronnades, ces poings sur la hanche, ne sont que des façons d'être littéraires.

Est-il quelque chose au monde de plus gai et de plus touchant à la fois? M. Barbey d'Aurevilly est de deux ou trois siècles en retard. Il fait des orgies d'imagination. C'est un acteur qui garde à la ville sa voix et son geste de théâtre. C'est un martyr de la médiocrité contemporaine, qui s'est crevé volontairement les yeux, pour rêver à son aise toutes les splendeurs absentes. Quand il a bu un verre d'eau, il est ivre, et se dit plein de vin d Espagne. Quand il heurte une fille en jupon sale dans une rue, il arrondit le bras et salue en murmurant : « Mille excuses, marquise ! » Quand il grimpe son escalier étroit, il se fâche contre ses gens, en criant : « Eh bien ! marauds, allumez donc les torchères ! »

Mais le côté le plus stupéfiant, chez M. Barbey d'Aurevilly, est le côté catholique. S'il croit à Dieu, ce n'est guère que pour avoir le droit de croire au diable. Le diable l'attire, parce que le diable est excentrique. Pour sûr, le diable sacrifie au dandisme et cache son pied fourchu dans une bottine de chevreau. On chagrinerait beaucoup M. Barbey d'Aurevilly, si l'on paraissait croire qu'il ira droit en paradis. Il tient certainement à faire quelques années de purgatoire, et je n'affirmerais même pas que l'enfer ne le fasse point rêver. Quand il écrase un écrivain démocratique, quelque suppôt de Satan, on sent une sourde envie dans sa colère. En voilà donc un qui sera foudroyé ! Etre foudroyé, quel rêve ! Tomber comme l'archange rebelle, pâle encore de la splendeur divine, gardant dans la défaite un front d'une fierté insoumise ! Voilà qui serait agréable ! M. Barbey d'Aurevilly ambitionne certainement cela, par amour de la plastique. Il se voit dégringolant du ciel, étalé sur le dos, mais dans une pose sculpturale, et regardant encore Dieu en face. Cela poserait un homme tout de suite.

Hélas ! ce n'est là qu'une ambition irréalisable !
M. Barbey d'Aurevilly n'a rien d'un lutteur. Dernièrement, il venait de publier un recueil de nouvelles, *les Diaboliques*, où son singulier catholicisme s'était frotté d'un peu près aux ordures de l'enfer. Il y avait, là dedans, des femmes comme il les entend, des femmes hantées par le démon et qui s'agitaient d'une étrange manière. Le parquet s'effaroucha, le livre fut saisi et M. Barbey d'Aurevilly dut se rendre auprès d'un juge d'instruction. Un tel homme, parlant haut, allait, n'est-ce pas ? dire son fait à la justice. Il résisterait au nom de la liberté des lettres. Eh bien ! nullement. M. Barbey d'Aurevilly a plié les épaules sous les remontrances, et a consenti à un marché, en laissant supprimer son livre dans l'ombre, à la condition que le parquet abandonnerait les poursuites. Cela est regrettable, je le dis hautement. M. Barbey d'Aurevilly, en tolérant cet étouffement muet de son œuvre, a reconnu par là même que son œuvre était dangereuse. Lorsqu'on a l'honneur de tenir une plume, on se consulte avant d'écrire, et quand on a écrit une page, on l'affirme, on la défend. Un bourgeois, un de ces bourgeois que M. Barbey d'Aurevilly plaisante du bout de sa badine aristocratique, aurait eu l'orgueil de son œuvre.

D'ailleurs, je serai tout aussi sévère pour l'attitude que M. Barbey d'Aurevilly a prise dans la critique. Romantique de tempérament, styliste très travaillé, il attaque d'une façon furibonde les romantiques et les stylistes, en leur refusant jusqu'à du talent. On reste stupéfait, on ne s'explique pas quelle rage le pousse à brûler ce qu'il doit forcément adorer. Toutes les fois qu'il rencontre sur son chemin ou Victor

Hugo, ou Gustave Flaubert, ou les Goncourt, il les
dévore. Pourquoi cela ? Il procède d'eux, il est de la
même famille littéraire, il devrait avoir les mêmes
goûts. Ses amis m'affirment que la mécanique qui
lui tient lieu de cervelle est très compliquée, et qu'il
se passe là-dedans un travail extraordinaire. D'abord,
Victor Hugo, Gustave Flaubert, les Goncourt sont
des incrédules, qu'il veut écraser. J'admets cela,
mais après avoir terrassé l'impie en eux, il me sem-
blerait strictement juste de saluer l'homme de talent.
Seulement, ce mot de juste fait beaucoup rire les
amis de M. Barbey d'Aurevilly. Être juste, pourquoi
cela ? à quoi cela sert-il ? Rien n'est bourgeois comme
d'être juste. Un homme juste n'a pas de ligne plastique, il ne se campe pas d'une façon assez crâne, il
manque de dandisme. Battre la campagne, faire
claquer des mots sonores et les jeter à la figure du
monde, prendre des poses de capitan pour stupéfier
la galerie, parlez-moi de ça, c'est le seul genre de
critique que puisse exploiter un gentilhomme ! Le
paradoxe est un plumet qui fait merveille sur un
chapeau galonné. Et c'est ainsi que M. Barbey d'Aurevilly a inventé la critique qui ne juge pas, mais
qui assomme.

Rien n'est plus simple à pratiquer. Il prend un
écrivain quelconque et il exécute sur son dos des
fantaisies de tambour-major, jouant avec sa canne
de commandement. L'écrivain et son œuvre sont
condamnés à l'avance, qu'ils aient ou non raison.
Seulement, le critique tient à être beau devant les
lecteurs. C'est le juge qui est en scène, et non le pré-
venu. Le juge salue, grossit la voix, fait tout pour
étonner l'assistance, emploie des mots rares, com-

bine des phrases imprévues, va jusqu'à danser le cancan, s'il croit que le cancan fera de l'effet. Remarquez que M. Barbey d'Aurevilly ne réussit jamais un éloge. Il n'est véritablement beau que dans l'éreintement. Il ne donne pas de raisons, cela est inutile ; il se fend dans le vide, il sue, il trépigne, il tue des fantômes. Et l'exercice terminé, il rentre dans la coulisse, persuadé que la France a frémi de cet effroyable combat. Une telle façon d'entendre la critique est puérile. Depuis quelques trente ans que M. Barbey d'Aurevilly se livre à ces assauts enfantins, il devrait pourtant voir que les gens tués par lui se portent le mieux du monde, et que le public le laisse s'escrimer seul, sans lui faire l'honneur de ratifier un seul de ses arrêts. Il est peut-être une curiosité, mais à coup sûr il n'est pas et ne sera jamais une autorité. On le surprendrait beaucoup sans doute, si on lui disait que la meilleure façon d'attrouper le monde et de produire de l'effet, est encore d'être juste, de chercher la vérité et de la dire. Mon seul étonnement, en lui voyant brandir sa plume comme une flamberge, au cinquième acte d'un mélodrame, est qu'il ne se soit pas encore embroché lui-même, pour tomber avec grâce devant les dames.

Un dernier mot. M. Barbey d'Aurevilly a récemment consacré une longue étude à Diderot, uniquement pour arriver à l'écraser sous la grosse injure de bourgeois. Oui, si l'on veut, Diderot était un bourgeois ; seulement, il a fait une besogne de géant. M. Barbey d'Aurevilly, qui fait une besogne d'enfant, a en outre le ridicule d'être un bourgeois dévoyé et enragé. J'insiste, un bourgeois, rien qu'un bourgeois, car il n'a encore assassiné personne, et il n'a pas même violé une marquise.

V

J'aime les contrastes, et le plus violent que je puisse établir est de parler de M. Francisque Sarcey, après m'être occupé de M. Barbey d'Aurevilly. Ils sont placés, par leurs tempéraments et par les rôles qu'ils jouent, aux deux bouts de la critique. D'ailleurs, dans cette étude, M. Sarcey représentera la critique dramatique. J'ai déjà expliqué pour quelles raisons la place faite à un drame ou à une comédie, dans la curiosité publique, est beaucoup plus grande que la place faite à un roman. Les critiques dramatiques forment une sorte de corporation à part, qui tient, sinon le haut du pavé, du moins toute la largeur du trottoir littéraire des journaux. Or, parmi ces critiques, M. Sarcey est certainement le plus lu et le plus écouté.

Je citerai quelques faits qui prouvent quelle situation importante il occupe. On m'a affirmé que la vente du journal *le Temps* montait de plusieurs centaines d'exemplaires, chaque dimanche soir, jour où paraît son feuilleton hebdomadaire. Si le fait est vrai, il est bien rare en France. Nous aimons si peu les études sérieuses, nous lisons avec tant de répugnance tout ce qui sort du roman d'aventures et des faits-divers, qu'il est réellement beau de voir plusieurs centaines de personnes dépenser trois sous, pour connaître l'opinion d'un critique sur les pièces nouvelles de la semaine. Mais ce n'est pas tout.

M. Sarcey trône aux premières représentations, il fait l'admiration de la salle. Dès qu'il entre, un murmure court de loge en loge. On se penche pour l'apercevoir, des maris le montrent à leurs femmes, des jeunes filles le contemplent. Je connais des gens de province qui sont venus exprès à Paris pour avoir le bonheur de connaître son visage. Les chuchotements sont longs à s'apaiser: « Sarcey! Sarcey!... Où donc?... Tenez, ce gros là-bas, qui manque d'écraser une dame... C'est lui, vous êtes sûr?... Oui, oui... Regardez Sarcey, regardez Sarcey... » Et le peuple est heureux. C'est une véritable popularité. La puissance de M. Sarcey est d'ailleurs effective. Il a forcé parfois la main à des directeurs pour leur faire accepter des pièces, il a travaillé au succès de certains artistes qui lui doivent aujourd'hui leur situation. Les comédiens, les auteurs, les directeurs, jusqu'aux lampistes et aux ouvreuses de loge, le redoutent et s'inclinent devant lui. Dès qu'on joue une œuvre nouvelle, la première question dans les coulisses est celle-ci: « Sarcey a-t-il ri? Sarcey a-t-il pleuré? » S'il applaudit, la fortune de l'œuvre est faite; s'il bâille, tout est perdu. Le dimanche, on se précipite sur son feuilleton, on le dévore, et les arrêts qu'il rend bouleversent le monde des théâtres.

Pour bien comprendre, il faut remonter à la royauté de Jules Janin, que l'on avait sacré prince de la critique. Celui-là régnait par les grâces de son esprit. On le lisait pour son charme, pour les jolies choses qu'il savait broder sur le canevas banal des vaudevilles et des mélodrames nouveaux. Théophile Gautier également a régné en écrivain hors ligne, qui écrivait des pages merveilleuses, à propos de quelque bouffonnerie inepte. Quand Théophile Gautier est mort, M. Paul de Saint-Victor, un autre mélodiste très adroit, qui joue du style comme on joue de la flûte, a cru qu'il allait hériter de sa haute situation. Il se voyait déjà prince, avec un peuple de lecteurs à ses pieds. Mais point du tout. Les lecteurs l'ont laissé tirer tout seul les feux d'artifice prodigieux de ses phrases, et lui ont préféré M. Sarcey. C'est celui-ci qui est devenu roi.

Remarquez que M. Sarcey n'a pas la moindre grâce. La patte chez lui est singulièrement lourde. Il écrase, lorsqu'il veut caresser. D'encolure épaisse, riant d'un rire énorme qui inquiète ses voisins, ressemble à un bon gros homme, qui viendrait se distraire le soir au théâtre, après avoir consciencieusement vendu de quelque chose, dans la journée. Il écrit ses feuilletons à la diable, comme un prêtre dépêche sa messe, disant ce qu'il veut dire, et pas davantage. Depuis une quinzaine d'années qu'il fait ce métier de critique dramatique, il a ses feuilletons dans son porte-plume, il lui suffit de les laisser couler. Pas la moindre recherche de style, pas une fleur. Parfois, certains articles sont même fort négligés, avec des phrases mal d'aplomb et à peine correctes. On dirait une causerie bon enfant, d'un esprit très gros, visant avant tout au solide. Un poète qui tombe sur un de ces feuilletons-là a forcément une crise de nerfs.

Eh bien! la grande puissance de M. Sarcey est parfaitement explicable. Il doit sa situation à deux choses: il dit toujours ce qu'il pense, et il représente dans une salle de spectacle la moyenne d'intelligence du public.

Dire toujours ce qu'on pense est une **qualité très
rare**. Je pourrais citer plusieurs critiques d'une mauvaise foi parfaite ; ce sont d'honnêtes gens sans
doute, seulement la vérité dévie en passant dans leur
crâne, ils voient les œuvres à travers mille préoccupations étrangères. M. Sarcey a pour lui la franchise
de son impression. Il dit ce qu'il sent. Souvent ce
qu'il sent est singulier. Mais son compte rendu n'en
prend pas moins un ton de franchise auquel personne ne peut se tromper. On pense: « Voilà un
homme convaincu. » Et cela lui donne une force
immense, car peu à peu les lecteurs, en le voyant si
consciencieux, ont mis leur confiance en lui ; ils savent qu'il ne mentira pas, ils finissent par l'accepter
comme un guide sûr. Je ne suis presque jamais
de son avis, seulement je reconnais qu'il se donne
tout entier.

Être franc, cela ne suffirait pas, à la vérité. La
grande chance de M. Sarcey est de venir au théâtre
comme un bourgeois qui entend s'y récréer. Il ne
s'embarrasse d'aucun système, il n'arrive pas avec
des théories littéraires, il n'a même pas des aspirations vers le sublime qui le gênent. **Tout ce qu'il
paraît demander au théâtre**, c'est l'emploi d'une
bonne soirée. Il part de cette idée pratique que le
théâtre est fait pour le public, et que, logiquement,
les auteurs doivent donner au public ce que celui-ci
désire. Tout son critérium est là. Il est l'apôtre du
succès. Réussissez, et il applaudira. Lui-même se fait
public, veut sentir comme le public. Dès lors, on
comprend le grand succès de ses feuilletons. Un
commerçant, un marchand de drap par exemple, est
allé voir jouer une pièce nouvelle. Il a reçu une vive

impression ; seulement, comme il n'a pas l'habitude
d'analyser ses impressions, il expliquerait difficilement ce qu'il a ressenti. Le dimanche soir, il achète
le *Temps*, il lit l'article de M. Sarcey, et, en le lisant,
il éprouve une satisfaction sans bornes. M. Sarcey a
eu les mêmes impressions que lui, M. Sarcey lui
explique ces impressions, non pas en termes difficiles à comprendre, mais en termes dont le marchand
de drap lui-même aurait pu se servir. La communion
entre le critique et son public est ainsi entière. Il devient le grand homme de la bourgeoisie. Elle ne peut
lui reprocher de mal écrire, car elle n'a pas conscience
d'un style plus élégant, pas plus qu'elle n'a conscience de vues plus hautes. Elle lui est simplement
reconnaissante de la parité de goût qu'il a avec elle,
de la bonhomie et de la conscience dont il fait
preuve.

Enfin, il existe encore une raison pour que M. Sarcey
soit l'idole de la foule. Il a été un des bons élèves de
l'Ecole Normale, et, pendant quelque temps, il a enseigné le latin à des gamins, dans un lycée de province. L'enseignement, avec ses taquineries, n'était
point son fait; mais il a eu beau jeter la robe aux
orties, il est resté quand même professeur. L'air
qu'on respire à l'Ecole Normale met dans le sang le
besoin de professer partout et toujours. Il professe
donc, il fait la leçon aux petites actrices, il distribue
des coups de férule aux auteurs, il a l'air de donner
des bons points, lorsqu'il donne des éloges. Ses
feuilletons gardent ainsi cette odeur de vieux papier,
d'encre et de poussière, qui règne dans les classes.
Et le public adore cela, un critique qui fait la leçon à
tout le monde, qui parle avec des façons doctes et

tranchantes de magister, qui enseigne à faire une bonne pièce, comme un maître d'écriture enseigne à avoir une belle main. Il semble pour M. Sarcey que la question de talent ne soit qu'une question d'application.

Certes, je me garde de discuter ici ses idées, car la besogne serait trop longue. Je tâche simplement de donner de lui un profil qui soit ressemblant. Parmi ses opinions les plus entêtées, je citerai les suivantes. Il fait du théâtre un domaine à part, où les hommes doués d'une façon providentielle peuvent seuls se hasarder. Tout le monde est capable d'écrire un roman, mais tout le monde n'est pas capable d'écrire un drame. Le théâtre est un sanctuaire où l'on pénètre avec des mots de passe. Il dit carrément : « Ceci est du théâtre, cela n'est pas du théâtre », et il ne reste plus qu'à s'incliner. Peu importe le mérite littéraire de l'œuvre ; un vaudeville idiot peut être du théâtre, tandis qu'un drame superbe peut n'être pas du théâtre. Tout se résume à une machine particulière, fonctionnant d'une certaine façon, une machine-type, de la fabrication de laquelle il ne faut pas s'écarter, sous peine de n'obtenir qu'une patraque. Même il pose sa machine comme la machine par excellence, qui contient l'unique vérité, l'absolu, dans les temps et dans l'espace. Il n'y a pas pour lui des théâtres, il y a le théâtre. Cela coupe court aux fantaisies des poètes et aux écarts du génie.

Au fond, cela est plein de bon sens, je le confesse volontiers. M. Sarcey ne s'occupe pas du génie. Il est jusqu'au cou dans la cuisine dramatique contemporaine, il parle pour le plus grand nombre. Pris le plus souvent entre une opérette et un gros mélodrame, il lui faut **bien rester à terre et conseiller la médiocrité**. J'accepte pour la médiocrité le code dramatique qu'il enseigne, mais je regrette qu'il n'ajoute pas de temps à autre : « Ceci regarde les écrivains qui n'ont pas d'ailes ; quant aux écrivains qui ont des ailes, ils peuvent tout se permettre, il n'y a pas de patrons pour eux. » La critique, telle qu'il l'entend, est une simple vulgarisation du théâtre, excellente pour le commun des hommes, mais insuffisante dès qu'elle s'occupe d'un homme supérieur. Cela est très sensible, lorsqu'il veut aborder une question de théorie générale ; tant qu'il se borne à juger les faits, les pièces qu'il a vu jouer, il donne très exactement l'impression de la salle ; mais, dès qu'il s'égare dans les principes, dès qu'il veut bâtir un système, il patauge de la plus étrange des façons. Parfois il arrive qu'une semaine est vide, alors il se risque à étudier le rire au théâtre, ou le réalisme de la mise en scène, ou tout autre point. Rien n'est plus révélateur que ces feuilletons : il s'y débat dans le vide, il cite des exemples qu'il serait aisé de réfuter aussitôt par d'autres exemples. En vérité, il n'est pas fait pour le haut vol des théories. Il n'est excellent que dans la pratique terre à terre, dans l'étude du métier et du résultat immédiat obtenu sur le public. Qu'on ne lui demande pas d'élargir l'horizon, de s'exalter avec les audaces du génie, de prévoir un mouvement littéraire et d'annoncer l'avenir. Attaché au présent, il ne voit pas plus loin que les dix ou les cent représentations d'une pièce, il est par tempérament le public qui veut être amusé et qui désire savoir pourquoi il s'amuse ou pourquoi il ne s'amuse pas.

Je n'ai pas les yeux de M. Sarcey, et je serais dé-

sespéré de jouer son rôle. Mais je déclare que ce
rôle, tout modeste qu'il est, me paraît encore fort
beau. Je vois en outre, dans le succès de M. Sarcey,
un excellent indice, un retour de tendresse vers la
vérité. J'ai nommé M. Paul de Saint-Victor. Certes,
celui-là est un artiste de talent, il cisèle ses phrases
comme des bijoux. Seulement, lorsqu'il parle d'une
pièce, il oublie de la juger, ou s'il la juge, c'est avec
des fantaisies de critique singulières. Je comprends
parfaitement que le public se soit lassé de toute
cette splendeur de style. Quand on lit un feuilleton
dramatique, c'est dans l'espoir que le feuilletonniste
vous parlera théâtre ; et, s'il a les mains pleines de
joyaux, il a tort de les ouvrir, de ne pas garder de
pareilles merveilles pour des œuvres personnelles, où
les lecteurs seraient ravis de les trouver. Oui, le public se lasse de ce luxe romantique, de ces phrases
drapées de soie et de velours, sous lesquelles on ne
sent pas la chaleur et la vie d'un corps. On est
affamé de réalité. Et voilà pourquoi on a sacré
M. Sarcey roi de la critique, au milieu des mélodistes et des bâcleurs de copie qui l'entourent. Sans
doute il écrit mal, sans doute il est de talent épais.
Mais il voit ce qui est, et il dit ce qu'il voit. Cela
suffit.

VI

Comme j'écrivais cette étude sur la critique contemporaine, une physionomie très curieuse et très
accentuée a disparu. Je veux parler de M. François
Buloz, le fondateur de la *Revue des Deux Mondes*. Je
ne puis résister au désir de terminer par quelques

notes sur M. Buloz et sur le recueil célèbre qu'il dirigeait. D'ailleurs, je ne sors pas de mon sujet, et je reviendrai, dans ma conclusion, à mon point de départ.

M. Buloz était né à Valbens, près de Genève. La mort l'a frappé à l'âge de soixante-quatorze ans. Sa vie tout entière tient dans quelques grandes phases. Il n'était point complètement illettré, comme le rapportait la légende qui circulait sur son compte ; il avait au contraire fait d'assez bonnes études. Sans fortune aucune, venu à Paris pour battre monnaie, il débuta par être prote dans une imprimerie. Puis, il traduisit pour vivre des ouvrages anglais. Mais son idée constante était déjà de fonder une publication périodique, d'exploiter ce commerce des lettres où il flairait les bénéfices considérables qu'il y a réalisés plus tard. Enfin, en 1831, il racheta la *Revue des Deux Mondes*, qui était alors un simple recueil de récits de voyages, et qui périclitait. On sait quelle importance énorme prit ce recueil sous l'impulsion énergique qu'il lui imprima. Pour compléter son histoire, il faut ajouter qu'il fut pendant dix ans directeur de la Comédie-Française. Ses amis étaient arrivés au pouvoir, ils lui donnèrent pour sa part cette direction de notre première scène. Il succéda au baron Taylor et gouverna, de 1838 à 1848, avec la rudesse qui le caractérisait. La révolution de février seule put le renverser. Rue de Richelieu, à la Comédie-Française, comme rue Saint-Benoît, dans les bureaux de sa Revue, il trôna en homme heureux. Il semblait avoir fait un pacte avec la fortune. Tout ce qu'il tentait réussissait. Il faut dire qu'il avait une poigne solide et qu'il violentait le sort, de même qu'il violentait les hommes. Il vécut avec l'empire sur le pied d'une paix armée. L'empire tolérait M. Buloz, et M. Buloz tolérait l'empire. Au fond, il est resté parlementaire et classique jusqu'à sa mort, tout en sacrifiant aux idées républicaines et aux idées romantiques, quand les besoins de la Revue l'exigeaient. La mort l'a pris en plein combat, malgré son âge avancé, et il a eu l'amertume profonde de se voir mourir peu à peu. Il souffrait depuis longtemps d'une affection diabétique. En septembre, il fut frappé d'une attaque de paralysie. Un jour vint où la vue lui manqua pour relire les épreuves. Alors, il se survécut à lui-même, accablé d'une mélancolie immense.

M. Buloz était grand et fort, carré des épaules, taillé à coups de hache dans le granit de ses montagnes. Des cheveux roux lui descendaient bas sur la nuque. Il tenait de l'ours et du dogue, avec ses mâchoires solides, ses cils blanchâtres, sa face borgne, où l'œil qui lui restait avait une profondeur extraordinaire. Chaussé de gros souliers lacés, portant du linge jaune et des vêtements fripés, il avait une terrible allure de combattant, que les soucis de ce mot de n'embarrassaient guère. Il faut voir surtout en lui le triomphe d'une volonté. Il a voulu et il est arrivé. *La Revue des Deux Mondes* a été faite de son sang et de sa chair. Il lui donnait toute son existence. Pendant plus de quarante années, il l'a soignée comme une fille chérie. Il passait des nuits, travaillait dix-huit heures de suite, veillait sur les plus minces détails. Toutes les épreuves lui passaient sous les yeux, pas une ligne ne paraissait sans qu'il l'eût approuvée. On comprend quel résultat il devait obtenir avec cette méthode. D'ailleurs, il aurait réussi dans n'importe quelle entreprise. Il était avant tout un dominateur, un conquérant. S'il avait dirigé une usine, il aurait fait des soldats de ses ouvriers. Aussi ne faut-il pas voir en lui une force littéraire, car il n'était qu'une force commerciale. Dans l'épicerie comme dans les lettres, il se serait affirmé avec une égale puissance. Le hasard seul qui l'avait créé directeur de la *Revue des Deux Mondes*, en a fait la personnalité en vue dont le rôle a été si étonnant, dans la première moitié de ce siècle.

L'heureuse chance de M. Buloz fut de grouper autour de lui les grands écrivains de l'époque. De 1830 à 1860, pendant trente ans, il sut attirer et garder toutes les célébrités qui portaient un nom dans les lettres et dans les sciences. Et, certes, il n'agissait pas par la séduction. Il procédait violemment, avec une âpreté et un emportement qui auraient dû écarter les moins fiers. Aujourd'hui, on se demande comment des poètes délicats, des hommes du génie le plus haut, ont pu supporter les violences de cet homme, son avarice, ses taquineries, la vie d'enfer qu'il leur faisait mener à tous. Et je n'exagère pas, les échos de la rue Saint-Benoît ont gardé le bruit des querelles les plus bruyantes. M. Buloz et Gustave Planche se prenaient à la gorge et se secouaient. Dans l'escalier, il y avait souvent des dégringolades, des calottes échangées pour un oui ou pour un non; on s'y cassait des parapluies sur l'échine, on s'y injuriait le moins académiquement du monde. Je ne parle pas des procès, qui tombaient dru comme grêle. Il n'est pas un écrivain de talent qui ne se soit plaint de M. Buloz aux tribunaux. Eh bien ! ces rapports si difficiles n'empêchaient pas M. Buloz de continuer son rôle de dictateur. Il régnait quand même, se raccommodait avec l'un, lorsqu'il se fâchait avec l'autre, restait le dompteur et le cornac incontesté de tous les talents de l'époque.

Et il n'était pas plus tendre, sur la question d'argent. Il avait trouvé cette idée triomphante de ne pas payer le premier article qu'on apportait à la Revue, estimant que l'honneur d'entrer dans la Revue suffisait. Ensuite, il payait le moins possible les articles suivants. Autrefois, ses prix étaient encore raisonnables. Mais, plus tard, lorsque les prix montèrent dans la presse, il refusa toujours avec entêtement d'augmenter les siens. Je ne veux pas insister sur cette question, car il en est une autre beaucoup plus grave. La prétention la plus intolérable de M. Buloz était de retoucher les manuscrits. Il avait la rage des corrections, des atténuations et des suppressions. Dès qu'il recevait un manuscrit, il le sabrait à coups de crayon, il changeait les épithètes qui ne lui paraissaient pas convenables, enlevait des morceaux, ajoutait même de sa prose. Et les plus illustres passaient ainsi sous sa férule. Il y a là une obéissance de la part des écrivains, qui m'a toujours stupéfié. Que les grands écrivains consentissent à ne pas être payés, cela fait honneur à leur désintéressement. Que les grands écrivains voulussent bien faire de temps à autre le coup de poing avec M. Buloz, je l'admets encore, car l'aventure pouvait séduire par son originalité. Mais que les grands écrivains acceptassent ses corrections, c'est là que je cesse de comprendre.

On dit, je le sais, que M. Buloz était un critique très fin et très pratique. Très pratique au point de vue de l'intérêt de son recueil, je le crois sans peine. Mais sa littérature se bornait au souci de contenter ses abonnés, et cela n'était pas suffisant pour faire de lui un bon juge du talent libre et personnel. Ses corrections, en somme, se bornaient à châtrer tout ce qu'on lui apportait. Il rêvait pour sa Revue un uniforme, cet uniforme gris de nos prisons et de nos couvents. Les premières années, il n'osa pas agir; mais, à mesure qu'il sentit grandir sa puissance, il devint le rédacteur unique, il fit endosser sa livrée à chacun de ses collaborateurs. La *Revue des Deux Mondes* prit la teinte neutre, froide et grave, qu'elle a gardée depuis. Chaque livraison exhale l'odeur de M. Buloz. Ses besoins de domination s'étaient élargis, il pliait à son image tous ceux qui l'approchaient.

Et quelles lamentables histoires, si je racontais les aventures des jeunes gens dont il a fait des machines passives, et qui sont morts chez lui, d'épuisement et de désespoir! Les romanciers, les poètes célèbres, ne laissaient entre ses mains que quelques plumes de leurs ailes. Mais les inconnus, ceux qui jouaient les seconds rôles, devenaient ses esclaves, ses bêtes domestiques. Ceux-là, il les pétrissait, il commençait par leur vider la cervelle de toute la flamme de jeunesse qu'ils apportaient; puis, il coulait du plomb à la place, il changeait en critiques froids et gourmés les fantaisistes rieurs, qui étaient venus se brûler à la clarté de sa lampe de travail. S'il n'avait tenu qu'à lui, il aurait supprimé la littérature française tout entière pour lui substituer l'unique *Revue des Deux Mondes*. Lui seul, c'était assez.

Heureusement qu'un homme, si despote qu'il soit, n'arrive jamais à arrêter le mouvement d'un peuple.

M. Buloz a pu sentir avant sa mort craquer sa puissance de toutes parts. Il a été en réalité le maître du haut pavé des lettres, pendant plusieurs années. La Revue réunissait tous les grands noms. Elle était alors une consécration presque nécessaire du talent, elle conduisait aux honneurs, à un ministère aussi bien qu'à un fauteuil de l'Académie. Seulement, la faute de M. Buloz a été de ne pas comprendre que les temps changeaient, à mesure qu'il vieillissait. Après 1860, il a voulu garder les allures qu'il avait après 1830. Et cela a tout gâté. La lâcheté des écrivains avait seule fait la puissance de M. Buloz. S'il réussissait, c'était qu'ils se laissaient dominer. Quand une nouvelle génération d'écrivains s'est produite, il est arrivé que cette génération a eu moins de patience et qu'elle a très carrément envoyé promener M. Buloz. Depuis quelques années, l'isolement se faisait autour de lui.

La situation de la *Revue des Deux Mondes* est celle-ci. Voici dix ans que la Revue est complètement en dehors du mouvement littéraire contemporain. Elle a vécu grâce aux dernières œuvres de George Sand et de M. Octave Feuillet. Maintenant que George Sand est morte, et que M. Octave Feuillet produit moins, elle manque de romanciers, elle s'appuie sur MM. Cherbuliez et Theuriet, deux pâles copies de l'auteur de *Mauprat*, dont les œuvres passent sans bruit. Jamais les romanciers naturalistes, ni M. Gustave Flaubert, ni MM. de Goncourt, ni M. Alphonse Daudet, n'ont consenti à y publier un de leurs ouvrages. Elle en est restée aux modes littéraires d'il y a trente ans, tout le travail colossal du roman actuel s'est fait sans elle et contre elle.

On me dit que l'influence de la *Revue des Deux Mondes* est énorme à l'étranger. Cela est très fâcheux. Si l'étranger s'en tient aujourd'hui à ce recueil pour connaître notre littérature, il arrive simplement que l'étranger ne connaît pas notre littérature. Le recueil, je le répète, a cessé depuis longtemps d'être l'expression exacte de notre vie littéraire. M. Buloz a tout fait pour écraser la génération nouvelle d'écrivains, qui jette aujourd'hui un si vif éclat. C'est lui qui fatalement devait être vaincu dans cette lutte, et il est aisé de calculer le peu d'influence de la Revue chez nous. Elle a toujours beaucoup d'abonnés, elle reste un recueil dont il est de bon ton d'avoir les livraisons sur une table. Mais elle a perdu sa puissance effective. Être exécuté par elle est une véritable recommandation. On sait que, par principe, elle trouve détestable tout ce qu'elle n'a pas publié. La meilleure partie de sa rédaction demeure la partie historique et scientifique, les relations de voyages, les études sur des points spéciaux. Littérairement, je le dis encore, elle n'existe plus. Elle a gardé une étroite influence de coterie, elle peut encore faire arriver un homme médiocre à l'Académie. Quant à la direction des esprits, elle lui a échappé.

Que va devenir la *Revue des Deux Mondes*, aujourd'hui que M. Buloz est mort? Là est la question intéressante à se poser. Il est aisé de prédire que la Revue périra un peu chaque jour, si elle n'accepte pas le temps actuel et si elle ne rend pas aux écrivains une liberté entière. Le meilleur souhait qu'on puisse lui faire, **c'est de trouver un directeur intelligent qui comprenne notre époque, comme M. Buloz avait compris la sienne.**

Et, pour en revenir à mon point de départ, je signalerai justement un article de critique que j'ai lu dans un des derniers numéros de la *Revue des Deux Mondes*. M. Émile Montégut y étudiait les nouveaux romanciers, en homme ahuri, effaré, qu'un coup de soleil a rendu aveugle. Certes, M. Émile Montégut n'est point le critique que j'attends. Il ne paraît pas se douter le moins du monde du mouvement naturaliste, auquel nous devons les seules grandes œuvres de ces vingt dernières années. Que penser alors d'une publication comme la Revue, qui a la prétention d'être chez nous l'expression la plus haute de la littérature, et qui nie avec cette naïveté tout le grand travail littéraire du moment? Le critique attendu se produira, il faut l'espérer, et il fera la lumière sur notre situation, il mettra chaque chose à sa place, reculera le passé dans l'ombre et posera debout le présent, dans une grande lueur de vérité et de justice.

DE LA

MORALITÉ DANS LA LITTÉRATURE

I

Un nouveau journal s'est fondé, le *Gil Blas*, qui, après avoir assez péniblement cherché sa voie, a tout d'un coup obtenu un grand succès, en se faisant une spécialité d'histoires grivoises. Son cas est des plus simples : il a d'abord tâté le public un peu sur tous les tons et dans tous les sens ; puis, ayant risqué quelques-unes de ces polissonneries qui ont fait autrefois le succès de la *Vie Parisienne*, et voyant que le public mordait à ces articles, il lui en a donné autant qu'il en a voulu, sans aucun scrupule sur la quantité ni sur la qualité. Naturellement, en dehors de toute indignation réelle, les autres journaux n'ont pas vu ce succès d'un bon œil. La plupart, particulièrement ceux qui se fondent en ce moment avec beaucoup de peine, et ceux qui, vivant de la curiosité publique, sentent le besoin de retenir sans cesse leurs lecteurs par de nouveaux piments, ont affiché un dégoût superbe ; quelques-uns, plus adroits, se sont ingénié, tout en criant, à imiter le *Gil Blas*. On a donc vu pulluler un instant les histoires grasses, les dessins polissons, au milieu d'une colère aussi bruyante que peu convaincue. Paris entier a paru pris d'un accès de vertu extraordinaire.

Je dirai d'abord que cela ne fait ni l'éloge de la presse ni l'éloge du public. Il est certain que le *Gil Blas* ne s'est pas fondé avec le parti pris formel de travailler dans l'ordure. Inquiet de son premier insuccès, il est allé ensuite où le succès lui a paru être. Pour moi, ce sont ses lecteurs qui l'ont voulu tel qu'il est. Quant aux autres journaux, ils auraient un terrible examen de conscience à faire, avant de tomber si rudement sur le nouveau venu et de le dénoncer à la justice comme un pelé, un galeux, d'où vient tout le mal. Cela remet en question la façon d'être de la presse contemporaine. J'aime la presse, je la crois un outil puissant des temps modernes ; mais il faut bien convenir qu'à côté de son excellente besogne d'enquête quotidienne, elle est terriblement lâche devant les abonnés. Dans toute évolution, il y a ainsi une part de désastre. Où est le journal qui refuse de suivre la foule dans ses appétits ? On peut même dire qu'un journal n'existe que par les passions de son public spécial. Les feuilles à un sou vivent de la bêtise des classes illettrées qui les dévorent ; il faut avoir assisté à la confection d'une de ces feuilles, fabriquées souvent par des hommes fort intelligents, qui mettent leur adresse à être bêtes, ayant le flair, écartant la nourriture trop délicate ou trop substantielle, collectionnant seulement les faits divers, les vaudevilles et les mélodrames. C'est une spéculation franche sur la sensiblerie des portières et sur la bonne foi des ignorants qui croient s'instruire Ensuite, voyez les feuilles mondaines, ces feuilles du boulevard qui se sont fondées sur les curiosités malsaines de l'époque, sur ce besoin d'information immédiate que nous éprouvons même, je devrais dire surtout, dans les choses qui ne nous regardent pas. Il est inutile d'insister, ces feuilles ont été une véritable école de désorganisation publique. Et si je passais au côté financier ! Personne n'ignore que les journaux qui se posent en défenseurs sévères de la morale, sont pour la plupart vendus à des compagnies financières, embusquées à la troisième ou à la quatrième page, détroussant les lecteurs naïfs qui se hasardent. Ce sont des coupe-gorge plus ou moins discrets, le vol organisé, des tripotages sans nom, des mensonges imprimés en grosses lettres et en gros numéros, raccrochant publiquement le monde. Que d'affaires véreuses lancées, que de familles ruinées, pour avoir cru au bulletin financier d'un journal, dont la première page défend la propriété et les bons principes en belles phrases ! Songez enfin à la partie politique : un journal n'est plus que l'arme dangereuse de l'ambition d'un homme ou qu'un trafic éhonté sur les passions d'un parti ; on y met en coupe réglée le public que l'on flatte et que l'on gorge de ce qu'on sait devoir lui plaire. Il y là une exploitation sans merci et qui pousse aux catastrophes, dans le but parfaitement égoïste de faire fortune ou de monter au pouvoir. Aplatissement partout et en tout devant l'abonné, voilà en somme l'attitude universelle de la presse. On parle de la vérité, et il y a certainement des journalistes convaincus; mais la boutique l'emporte quand même, au milieu du tohu-bohu des opinions contraires.

Encore un coup, j'aime la presse, je n'entends pas lui faire son procès. Elle peut gâcher souvent sa besogne, elle n'en fait pas moins une besogne nécessaire et utile. Je veux simplement en arriver à ceci : vivant sur les passions du public, battant monnaie avec la bêtise, l'amour du jeu et de l'argent, les vols des uns et l'ambition des autres, elle est assez mal venue de s'indigner et de prêcher, quand un confrère s'avise de se tailler un petit coin de succès en chatouillant la polissonnerie du public. Mon Dieu! c'est une spécialité comme une autre, et je la trouve bien moins dangereuse que la spécialité financière qui dépouille les gens et que la spécialité politique qui escamote les provinces. Remarquez qu'un journal comme le *Gil Blas* ne trompe absolument personne ; on le connaît, ceux qui l'achètent savent ce qu'ils y trouveront; tandis qu'il y a une duperie continuelle dans les casse-cou de la finance et de la politique, où les lecteurs de bonne foi s'engagent toujours à l'aveuglette. Et puis, franchement, la société va-t-elle crouler, parce qu'un journal reprend les contes de Boccace et de Brantôme ? Cela n'est qu'aimable, lorsque le conte est bien écrit; et, s'il reste grossier, un peu de silence suffit pour en faire justice. En vérité, nos pères avaient plus de largeur et de tolérance. N'est-ce pas stupéfiant, cette croisade brusque de la presse contre ce qu'elle nomme à pleine bouche l'obscénité? Elle a découvert cela, c'est l'obscénité qui est aujourd'hui le péril, la société est perdue si l'on ne fait pas une guerre à mort à la littérature obscène. Mais où diable la voyez-vous donc, cette obscénité ? Nous mourons au contraire de fausse vertu et de fausse pudeur. A cette heure du siècle, au point où nous en sommes de l'évolution scientifique, lorsque de si puissants agents travaillent les peuples et les transforment, s'en prendre à un pauvre petit journal et déclarer que ses contes grivois nous mettent en danger, cela me semble tout aussi ridicule et imbécile que si un mécanicien, sur une locomotive lancée à toute vapeur, s'affolait et croyait le train brisé, en voyant tout d'un coup une puce gaillarde gambader dans sa machine.

Oui, certes, nous mourons de tartuferie. Une nation est comme une femme qui passe par l'impudeur naïve de l'enfance, par la réserve de la jeunesse, et qui arrive enfin à la rigidité hypocrite de l'âge mûr. Lisez notre histoire, vous trouverez nettement ces trois âges dans nos mœurs et dans notre littérature. Je n'insisterai pas sur les mœurs : le fonds vicieux est toujours là, c'est la nature humaine elle-même ; mais, selon les époques, il y a plus ou moins de franchise dans la satisfaction des besoins naturels. Nos pères vivaient davantage au grand jour. C'était une grossièreté bon enfant et souriante ; ou du moins leurs façons d'être nous paraissent telles, aujourd'hui qu'une longue éducation de pudeur nous a affinés. D'ailleurs, je veux m'arrêter particulièrement sur la littérature, l'expression écrite des mœurs. Voyez tout le quinzième siècle et tout le seizième : les sujets sont libres, l'écrivain ne recule jamais devant le mot. On trouve là une langue abondante, ne cachant rien de l'homme, nommant les choses par leur nom, et cela au point qu'il serait impossible de citer certaines pages des auteurs les plus lus de l'époque. Mais c'est dans les œuvres dramatiques qu'on rencontre les exemples les plus caractéristiques de cette liberté ; on sait aujourd'hui avec quel soin on évite au théâtre le moindre mot équivoque, par crainte des sifflets ; il y a trois siècles, la comédie prenait toutes les licences, poussait jusqu'au bout les rencontres amoureuses, sans ménager ni les actes ni les termes. C'était, pour revenir à ma comparaison, l'impudeur naïve de l'enfance, dans notre société qui naissait. Puis, est venue la réserve de la jeunesse, avec le siècle de Louis XIV. Molière est encore parfois d'une franchise et d'une netteté de langage qui nous choquent aujourd'hui ; mais les choses ne vont plus au delà du mot, et encore le mot est-il rare et simplement toléré dans le genre comique. Arrive ensuite le dix-huitième siècle, d'un vice si raffiné, si entortillé dans l'élégance et la grâce de la phrase, et dont la rhétorique découvre si joliment les nudités ; l'hypocrisie de l'âge mûr commence, la science de tout se permettre en style étudié et expurgé. Et nous arrivons ainsi à notre époque de protestantisme, à la pudeur exagérée des vieilles filles qui cachent leurs cheveux. Les mots nous effarouchent plus encore que les choses. Nous sommes comme ces personnes, lasses de vivre, pourries de débauche, voyant une allusion et une attaque personnelle dans toute parole franche et énergique. Les ivrognes ne parlent jamais du vin et ne veulent pas qu'on en parle devant eux.

Une réflexion qui m'a beaucoup frappé, c'est que le romantisme, dans ses audaces de langue, a pourtant toujours reculé devant le mot propre. Puisqu'il avait la prétention de renouer avec le xvi° siècle par-dessus la longue période classique, de remonter au génie national, de reprendre à sa source la verdeur et la richesse du vieux langage, pourquoi s'est-il contenté du panache, de la phrase lyrique et éclatante, de ce flot d'images qui déborde chez les poètes, sans jamais s'attaquer au mot propre, à la franchise et à la simplicité forte de l'expression? C'est tout simplement que le romantisme, malgré ses allures de mousquetaire, son horreur affichée du bourgeois, n'est au fond qu'un fils de notre âge pudibond et peureux. Il a vu le xvi° siècle en pleine légende de mélodrame, il nous l'a rendu dans un cortège de mardi-gras, n'allant pas au delà de l'audace du costume, ne se souciant pas de pénétrer sous la chair et de nous donner cette belle enfance si libre et si mâle de notre société. Selon moi, le romantisme a expurgé le xvi° siècle à l'usage des lectrices et des spectatrices de 1830. Il était trop en pleine fantaisie pour s'attaquer aux vérités et aux énergies de la langue. Théophile Gautier n'a fait que protester contre l'hypocrisie littéraire, dans la fameuse préface de *Mademoiselle de Maupin;* personnellement, il a raffiné encore sur la métaphore et la périphrase, sans se risquer à reprendre les mots de nos vieux auteurs. Pour que cette tentative fût faite, pour qu'un romancier osât tâcher de rendre un peu de sa carrure virile à notre langue, si travaillée et si émasculée aujourd'hui, il fallait attendre que le mouvement naturaliste se produisît.

et qu'il donnât aux écrivains la vérité pour base et la méthode pour outil.

Ce serait une étude bien intéressante que cette longue éducation de la pudeur. Nous en sommes arrivés à placer toute la pudeur en un point; et quand ce point est caché, ou simplement passé sous silence, tout va bien, la morale est sauvé. Cela rappelle la naïveté de l'autruche qui se croit invisible, lorsqu'elle a mis la tête derrière un caillou. Nous autres, nous cachons le sexe; une feuille de vigne suffit, parfois même un pain à cacheter; dès lors, dès que nous avons supprimé le sexe, nous pouvons tout montrer, les infirmités des membres, les plaies de la poitrine, les boutons de la face. On ment, on vole, on tue à visage découvert; mais, si l'on aimait en plein soleil, on serait hué et lapidé. Comment l'honneur a-t-il fini par se réfugier là? Comment un romancier, qui peut raconter un meurtre dans ses circonstances les plus horribles, ne pourra-t-il peindre l'accouplement de deux époux, sans être livré au dégoût des honnêtes gens et à la sévérité de la justice? Le meurtre est donc plus propre et moins honteux que l'acte de la génération? il est donc plus convenable de tuer un être que d'en faire un? Absolument, je ne comprends pas. Remarquez que l'antiquité, les peuples enfants, grandis au soleil, promenaient des phallus et les baisaient avec dévotion. Il a fallu l'idée chrétienne de l'indignité du corps pour rendre le sexe honteux et mettre la perfection morale dans la chasteté. L'homme n'a plus été fait pour se reproduire, mais pour mourir On a prêché la mort de tout, on a mis le bonheur et la puissance hors du monde. De là nos générations qui grelottent, qui se cachent, qui consentent encore à manger en public, mais qui ne s'y reproduisent pas, qui ont fait en un mot des organes perpétuant la race une honte dont on ne peut parler, bien qu'on en abuse jusqu'à la ruine et à la mort. Je n'ai pas envie de philosopher, de chercher si la pudeur est un sentiment naturel ou un sentiment d'éducation. Je m'étonne et je déplore simplement en écrivain que l'étude du sexe, j'entends dans ses vérités physiologiques, nous soit interdite comme une ordure presque infamante.

Un autre fait qui me frappe souvent, c'est l'influence de plus en plus grande du protestantisme sur nos mœurs, en politique et en littérature. Les doctrinaires, les dogmatiques, les pudibonds, ne sont que des protestants plus ou moins avoués ; et nous avons là un exemple bien caractéristique d'une secte qui, à sa naissance, nous a fait avancer d'un pas vers la liberté et la vérité, mais qui, depuis cette époque, est devenue un terrible obstacle à notre marche, en barrant la route et en s'entêtant dans une immobilité complète. Aujourd'hui, les protestants, ces révolutionnaires, ces libéraux d'autrefois, sont les pires réactionnaires que je connaisse, enfoncés dans le dogme comme des bornes, se disant les seuls détenteurs du bien et du vrai, se bouchant les yeux et les oreilles devant les nouvelles solutions des sciences. D'ailleurs, c'est là le sort de toutes les religions : elles commencent par un cri de liberté et se raidissent fatalement ensuite dans la négation de ce qui peut les ébranler. Il n'y a que la science qui marche du connu à l'inconnu, qui soit assez large pour corriger sans cesse ses erreurs et s'accroître de toutes les vérités nouvelles. De nos jours, le protestantisme est donc devenu, en morale et en littérature, un épouvantail bien autrement gênant que le catholicisme; nous nous entendrons encore avec un catholique, tandis que je défie un artiste de jamais faire bon ménage avec un protestant. Il y a là une antipathie de cerveaux. Nous autres romanciers naturalistes, observateurs et expérimentateurs, analystes et anatomistes, nous sommes surtout en guerre ouverte avec le protestantisme, par notre enquête continuelle qui dérange les dogmes et les principes, qui passe outre aux axiomes de morale. Notre ennemi est là. Je le sens depuis longtemps.

En résumé, à cette heure, telle est donc la situation. Notre siècle a une longue éducation de pudeur, qui le rend d'autant plus hypocrite que ses vices se sont civilisés davantage. On fait la chose, mais on n'en rit plus ; on en rougit et on se cache. La morale ayant été mise à dissimuler le sexe, on a déclaré le sexe infâme. Il s'est ainsi formé une bonne tenue publique, des convenances, toute une police sociale qui s'est substituée à l'idée de vertu. Cette évolution a procédé par le silence: il est des choses dont il est devenu peu à peu inconvenant de parler, voilà tout; de telle sorte que l'homme distingué, l'honnête homme est celui qui fait ces choses sans en parler, tandis que celui qui en parle sans les faire, comme certains romanciers de ma connaissance, sont traités de gens orduriers et traînés journellement dans le ruisseau. On tolère encore les vérités aux savants, attendu que personne ne s'occupe des savants ; mais si un écrivain prend les vérités nouvelles de la science et se risque à les utiliser dans l'analyse et la peinture de ses personnages, il rompt le contrat de silence passé entre les membres de notre société, il dérange l'idée convenue de la vertu et passe dès lors à l'état d'ennemi public contre lequel tout est permis. Eh bien ! cette situation qu'on nous fait, me paraît intolérable. Il me semble qu'il est grand temps de discuter et de résoudre la question de l'obscénité dans la littérature. Qu'est-ce donc que l'obscénité et où est-elle ? Le moment est bon pour le dire, car l'aventure du *Gil Blas* est venue poser la question, en ameutant les hypocrites qui se sont empressés de tout brouiller et d'apporter les jugements les plus étranges.

II

Voyons d'abord le cas du *Gil Blas*. J'ai expliqué comme quoi ce journal, en quête du succès à tout prix, ce qui est la caractéristique de notre âge, avait senti le public mordre à ses essais timides d'abord d'histoires grivoises, et s'était bientôt résolu à ne plus lui servir que cette gourmandise, ouvertement, sans le moindre scrupule. J'ai dit également que le *Gil Blas* n'avait pas même le mérite d'avoir inventé cette spéculation sur les instincts polissons des lecteurs, car la *Vie Parisienne* a publié bien avant lui une série de contes fort libres. De tout temps, cette littérature gaillarde a été très goûtée en France. Elle va de nos vieux conteurs, de Rabelais et de Brantôme, aux nouvellistes du dix-huitième siècle, Crébillon et les autres, en passant par notre La Fontaine. Et, dès lors, elle est classique dans le bon sens, elle fait partie de notre génie national, on ne peut la renier, sans nous amputer. Reste la seule question du talent à examiner.

Pour moi, la question du talent tranche tout, en littérature. Je ne sais pas ce qu'on entend par un écrivain moral et un écrivain immoral ; mais je sais très bien ce que c'est qu'un auteur qui a du talent et qu'un auteur qui n'en a pas. Et, dès qu'un auteur a du talent, j'estime que tout lui est permis. L'histoire est là. Nous avons tout permis à Rabelais en France, comme on a tout permis à Shakspeare en Angleterre. Une page bien écrite a sa moralité propre, qui est dans sa beauté, dans l'intensité de sa vie et de son accent. C'est imbécile de vouloir la plier à des convenances mondaines, à une vertu d'éducation et de mode. Pour moi, il n'y a d'œuvres obscènes que les œuvres mal pensées et mal exécutées.

Ainsi, voilà le *Gil Blas*. Je l'ai lu pendant quelques mois avec attention ; des histoires grivoises m'y ont fait grand plaisir, le plaisir tout littéraire qu'on éprouve à lire un conte de La Fontaine ; tandis que j'ai été absolument révolté par d'autres histoires, dont les sujets pourtant étaient semblables. Et rien n'est plus simple à expliquer : les premières avaient pour auteur des écrivains de talent, tandis que les secondes étaient bâclées par des journalistes bons à tout faire, qui travaillent dans le vice ou dans la vertu sur commande. Le plus grand tort du *Gil Blas* est donc de démarquer Boccace, Brantôme et La Fontaine, sans génie ; il lui faudrait Boccace, Brantôme et La Fontaine eux-mêmes pour rédacteurs, et les journaux vertueux seraient alors assez mal venus de le dénoncer à la justice, car ce serait tout un coin de notre litté-

rature qu'ils enverraient en police correctionnelle
Cette question de la forme est si bien la grosse affaire,
qu'on n'a jamais injurié la *Vie parisienne* avec cette
passion, parce que, justement, les contes grivois de
ce journal étaient écrits avec plus de finesse et de
charme. De la polissonnerie mal faite, sans gaieté ou
sans grâce, ce n'est plus que de l'ordure odieuse et
inacceptable.

Reste à juger la spéculation en elle-même. J'ai pu
m'étonner que certains journaux, qui battent monnaie eux-mêmes avec les appétits les moins nobles
et les plus dangereux du public, s'indignassent si
violemment contre un confrère, qui fait fortune en
flattant la gaillardise de la foule. Mais je n'entends
nullement défendre ce journal, je trouve même
que son commerce est assez malpropre, d'autant
plus, je le répète, que pour un conte agréable, on y
en trouve vingt de parfaitement ignobles. Il faut seulement établir, comme j'ai tâché de le faire, que le
Gil Blas, avec ses polissonneries, ne cause pas plus
de mal à notre société, que certains journaux politiques et certains journaux financiers avec les catastrophes de sang et d'argent qu'ils nous préparent.
J'insiste, parce que la vérité absolue est là. On crie
que le conte grivois doit se cacher dans le livre et
ne pas se répandre par feuilles volantes dans le
public. D'abord, le livre reste, tandis que la feuille
volante disparaît. Ensuite, il y a bien des choses qui
feraient mieux de rester dans les livres, les déclamations de parti qui pourrissent la nation, tout ce
flot de bêtises et de gredineries qui déshonorent la
presse, dont le grand rôle est d'être l'instrument le
plus puissant de notre enquête universelle. Sa véri-

table besogne n'est pas ailleurs, et ceux qui l'aiment, qui l'acceptent comme l'outil de l'époque, s'attristent d'avoir à faire une si large part à ses tâtonnements et à ses erreurs. Que de force perdue ! Vous chassez la littérature de la presse, vous assommez le public de politique depuis dix ans : il est bien naturel qu'il s'amuse et fasse un succès aux gaudrioles du *Gil Blas*. La vogue des contes grivois, que vous attribuez au naturalisme, ce que nous examinerons tout à l'heure, vient au contraire, selon moi, de la fatigue profonde des lecteurs à toujours tourner dans le cercle étroit de la polémique des partis, et du besoin irrésistible qu'ils éprouvent enfin de rire, d'être gais, beaux, jeunes, amoureux. Pour peu que vous imposiez encore à la France vos querelles, vos ambitions, votre phraséologie parlementaire, vos articles lourds et mal écrits, cette indigestion de politique dont le public crève, nous verrons certainement un beau soir les hommes et les femmes se prendre par les mains et danser dans les rues, fous d'ennui, résolus à prendre une récréation n'importe où et n'importe comment.

Étudions maintenant l'obscénité dans la littérature. C'est une expression très vague, qu'on applique au hasard, et qu'il faut définir. Rien de plus différent comme esprit et comme but que les œuvres traitées d'obscènes, en tas, sans distinction aucune. C'est ainsi que des critiques, doués d'une singulière clairvoyance, viennent de m'accuser d'être le père véritable du *Gil Blas*, qui serait né des crudités de l'*Assommoir* et de *Nana*. Voilà un exemple stupéfiant de la confusion où nous en sommes, en matière littéraire. On supprime Boccace, on supprime Brantôme, on supprime Piron, et l'on ne paraît pas se douter un instant que mes œuvres, si nûes qu'elles peuvent être, viennent de l'amphithéâtre et non des alcôves galantes. Il faut donc remonter aux sources et tâcher de faire le plus de lumière possible. Analysons les œuvres, tâchons de les classer logiquement.

Chez nous, comme je l'ai dit, le conte grivois est un fruit du sol. Il y a poussé avant que l'Italie raffinât le genre. On le trouve aux balbutiements de notre littérature, et son caractère est alors une grossièreté d'une bonhomie joyeuse. Les mots sont crus, la plaisanterie est énorme, on y sent passer le large rire d'un public sans gêne, facile à amuser. Les dames de l'époque riaient très bien de certaines histoires toutes crues que nous n'oserions pas aujourd'hui raconter entre hommes. Puis, après les anecdotes de Brantôme, d'une si belle tranquillité naïve dans leur nudité, La Fontaine reprend les contes grivois, en les habillant de sa grâce et de sa malice; dès ce moment, les crudités disparaissent, la polissonnerie s'aiguise par le sous-entendu, le siècle de Louis XIV jette un bout de sa pourpre à la ceinture du vieux Priape. Au fond de tout mouvement littéraire, il y a simplement une évolution sociale. On le voit encore, lorsque, au dix-huitième siècle, la littérature grivoise se transforme de nouveau et tient une place si large, si décisive. Je ne puis écrire une histoire complète de cette littérature, histoire d'une grande utilité pourtant, et qu'un critique jeune et hardi devrait bien nous donner, car il y ferait justice des accusations d'immoralité dont on poursuit le naturalisme, en montrant l'abîme qu'il y a entre les conteurs grivois, qui procèdent de la fantaisie, et nous, qui procédons de la science.

Ainsi donc, voilà un filon de notre littérature, exploité à toutes les époques, avec les seules différences apportées par le milieu social. Très libre au quinzième siècle et au seizième, expurgé et d'un charme exquis au dix-septième, débordant et finissant dans la férocité au dix-huitième siècle, le conte ou le roman, que la critique qualifie d'obscène, a donné quelques chefs-d'œuvre à notre langue, au milieu d'un tas de médiocrités et d'ordures tombées dans l'oubli. Ce sont simplement d'abord des anecdotes sur des maris trompés, sur des femmes trop ardentes ; l'imagination des conteurs n'est pas fertile, les mêmes bons tours reviennent sans cesse. Plus tard, le genre a beau s'affiner, il ne s'élargit guère. L'observation y est nulle, toujours reparaissent les mêmes anecdotes d'almanach ; il faut arriver au dix-huitième siècle pour y trouver des peintures de mœurs développées. J'insiste, parce qu'il y a là un genre, parfaitement distinct, qui a sa place très nette dans notre histoire littéraire, et qu'il ne faut confondre avec aucun autre, sous peine de tout brouiller et de ne plus être juste. Ce genre présente les caractères du conte : il n'a l'ambition ni d'observer, ni de peindre, ni de faire la vérité sur un fait ou sur un être ; il veut amuser, rien de plus, il reste un passe-temps, une récréation dont la pointe de fruit défendu augmente le ragoût. Quand il est traité avec talent, il devient un mets très fin, qu'on peut défendre aux demoiselles, mais qui est un régal pour les esprits lettrés. S'il est conté sans talent, sans naïveté ou sans malice, sans le charme d'un style personnel, il n'est qu'une ordure dont le mépris des lecteurs fait justice. Tel est le cas du *Gil Blas*, je le dis encore: agréable, quand il publie la polissonnerie aimable d'un journaliste d'esprit; parfaitement ignoble, quand l'article est d'un bâcleur de prose, qui livre sur commande quelque démarquage mal fait de Brantôme ou de Boccace.

D'ailleurs, cette spéculation a existé, sinon de tout temps, du moins à partir du dix-huitième siècle. Personne, je suppose, n'accuse Brantôme d'avoir spéculé sur la polissonnerie de son époque. Il semble avoir écrit fort naïvement sur des faits dont tout le monde s'entretenait sans rougir ; et on ne le voit pas se faisant imprimer en Belgique, répandant ses livres sous le manteau. De même pour La Fontaine ; il y avait chez lui un goût littéraire, il rimait ses contes pour le plaisir, sans l'idée de chatouiller ses contemporains ni de battre monnaie avec le vice. Nous pouvons même pousser jusqu'à Piron, dont la bêtise de la critique brouillonne et cancanière a fait le type de l'auteur obscène ; Piron avait simplement dans les veines beaucoup du sang gaulois de nos vieux conteurs; il riait gras, en Bourguignon qui ne boude pas devant le vin et les belles, mais c'était un tempérament, ce n'était pas un fabricant à froid d'ordures clandestines. Seulement, il est très vrai qu'à côté des écrivains de talent obéissant à leur nature, des spéculateurs finirent par se produire, surtout lorsque l'hypocrisie se déclara dans notre société de plus en plus civilisée. C'est l'histoire éternelle: du moment que les gaillardises trop salées firent rougir, on les cacha et on trafiqua sur elles ; même elles prirent un accent d'autant plus vif et plus troublant, qu'on les lut à l'écart, avec la jouissance du péché. Dès lors, on retourna à la grossièreté du quinzième siècle ; on la dépassa, on entassa les mots crus, les mots que Rabelais seul s'était permis. Puisqu'on se cachait, puisque le volume n'était plus destiné à la libre circulation, toute réserve devenait inutile, et les auteurs se conduisirent dans un livre comme on se conduit dans une alcôve, les rideaux fermés. C'est de cette époque que la Belgique fut inondée et qu'un très vaste commerce de volumes orduriers s'établit chez nous et chez nos voisins. Voilà l'infection, la véritable et seule littérature obscène qu'il faut traquer et condamner. Elle est plus bête encore qu'elle n'est dangereuse, car elle n'a jamais perverti personne ; elle donne la nausée à tout lecteur en bonne santé, elle ne flatte que la perversion maladive des vicieux. Dans une société comme la nôtre, très raffinée, d'une hypocrisie savante et gouvernée par des convenances, elle me paraît être malheureusement une plaie incurable, comme la prostitution elle-même.

Et il n'y a pas que le livre infâme, que l'auteur ne peut mettre dans le commerce ouvertement, et qui se vend en cachette. Il y a le livre plus discret, fabriqué avec prudence pour l'étalage des librairies. Le mot cru y est évité, le vice y garde une gaze sous laquelle il apparaît plus séduisant. C'est une excitation à tous les rêves voluptueux, des demi-indiscrétions qui donnent le besoin immédiat de connaître le reste, des mensonges sur l'amour troublant les cœurs et les têtes. Ces livres-là, ceux qu'on peut voir partout, sont à mes yeux beaucoup plus dangereux que les volumes carrément orduriers, qui coûtent

fort cher et qu'on ne peut se procurer aisément :
ils séduisent, tandis que les autres dégoûtent. Nous
en sommes envahis: biographies de femmes galantes,
histoires d'amour à couvertures roses et à photographies décolletées, mémoires scandaleux de filles
sortant du lit d'un prince, romans à la poudre de
riz où les femmes du monde se conduisent comme
des catins, idéalisations continuelles de la débauche
qui la montrent provoquante, toute-puissante dans
une apothéose de jouissance et de luxe. Encore un
coup, voilà les seuls spéculateurs de l'obscénité moderne. Ils vivent du vice enguirlandé, ils battent
monnaie avec l'hypocrisie de notre âge. Qu'ils soient
en bas, qu'ils soient en haut, qu'ils aient écrit les
aventures de Rigolboche ou les amours d'une grande
dame, il suffit qu'ils aient menti, qu'ils aient voilé
l'alcôve d'un rideau rose, qu'ils aient chanté le vice
en idéalistes au lieu de le marquer d'un fer rouge
en naturalistes, pour que leur besogne soit empoisonnée et tombe quand même à une immoralité
finale.

Au dix-huitième siècle, le conte grivois étend son
cadre et emplit des volumes entiers. En même
temps, il fait une part à l'observation et à l'analyse,
il tourne au roman de mœurs, de mauvaises mœurs,
si l'on veut. Je ne puis étudier cette évolution, qui
correspond comme toujours au mouvement social,
et je me contente de la constater. Il faudrait s'arrêter à Crébillon fils, à Laclos, à Louvet, à d'autres encore ; et l'on verrait que la littérature galante, obscène comme on dit brutalement aujourd'hui, a sa
racine dans la société de l'époque, qu'elle en procède et qu'elle la conduit à la fois. MM. de Goncourt,

à un point de vue différent, ont indiqué cette étude, dans leur ouvrage si original et si intéressant : *l'Amour au dix-huitième siècle*. Ils y montrent la vie du temps, les modifications lentes dans les idées et dans les faits, toute cette matière sociale qui détermine une littérature. Voici une page que je demande à citer en entier, car elle est caractéristique, et elle me permettra de faire la lumière sur ce terrible marquis de Sade, dont on abuse dans notre critique contemporaine.

« A quoi cependant, écrivent MM. de Goncourt, devait aboutir cette méchanceté dans l'amour, dont nous avons essayé de suivre dans le siècle l'effronterie, la profondeur, les appétits croissants et insatiables ? Devait-elle s'arrêter avant d'avoir donné comme une mesure épouvantable de ses excès et de son extrémité ? Il est une logique inexorable qui commande aux mauvaises passions de l'humanité d'aller au bout d'elles-mêmes, et d'éclater dans une horreur finale et absolue. Cette logique avait assigné à la méchanceté voluptueuse du xviiie siècle son couronnement monstrueux. Il y avait eu dans les esprits une trop grande habitude de la cruauté morale, pour que cette cruauté demeurât dans la tête et ne descendît pas jusqu'aux sens. On avait trop joué avec la souffrance du cœur de la femme pour n'être pas tenté de la faire souffrir plus sûrement et plus visiblement. Pourquoi, après avoir épuisé les tortures sur son âme, ne pas les essayer sur son corps ? Pourquoi ne pas chercher tout crûment dans son sang les jouissances que donnaient ses larmes ? C'est une doctrine qui naît, qui se formule, doctrine vers laquelle tout le siècle est allé sans le savoir, et qui n'est au fond que la matérialisation de ses appétits ; et n'était-il pas fatal que ce dernier mot fût dit, que l'éréthisme de la férocité s'affirmât comme un principe, comme une révélation, et qu'au bout de cette décadence raffinée et galante, après tous ces acheminements au supplice de la femme, un de Sade vînt pour mettre, avec le sang des guillotines, la Terreur dans l'Amour? »

Voilà une explication historique du rôle du marquis de Sade. Il apparaît comme une conséquence fatale, amenée par une longue évolution. Mais cela ne suffit pas ; il faut, pour le comprendre, établir nettement qu'il était un catholique retourné, un fils de l'Église exaspéré contre sa mère. Dans ses orgies, il insulte Dieu avec un débordement d'ordures, et il l'insulte en homme dont l'athéisme n'est guère solide ; je veux dire qu'il n'a pas l'indifférence scientifique, qu'il entasse rageusement des infamies pour étouffer en lui cette idée de Dieu qui ne veut pas mourir. D'ailleurs, il croit au diable, il en a sûrement une peur affreuse. Un cerveau pareil a dû être hanté continuellement de l'image de l'enfer. C'est l'enfer, et l'enfer catholique, qu'il peignait dans ses amours monstrueuses, dans les abominables supplices dont il aiguisait la volupté. Il y a là une imagination démoniaque, satanique, une jouissance dans la douleur, une révolte au milieu des crimes, qui caractérise très nettement la sombre folie d'où a pu sortir ce peintre de la bête humaine lâchée en plein rut de la chair. Pour moi, il sort logiquement du catholicisme, il arrive à l'agonie du dix-huitième siècle, après les négations des philosophes, et il joue le rôle de

Satan triomphant, le vieux Satan du moyen âge, monstrueux et lubrique, éventrant les femmes à coups de fourche, broyant les petits enfants d'une caresse, prêchant l'inceste et le meurtre, rêvant la désorganisation et l'écroulement final. La débauche d'un règne a préparé sa venue, à cette heure obscure où, sur les décombres d'une royauté et d'une religion, les sciences nouvelles n'avaient encore rien reconstruit. De là cette fin de tout, cette orgie meurtrière qui détruisait le monde, dans la victoire décisive de Satan sur Dieu. C'est, je le répète, le catholicisme retourné, Satan à la place de Dieu, l'enfer à la place du ciel, les chaudières, la flamme, les crocs, les tortures, les plaies, le sang, à la place de la musique des séraphins et de l'éternité sereine des bienheureux. Un croyant seul a pu imaginer de telles horreurs. On trouve là le cauchemar d'un détraqué de la foi, qui se met à sacrifier au diable, avec la fureur sombre et épouvantée d'un fanatique changeant d'autel, par haine plus encore que par négation de son Dieu.

Tel est donc le véritable esprit du marquis de Sade. La démence religieuse a passé en lui, et il en est de même chaque fois que le sang coule dans l'amour. Ouvrez l'histoire du monde : vous trouverez, dans les religions, dans les centaines de sectes qui se sont disputé les hommes, toutes les aberrations et toutes les cruautés imaginables. Quand une croyance ne divinise pas la chair, elle la torture, et les monstruosités arrivent aussitôt, sous l'aiguillon du sexe. Nous avons, de nos jours, un écrivain, dont l'exemple m'apporte une dernière preuve. Je veux parler de M. Barbey d'Aurevilly. Certes, je ne l'accuse point de continuer le marquis de Sade; ce n'est ici qu'une comparaison faite avec toutes sortes de réserves. Mais enfin il est le seul qui puisse être comparé au marquis, logiquement. Il obéit au même esprit. C'est un croyant que l'idée du diable tourmente et qui cède parfois à la rébellion de l'enfer. Le mal, pour lui, est inné ; dès lors, il fouaille la chair, il est bien près de goûter les délices de la douleur. Ajoutez l'allure satanique, des étrangetés d'ange que la malédiction attire. On trouve ces caractères dans toutes les œuvres ultra-romantiques de M. Barbey d'Aurevilly. Mais je signale surtout son recueil de nouvelles : *les Diaboliques*, que le parquet le pria de retirer de la circulation. On y sent l'influence immédiate du marquis de Sade, à ce point que certains passages lui paraissent directement empruntés : par exemple, la femme qu'un mari trompé scelle avec le pommeau de son poignard, d'un sceau de cire brûlante. Je pourrais multiplier les rapprochements, et il y a tout au moins là une rencontre singulière. Cela vient, je le répète, de ce que la philosophie est la même. Avec M. Barbey d'Aurevilly, nous avons encore affaire à un catholique exaspéré, qui ne semble accepter Dieu que pour avoir la jouissance de croire à Satan. Son titre le dit : *les Diaboliques*, c'est-à-dire des créatures fatalement mauvaises, maudites, nées pour l'ordure et le crime, possédées et tombant à la monstruosité. Elles aiment dans le sang, elles raffinent leurs joies par la cruauté, elles désorganisent et triomphent sur l'écroulement de tout. Or, telles sont aussi les créatures du marquis de Sade, des diaboliques qui apportent la révélation du mal et qui se satisfont en crachant sur les lois divines et humaines. Le marquis de Sade est allé jusqu'au bout de sa foi détraquée, risquant toute l'ordure, toute la démence des appétits, dans une langue d'une crudité ignoble. M. Barbey d'Aurevilly ne démusèle le monstre qu'à demi, en catholique qui a seulement des caprices permis pour le diable, et en artiste que le souci d'une forme originale absorbe. Voilà l'unique différence entre eux.

Si nous résumons ce court exposé de la littérature grivoise, nous la voyons donc naître chez nous avec les bons contes de nos pères, s'affiner au dix-septième siècle, s'élargir au dix-huitième et devenir l'expression profonde et vivante de la société, enfin tomber dans les saletés de la spéculation et aboutir à la boue sanglante du marquis de Sade. L'évolution devait nécessairement avoir cette conséquence finale, car l'histoire de notre société a marché parallèlement.

Voyons maintenant si, comme on le déclare chaque matin dans la presse, nos œuvres naturalistes de l'heure présente se rattachent à cette littérature de la polissonnerie et de l'ordure. Ce sera juger de leur moralité.

III

D'abord, nous ne sommes pas grivois, dans le sens aimable et léger du mot. On nous accuse avec raison de manquer de gaieté et d'esprit, car nos études restent noires, austères, trop approfondies, pour garder cette fleur de surface qui est le grand charme du conte, tel que l'entendaient nos pères. Eux, s'arrêtaient, dans un adultère, à la ruse de la femme, à la grimace comique du mari ; et si le drame intervenait, chose rare, il était expéditif, un simple fait qui dénouait. Nous, dans le même adultère, nous poussons tout de suite au tragique, en prenant l'aventure, non par le côté plaisant, mais par le côté humain. Puis, nous ne nous en tenons pas au geste, au rire, à l'épiderme ; nous fouillons les personnages, nous arrivons tout de suite aux misères de l'homme et de la femme. Dès lors, l'esprit n'est plus qu'un grelot qui sonnerait une gaieté fausse et misérable ; le sujet devient grave, le vaudeville tourne au drame, nous sommes des anatomistes qui ne pensons guère à la gaudriole. En un mot, notre roman naturaliste, quelles que soient ses audaces, ne saurait être polisson ; il est cru et terrible, si l'on veut, mais il n'a ni le rire ni la fantaisie galante de la grivoiserie, qui n'est jamais qu'un jeu d'esprit plus ou moins gai et délicat sur un sujet scabreux.

Il faut donc écarter Boccace, Brantôme, La Fontaine et les autres. Nous ne procédons pas d'eux. C'est toute une autre formule littéraire, qui n'a aucune ressemblance avec la nôtre. Et, à ce propos, j'insiste sur le peu de plaisir que nos livres apportent aux débauchés. On lit Brantôme avec un sourire. Cette suite d'anecdotes, où sans cesse la joie du sexe revient, sans une souffrance, est faite pour la consolation du vice. L'amour y est facile et puissant, on n'y cueille que les fleurs de la jouissance, c'est comme un paradis où les amants sont dépouillés de leur humanité infirme et sale. Prenez, au contraire, un roman naturaliste, *Madame Bovary* ou *Germinie*

Lacerteux, mettez-le dans les mains des débauchés : 1 les dégoûtera profondément, les effrayera, car ils s'y retrouveront laids et bêtes, avec la misère grelottante de leur bonheur. Même il arrivera peut-être qu'ils crieront au mensonge, révoltés, ne voulant pas se reconnaître, trop habitués dans leur galanterie à s'en tenir à l'épiderme, pour accepter le sang et la boue qui sont au fond. Nous ne chatouillons pas, nous terrifions, et une partie de notre moralité est là.

Je me permettrai de citer un exemple qui m'est personnel. Lorsque je publiais *Nana* dans un journal, tout le Paris boulevardier et demi-mondain protestait. J'avais pu me tromper sur certains détails techniques, dans une étude si complexe et si encombrée de faits ; mais les protestations portaient plus encore sur l'esprit même du livre, sur les mœurs et les caractères, particulièrement sur la peinture de cette débauche parisienne qui bat nos trottoirs. Ce n'était pas ça du tout, criait-on ; cette débauche était plus gaie, plus spirituelle, moins enfoncée dans le drame de la chair. Des chroniqueurs, des auteurs dramatiques de talent, vivant dans le monde des actrices et des filles, juraient en souriant que ma Nana n'existait point ; et ils regrettaient évidemment que je n'eusse pas crayonné d'un trait léger un de ces fins profils de Grévin, une de ces fleurs charmantes du vice convenu, ayant simplement la pointe d'élégance canaille à la mode. Eh bien, il y a eu là un phénomène dont l'explication est facile. Voilà des hommes d'esprit qui prennent du vice ce qu'il a de plaisant ; ils jouissent de la belle humeur, du luxe et du parfum des filles ; ils soupent avec elles, s'oublient avec elles, mais en acceptant seulement le côté agréable, dans une rencontre ou dans une liaison. Ce sont des fleurs qu'ils mettent dans leur vie. Même lorsqu'une femme les éclabousse de son ordure, lorsqu'ils tombent une belle nuit dans un égout par bêtise ou par folie personnelle, ils gardent le silence, ayant par tempérament l'horreur de ce qui n'est pas gai et aimable, préférant tout voir en rose, sous un nuage de poudre de riz. Dès lors, on comprend le malaise de ces témoins, de ces acteurs du vice parisien, dès qu'on les met en présence, comme dans *Nana*, d'un drame sans voile et qui descend jusqu'à l'infamie des personnages. Si vous ne vous en tenez pas à la surface charmante, si vous allez au delà de la robe pour entrer dans la peau, au delà du boudoir pour ouvrir publiquement l'alcôve, vous les bousculez terriblement, vous leur gâtez leur jouissance. Ils se fâcheront, en vous voyant avec les filles graves, sérieux, un scalpel à la main, fouillant le ventre de ces jolies personnes, dont ils ne tiennent à connaître que le satin. Et ils auront raison de se fâcher, et s'ils crient au mensonge, ils seront de bonne foi ; car, personnellement, ils ont toujours refusé de voir la bête dans la créature. Vous avez voulu trop de vérité, c'est pour cela qu'ils ne comprennent plus et qu'ils déclarent votre peinture fausse. La chose dépend du point de vue : si vous êtes parisien, j'entends au petit sens du mot, vous effleurerez les sujets, vous les traiterez en homme gai, sceptique, paradoxal, vous aurez une observation de surface, aiguisée de mots, fleurie par la mode, vous vous en tiendrez à la petite comédie qui se joue devant le public, avec toutes sortes de réserves et de conventions ; au contraire, si vous êtes humain, vous épuiserez les sujets, vous les traiterez en savant qui veut tout voir et tout dire, vous mettrez à nu vos personnages et vous les poursuivrez jusque dans les misères et les hontes qu'ils se cachent à eux-mêmes. Voilà pourquoi Nana a été déclarée fausse par les débauchés parisiens, désireux d'en rester aux crayonnages menteurs et provocants de la *Vie parisienne*.

Depuis longtemps, je sais bien que notre grand crime est là, aux yeux des idéalistes. Nous n'embellissons pas, nous ne permettons plus les rêveries sur les sujets malpropres. Qu'on nous reproche de désoler la pauvre humanité, qui a besoin d'aveuglement, je le comprends sans peine. Seulement, il ne faudrait pas, d'un autre côté, nous accuser de flatter la débauche, de provoquer la polissonnerie par nos tableaux, ce qui n'est plus logique du tout. Rien ne pousse moins à la gaudriole que nos livres, le fait me paraît indiscutable.

Et, dès lors, c'est dire que nous ne sommes pas plus les fils du roman licencieux du dix-huitième siècle que du conte grivois des siècles précédents. Nous retrouvons, dans ce roman, la peinture caressée et idéalisée du vice ; il y a encore là une traduction de la débauche, faite pour l'agrément des lecteurs. Le but scientifique, la leçon du vrai n'apparaît jamais ; quand il y a un dénoûment moral, ce qui arrive souvent, ce dénoûment a été plaqué après coup ; il ne découle pas des faits, il n'a pas l'utilité d'une expérience essayée sur des éléments humains.

Notre roman est donc absolument original et ne tient en rien au roman du passé ; ou, du moins, depuis le commencement de ce siècle, l'ancienne formule a été tellement modifiée par l'emploi des méthodes scientifiques, qu'il en est résulté une formule toute nouvelle, apportant avec elle un art et une morale. Cette morale, je l'ai définie dans mon étude sur le roman expérimental, et je ne puis que répéter cette conclusion : « Nous montrons le mécanisme de l'utile et du nuisible, nous dégageons le déterminisme des phénomènes humains et sociaux, pour qu'on puisse un jour dominer et diriger ces phénomènes. En un mot, nous travaillons avec tout le siècle à la grande œuvre, qui est la conquête de la matière, la puissance de l'homme décuplée. »

Mais un exemple fera mieux saisir notre rôle. Je reviens au marquis de Sade. Dès que nous publions un roman, on nous jette le marquis de Sade à la tête. C'est la « tarte à la crème » de la critique. L'injure suffit, elle s'applique à n'importe quelle œuvre, sans qu'on en ait étudié l'esprit ni le but. Je ne sais rien de plus inepte ni de plus injuste. En effet, le marquis de Sade est un romantique exaspéré, il n'a absolument rien d'un naturaliste, d'un romancier expérimental. Je l'ai étudié à larges traits tout à l'heure, et il doit être évident pour les esprits logiques que ce démoniaque, ce catholique retourné, est juste notre contraire, à nous positivistes, analystes du vrai. Il part du fait extraordinaire, presque surhumain ; nous partons du train ordinaire des choses. Il a derrière lui l'enfer, le diable mis à la place de Dieu ; nous avons derrière nous la science. Et c'est ici que la séparation est décisive. Les deux philosophies se combattent et s'excluent. Chez lui, il n'y a qu'un triomphe de l'ordure humaine ; il est dans la monstruosité pour la monstruosité ; il a cru à Dieu, il croit maintenant à Satan, ce qui est la même chose, et toute son œuvre reste le chancre affreux d'une foi détraquée. Nous autres, quand nous touchons à l'ordure, c'est uniquement pour la constater et la définir ; nous soumettons les monstruosités à l'expérience, afin de nous en rendre les maîtres ; nous ne sommes pas les ouvriers de la foi, mais les ouvriers de la méthode, je veux dire que nous nous en tenons aux faits prouvés, sans nous embarrasser des dogmes d'une religion sur le bien et le mal. Toute notre besogne est d'aller du connu à l'inconnu, et nous avons la certitude d'être d'autant plus utile, que nous faisons davantage de vérité. Enfin, si le spectacle de la débauche pour la débauche est une chose abominable, l'étude exacte d'une passion, cette étude fût-elle poussée jusqu'au sang, prend une haute moralité, lorsqu'elle offre les certitudes d'une expérience, et qu'elle devient un document, dont les criminalistes et les législateurs devront tenir compte.

Je ne parle pas de la langue infâme du marquis de Sade, qui a prodigué les quelques termes honteux du dictionnaire, sans autre intention que d'ajouter à la lubricité des faits l'excitation sensuelle du mot lui-même. Ce n'est ni l'érudition d'un linguiste, ni la fantaisie d'un artiste ; c'est le rut d'un homme qui s'excite avec des paroles immondes. Tout cela est morbide et relève de la pathologie. Le cas de cet homme rappelle celui des possédés, de ces convulsionnaires, qui, dans l'affolement de leurs croyances, se donnaient au diable et allaient au sabbat, souillant les églises d'orgies furieuses, se mettant à quatre pattes devant les autels, beuglant et s'accouplant comme des bêtes. La nymphomanie est au fond de l'antique superstition ; un vent de terreur emporte les croyants, et les fait tomber de la foi dans la magie. Au bout, il y a le miracle, j'entends le monstrueux, le surhumain, l'infernal. Qu'on lise la *Sorcière*, de Michelet, ce terrible tableau du détraquement religieux du moyen-âge, et l'on y retrouvera tout le marquis de Sade : le viol, l'inceste, les amours bestiales et hors nature, une rage de fornication et de meurtre qui s'assouvit à chaque heure dans la boue et dans le sang. C'est la même démence, le même éréthisme de la chair, sous l'ébranlement des dogmes catholiques. Dans notre littérature, le marquis de Sade est l'expression directe du sabbat, de l'enfer tel qu'il sortait des églises, hurlant, gambadant, salissant et cassant tout, à certains jours de licence populaire.

Et c'est ici que je retrouve M. Barbey d'Aurevilly. Il a la même conception du mal que le marquis de Sade. Chez lui, les personnages mauvais sont des possédés que le diable pousse à des actes monstrueux et surhumains. Il ne va pas si loin que le marquis dans le délire sexuel, mais il en dit assez pour qu'on devine le reste. Lui aussi est hanté par le sabbat et ses abominations charnelles. Il s'y plaît, avec le frisson, la jouissance aiguë d'un catholique qui risque la damnation. Au fond, il éprouve des tendresses pour les sorcières, il a le dandysme de sentir le roussi.

Sa fatuité est de laisser croire qu'il passe les nuits avec ses diaboliques, quitte le lendemain à s'en confesser. Or, où est la morale, dans tout ceci? M. Barbey d'Aurevilly la met sans doute dans la peur de Dieu. Il ne conclut pas et ne saurait conclure. Comme il n'est pas un esprit banal, il ne veut pas dénouer ses histoires, ainsi que les romanciers inférieurs, en faisant intervenir la Providence pour punir le crime; ou du moins, quand il fait intervenir la Providence, comme par exemple dans le *Prêtre marié*, c'est d'une façon si extraordinaire, si miraculeuse, que la leçon paraît être tirée d'un conte de fée. On n'a donc jamais avec lui qu'une échappée sur l'enfer, une peinture du mal caressée avec un amour romantique, poussée à l'aigu et à l'extraordinaire; en un mot, du marquis de Sade possible en société. Et cette peinture est faite pour le plaisir de la peinture elle-même, sans aucun souci du vrai, avec le dédain même du vrai et l'intention bien arrêtée de l'exagération dans le sens du surnaturel.

Prenons un exemple. M. Barbey d'Aurevilly peint une fille publique. Cela lui est arrivé; il en a mis particulièrement une dans les *Diaboliques;* cette fille, il est vrai, est une grande dame espagnole qui s'est jetée dans la prostitution pour se venger de son mari : une jolie histoire, comme vous voyez, et bien simple, et bien nature. N'importe, voilà une fille. L'auteur, non content de lui avoir donné une telle origine, par haine du commun, se complaît ensuite dans un cadre extravagant. Il la loge au fond d'un bouge, qu'il meuble d'une façon somptueuse; il lui prête des discours stupéfiants, il l'enlève en un mot de la réalité pour la mettre dans un cauchemar charnel et sanglant. Voilà du de Sade très caractérisé. C'est un conte abominable inventé par un écrivain d'une originalité tourmentée et bizarre. Et ce conte, à coup sûr, n'apporte ni document vrai, ni leçon morale, du moment où il est bâti en l'air et où il veut être l'expression satanique du mal. Cela nous rejette en pleine métaphysique. J'y vois, quoi que l'auteur puisse dire, une préoccupation maladive de l'ordure pour l'ordure.

Maintenant, voici un romancier naturaliste qui veut étudier une fille publique. Il prendra la fille dans sa généralité, dans sa vulgarité. Il la montrera déterminée par l'hérédité et par le milieu ; si elle glisse à la débauche, c'est qu'elle y a été poussée par l'ivrognerie des parents et par les promiscuités des faubourgs. Puis, l'auteur, en la suivant pas à pas, en l'analysant dans ses vêtements, dans sa demeure, dans les hommes qui l'approchent, montrera son rôle social, établira nettement de quelle façon elle désorganise et détruit. Dès lors, on voit quelle haute morale pratique découle de l'œuvre. Ce n'est plus le cauchemar d'un catholique détraqué par la préoccupation du diable ; c'est un savant, un observateur et un expérimentateur qui fournit et classe des documents humains. Voilà une vraie fille, voilà comment elle pousse et comment elle fonctionne ensuite, voilà des faits établis par l'observation et l'expérience ; désormais, puisque l'expérience nous rend maîtres des faits, c'est à nous de les empêcher de se produire : assainissons les faubourgs, supprimons scientifiquement les filles. Et quand même l'œuvre n'apporterait pas cette conclusion pratique, elle aurait toujours l'utilité d'une enquête exacte, d'une vérité humaine mise debout, indestructible.

Cette fois, ai-je réussi à me faire comprendre? Est-il clair pour tout le monde que, lorsque la critique, avec sa belle inintelligence, nous jette le marquis de Sade à la tête, elle ne sait absolument pas ce qu'elle dit? Notre conception scientifique de la nature est diamétralement opposée à sa conception catholique. Le marquis de Sade est un idéaliste, un idéaliste terrible, qui triomphe dans le surnaturel et dans l'irrationnel. De sorte que ses fils directs, aujourd'hui, sont précisément nos adversaires, ceux qui nous accusent de travailler dans l'ordure, parce que nous travaillons dans la vérité. Ils déclarent la vérité sale et banale, lorsque toute la morale est en elle, en elle seule. Ils croient être d'autant plus nobles, qu'ils se perdent davantage dans les mensonges de l'imagination; et ils vont jusqu'à la culbute finale, ils sautent en pleine démence, ils tombent en plein marquis de Sade, dans ce dernier effondrement de la raison, où la bête humaine se vautre sous l'étreinte épouvantée et voluptueuse du diable.

Qu'on nous appelle positivistes, matérialistes, athées, c'est une querelle de philosophie, et nous l'acceptons. Les catholiques et même les simples déistes, qu'ils soient romantiques ou doctrinaires, ont la prétention d'être les seuls grands, les seuls vertueux, les seuls charitables, parce qu'ils laissent l'inconnu à l'homme. Nous croyons, nous autres, que tous nos maux viennent de l'inconnu, et que l'unique besogne honorable est de diminuer cet inconnu, chacun dans la mesure de sa force. Je ne puis ici traiter ces hautes questions ; tout mensonge apporte le mal avec lui, ce mensonge eût-il une apparente grandeur. Mais où les arguments de nos adversaires deviennent odieux, c'est quand ils nous accusent d'obscénité et de spéculation honteuse. J'ai établi que nous ne procédions ni du conte grivois, ni du roman licencieux ; j'ai montré que les fils directs du marquis de Sade, loin de se trouver parmi nous, étaient au contraire au milieu des romantiques impénitents et exaspérés. La littérature obscène, j'entends la littérature d'imagination libertine, qui invente des ordures pour le plaisir, et sans aucun but d'enquête exacte, ne peut pousser que dans la tête d'un romancier spiritualiste. Nos analyses ne sauraient être obscènes, du moment où elles sont scientifiques et où elles apportent un document. Voilà ce qu'il faut répéter à toute heure, prouver sans relâche, pour que chacun, dans nos lettres modernes, prenne enfin sa vraie place au soleil.

IV

On accuse les romanciers naturalistes de spéculer sur le vice. Ils auraient beau jeu, et ce serait une campagne amusante, s'ils accusaient leurs adversaires de spéculer sur la vertu. Tartufe a toute une descendance qui emplit les journaux, les livres, les théâtres.

Ce qu'il faut établir d'abord, c'est qu'en somme la spéculation sur le vice ne mène pas loin ; et je parle ici de la spéculation réelle, de celle qui se réfugie en Belgique et qui a eu lieu sous le manteau. Les malheureux réduits à chercher leur pain dans ce honteux trafic sont tous de pauvres hères ; on n'en citerait pas un qui ait réalisé une fortune même médiocre. D'autre part si l'on veut équivoquer et salir les vrais artistes, en insinuant qu'ils étudient l'homme jusque dans ses hontes, pour exciter le lecteur et pousser à la vente, on appuie uniquement cette calomnie sur certains succès rares et exceptionnels, dus à des causes diverses, sans tenir compte de l'insuccès presque général des œuvres de vérité et d'audace. On citera bien la vente énorme de *Madame Bovary*, et l'on dira que cette vente a été simplement déterminée par l'épisode du fiacre. Mais on passera sous silence les longues hésitations, je dirai presque les répulsions du public pour les romans de Stendhal et de Balzac; ces écrivains n'ont certes rien gagné, durant leur vie, à être des analystes hardis de la réalité. Et MM. de Goncourt, dont la *Germinie Lacerteux* ne s'est pas vendue d'abord à deux éditions en dix ans ? Dira-t-on que ceux-là avaient voulu battre monnaie, en contant les amours vraies d'une servante? En tous cas, ils auraient fait un bien mauvais calcul ; car, pendant que leurs livres âpres et forts restaient en magasin, les histoires menteuses de M. Octave Feuillet, ces histoires trempées dans les vertus de convenance et à la mode, s'enlevaient couramment à trente mille exemplaires, au milieu d'un prurit sentimental et hypocritement sensuel.

J'en veux arriver à ceci : c'est que la spéculation sur la vertu est beaucoup plus productive que la spéculation sur le vice. Comme je l'ai dit, nos œuvres sont trop noires, trop cruelles surtout pour chatouiller le public au bon endroit et lui faire plaisir. Elles révoltent, elles ne séduisent pas. Si quelques-unes arrivent à une large vente, le plus grand nombre laisse la foule des acheteurs inquiète et indignée. Aussi les débutants qui, par calcul, se lanceraient dans la peinture de l'infamie humaine, éprouveraient-ils bientôt de terribles mécomptes. D'abord, ils comprendraient que la sincérité y est nécessaire ; il faut rimer la vérité et avoir beaucoup de talent, pour oser la peindre toute nue, sans tomber dans l'ignoble et l'odieux. Ensuite, ils s'apercevraient qu'une hypocrisie réelle mène plus directement à la fortune qu'une brutalité affectée. L'hypocrisie est choyée, payée grassement ; tandis que la brutalité a contre elle la masse énorme des gens que gêne la franchise. Si cette brutalité, si cette audace de tout dire n'est pas dans le tempérament même de l'écrivain, cela paraît bien vite, la spéculation devient évidente et l'écrivain spéculateur tombe presque immédiatement dans un juste mépris. Je veux dire, en somme, que la spéculation du mensonge ne présente pas de danger, la foule étant toujours là pour approuver et s'attendrir ; lorsque la spéculation du vrai, au contraire, est un casse-cou dans lequel un auteur vénal finit toujours par se rompre les os. Voilà comme quoi, si aucun tempérament ne les pousse, les habiles ont raison de travailler dans la vertu plutôt que dans le vice.

Je veux insister sur cette nécessité absolue du talent, quand on s'attaque aux terribles réalités humaines. Cela est d'autant plus évident que, seuls, les esprits solides osent envisager ces réalités en face, et ont assez de puissance pour les analyser et les mettre debout. Le don de la vie renverse toutes les barrières des conventions et des convenances, de sorte que plus un écrivain sera créateur, plus il nous donnera l'humanité telle qu'elle est, sans mensonge. On mesure le génie aux vérités qu'il apporte sur l'homme et la nature. De là, je le répète, le péril qu'il y a à vouloir jouer, dans un simple but de trafic, le rôle d'analyste, tourmenté par le besoin du vrai; car une conviction sincère et une grande intensité d'art peuvent seules sauver du dégoût public les peintures de nos infirmités et de nos bassesses, en leur soufflant la vie.

Au contraire, tout est douceur et profit, dans le métier d'écrivain hypocrite. Un grand talent y est inutile; il gênerait. On y réussit beaucoup avec un talent moyen, souple, coulant sans effort. Mais on y a encore de très jolis succès avec pas de talent du tout. Songez que la foule ne demande qu'à être trompée ; elle ne résiste jamais à un auteur qui lui ment, elle l'accepte du coup, heureuse de ses consolations et de ses flatteries. Il peut mentir pendant cinquante ans, elle ne s'en fâchera pas et trouvera le breuvage de plus en plus délicieux. Dans cette foule, une bonne moitié sait que l'auteur ment; n'importe, elle sourit d'un air d'intelligence ; à quoi bon soulever cette question-là, tout n'est-il pas pour le mieux et va-t-on se plaindre que la mariée soit trop belle? Nous ne sommes plus dans le cas précédent, lorsque le public se trouve devant un écrivain de vérité et qu'il regimbe contre des documents désagréables. Ici, les auteurs sont de miel, et les lecteurs ne peuvent que les avaler, en fermant béatement les yeux. On leur dit que les femmes sont belles, que les hommes sont bons, que la terre est un lieu d'aventures extraordinairement amusantes et d'amours éternellement heureuses. C'est charmant, tout le monde se pâme. Donc, pas de lutte, les auteurs qui travaillent dans cette vertu idéale, sont certains de ne rencontrer aucune opposition. On ne les fouille pas, ils peuvent faire entrer en contrebande les choses les plus suspectes. Dès lors, le talent est parfaitement inutile, puisque tout passe, puisque les lecteurs sont acquis à l'avance. Les dames sourient, un murmure flatteur monte sur le passage du romancier vertueux. Acclamé par les salons, son début, quel qu'il soit, le classe au rang des écrivains « sympathiques ». On le couronne à l'Académie, en attendant qu'on lui en ouvre les portes toutes grandes. Il est récompensé, décoré, embaumé. C'est le triomphe du médiocre, dans l'apothéose de la bêtise universelle.

Réfléchissez donc, jeunes gens, et si vous vous sentez médiocres, n'écoutez pas la presse qui prétend qu'on fait fortune rapidement dans le naturalisme ; ce qui, pour la presse, veut dire dans l'ordure. Jeunes gens, on vous trompe. Écoutez-moi : si vous n'avez aucun talent, ne venez pas à nous, pour l'amour de Dieu ! Allez aux vertueux, à ces gaillards de l'idéal qui ont mis en coupe réglée l'hypocrisie humaine. Là tout est facilité et plaisir. En quinze leçons, quelque maître du genre vous enseignera l'art du personnage sympathique ; et vous gagnerez gros, et vous serez honorés, et vous pourrez vous payer le régal de nous jeter de la boue, lorsque nous passerons. Quant à ceux d'entre vous qui auraient du talent, ils n'ont pas besoin de mes conseils. Je me contente de les plaindre, car ils seront diffamés et égorgés

Voyons maintenant de plus près cette spéculation sur la vertu, dont on abuse dans notre littérature. Elle est basée sur le personnage sympathique. On vous dira qu'il n'y a pas de livre, surtout pas de pièce possible sans personnages sympathiques. Le personnage sympathique représente l'idée que l'hypocrisie d'un public, plus ou moins consciente, se fait de la créature humaine. Ainsi une jeune fille sympathique est une essence de pudeur et de beauté. Voyez les héroïnes de nos drames et de nos romans : il n'en est pas une de vivante parmi elles, j'entends qui se conduise raisonnablement, en bonne et simple créature. Ce ne sont qu'abnégations sublimes, qu'ignorances ridicules, que bêtises emphatiques et volontaires. Notre jeune fille française, dont l'instruction et l'éducation sont déplorables, et qui flotte de l'ange à la bête, est un produit direct de cette littérature imbécile, où une jeune vierge est d'autant plus noble qu'elle se rapproche davantage d'une poupée mécanique bien montée. Eh ! instruisez nos filles, faites-les pour nous et pour la vie qu'elles doivent mener, mettez-les le plus tôt possible dans les réalités de l'existence ; ce sera faire de l'excellente besogne. Or, il en est de même pour tous les personnages sympathiques ; toujours ils mentent. Le fils aura de l'honneur pour le père, si celui-ci s'est permis quelques peccadilles, non pas un honneur sensé et logique, mais un de ces honneurs de théâtre qui raffine devant la galerie. Le père sera noble et superbe, une abstraction de toutes les vertus. L'amante apportera la pureté la plus impeccable, jointe à la passion la plus tendre ; tandis que l'amant, dégagé des bas soucis de ce monde, crachera sur l'argent, luttera de beaux sentiments, vivra dans cet héroïsme romantique qui est la négation de la vie. Voilà donc les poupées fabriquées pour l'amusement des âmes sensibles, et avec lesquelles il est facile au premier venu d'obtenir un succès.

Que de spéculations, si nous passions en revue les œuvres bâclées avec ces personnages sympathiques! Voici le tas énorme des romans prétendus honnêtes : tirades sentimentales, plaidoyers sociaux, peintures du beau monde, quintescence de la mode et du bon ton, raffinement sur la religion aimable, mœurs étrangères où passent des Italiennes couleur clair de lune et des Russes blanches comme neige, toutes les niaiseries des têtes vides, tous les mensonges dont se bercent les cerveaux oisifs et détraqués, toutes les débauches tolérées de l'imagination! Mais où la spéculation devient brutale et irritante, selon moi, c'est au théâtre. On trafique là sur les bons sentiments du public avec un aplomb impudent. Un drame est médiocre, les spectateurs bâillent, et la pièce va tomber. Seulement, l'auteur, qui est un malin, a semé habilement son œuvre de tirades vertueuses; à toutes les scènes, reviennent des déclamations sur l'honneur, sur la vertu, et chaque déclamation est forcément accueillie par des tonnerres de bravos. L'enthousiasme ne connaît plus de borne, lorsque la tirade est patriotique ; alors la salle trépigne, l'auteur est déclaré non seulement un grand homme, mais encore un honnête homme. Depuis nos désastres de 1870, que nous en avons vu, de ces drames sans talent, obtenir un semblant de succès, en spéculant sur le chauvinisme des foules.

C'est une honte littéraire, c'est manquer de la simple

probité, que de duper ainsi le monde, en plantant au bout de chaque hémistiche des drapeaux tricolores. Les auteurs de ces œuvres bâtardes hurlent : Vive la France ! aux oreilles des spectateurs, et profitent de la secousse nerveuse pour leur voler des applaudissements, comme un voleur bouscule un passant sur un trottoir, afin de lui enlever sa montre.

Examinons à présent la morale de ces mensonges. On dira : « Oui, il existe une spéculation sur la vertu, comme il y en a une sur le vice. Seulement, les gens qui battent monnaie publiquement avec le bien, font en somme une besogne louable, puisqu'ils ne donnent que de bonnes leçons. » C'est ce que je nie absolument. Je ne puis ici traiter la question à fond et répéter ce que j'ai dit souvent dans mes autres études. Mais je dirai une fois de plus que le mensonge, si noble qu'il soit, a toujours des conséquences désastreuses. Si l'on pouvait ouvrir le crâne d'un homme nourri de ces romans et de ces drames menteurs, où ne retentissent que des mots sonores, et qui sont le contraire de notre existence quotidienne, on en constaterait le vide, le vague et l'obscur. De pareilles lectures et de pareils spectacles encouragent les débauches solitaires, les réserves jésuitiques, les compromis et les détours du cœur. Walter Scott a fait plus de filles coupables et de femmes adultères que Balzac. George Sand a créé toute une génération de rêveuses et de raisonneuses insupportables. Chez une femme qui prend un amant, il y a toujours au fond la lecture d'un roman idéaliste, que ce soit *Indiana* ou le *Roman d'un jeune homme pauvre*. Rien ne trouble comme ces pages, qui emportent le lecteur dans le rêve des grandes passions, et où, quel que soit le dénoûment, la faute devient le seul bonheur désirable sur terre, grâce au tableau mensonger et séduisant que l'auteur fait de l'amour. Ce ne sont que tourelles éclairées par la lune, que promenades sous les allées au chant du rossignol, que longs serments et que baisers assurant une éternité de jouissance. Les personnages ne mangent pas, ne vieillissent pas, n'ont aucune des infirmités de la nature ; ce qui change ces livres, avec leur morale relâchée, leurs tolérances poétiques, en une terre supérieure qui dégoûte de la nôtre et fait prendre en mépris nos réalités, le ménage, le train-train quotidien, les nécessités du corps, tout ce qui nous attache au sol. Le détraquement cérébral et la perversion sensuelle sont au bout. Prenez, au contraire, un roman naturaliste, et vous en tirerez continuellement les leçons du réel. Les rêveries dangereuses ne sont plus permises : voilà le mal dans son horreur ; voilà la faute dans les saletés et les tourments de ses conséquences ; voilà comment on aime, et toujours sort cette conclusion que la vertu et le bonheur sont dans la logique, dans l'acceptation du vrai, dans le juste équilibre de l'homme avec la nature qui l'entoure. De même pour le patriotisme, dont je parlais tout à l'heure : le vrai patriotisme n'est pas dans cette folie héroïque qui donne sa vie, sous l'ébranlement nerveux d'une grande excitation cérébrale ; il est dans la raison et dans la connaissance exacte des besoins de la patrie, dans l'étude et dans l'application des sciences qui la sauveraient. A cette heure surtout, je me méfie de ces drames à tirades qui chatouillent notre orgueil pendant une soirée, puis qu'on

oublie en rentrant chez soi ; et je préférerais de
beaucoup des écoles où l'on nous enseignerait à
vaincre, par les moyens nouveaux que les récentes
découvertes peuvent offrir. En toutes choses, l'observation et l'expérimentation doivent remplacer l'em-
pirisme, la démence lyrique, le saut dans l'inconnu.
Aucune morale pratique ne saurait être basée sur
des œuvres d'imagination, tandis que les œuvres de
vérité apportent forcément avec elles une leçon certaine et profitable.

Il me faut conclure. Ce sera une conclusion toute
littéraire. Au-dessus des spéculateurs du vice et des
spéculateurs de la vertu, il y a les vrais écrivains,
ceux qui obéissent à un tempérament et qui ne se
préoccupent même pas d'être vicieux ou d'être vertueux. Ils étudient l'homme et la nature, en toute
liberté. Un seul tourment les occupe : vivre dans
les siècles ; et c'est pourquoi ils sont insoucieux de
la mode, pleins de mépris devant les convenances et les conventions sociales. Aussi est-il imbécile de voir, dans leurs hardiesses de langue et
d'analyse, une exploitation réfléchie des curiosités
ordurières de la foule. Que la foule essaye de contenter son ordure dans leurs œuvres, c'est là un
passe-temps ignoble qui ne salit que la foule ; il y
a bien des gens qui feuillettent uniquement Rabelais
pour y chercher les mots sales. Un véritable écrivain,
un grand romancier comme Balzac, bâtit son œuvre
à l'image de l'humanité, aussi haute et aussi vraie
qu'elle doit être, même dans l'atroce. La leçon est
dans l'exactitude des documents. Dès lors, les impuissants et les hypocrites peuvent injurier l'œuvre et
l'auteur, les couvrir de boue, les nier. Le monument

ne s'en élève pas moins pierre à pierre, et il vient un jour où, devant cette masse superbe, la postérité qui en comprend enfin la grandeur logique, s'incline d'admiration.

TABLE DES MATIÈRES

Chateaubriand. 8
Victor Hugo. 43
Alfred de Musset. 87
Théophile Gautier. 133
Les poètes contemporains. 161
George Sand. 191
Dumas fils. 241
Sainte-Beuve. 271
La critique contemporaine. 333
De la moralité dans la littérature. 377

Paris. — L. Maretheux, imprimeur, 1, rue Cassette.

www.ingramcontent.com/pod-product-compliance
Lightning Source LLC
Chambersburg PA
CBHW071942220426
43662CB00009B/953